Peace, Nuclear Weapons and Governance Issues in Asia

アジアの平和と核
国際関係の中の核開発とガバナンス

広島市立大学 広島平和研究所 編

共同通信社

アジアの平和と核
国際関係の中の核開発とガバナンス

広島市立大学 広島平和研究所 編

序論

今、なぜアジアの核とガバナンスを問うのか

広島市立大学 広島平和研究所所長
吉川　元

1　変容した戦争観

　戦争は、古来、国際政治システムに起因するものと考えられてきた。19世紀初頭にプロイセンの将軍カール・フォン・クラウゼヴィッツが著した近代戦争理論の古典『戦争論』の一節によると、戦争は「他の手段による政治の継続である」。なぜならば「国際社会」は、政府なき、ガバナンスなきアナキーの世界であり、国際紛争の最終的解決法は戦争に訴えるほかない、と考えるのが通例であったからである。

　ところが産業革命後に始まる軍事技術の飛躍的進歩によって戦争の機械化が急速に進む。特に内燃機関の発明によって戦車、戦闘機、潜水艦等が開発され、戦争の機械化が加速するにつれて、①世界大戦にまで発展する戦争のグローバル化、②武器生産と武器貿易のグローバル化、③戦争禁止、軍縮、軍備管理といった安全保障システムのグローバル化（グローバル安全保障）を柱とする軍事グローバル化が急速に推し進められていく（ヘルド 2005：174-179）。すると戦争は総力戦となり、世界大戦へと発展していくことになる。国際政治システムが勢力均衡システムの下にある限り、大国は国家間の力関係が同等であるような均衡状態を作り出すことで国家の安全を保障しようとすることから、戦争の機械化は軍拡競争を招来する。戦争の機械化は、国内にあっては兵力増強の

みならず、武器の量産体制を確立するために人的資源の総動員体制を必要とすることから、戦争が総力戦へと発展する素地が出来上がった。一方、戦争の機械化に後れをとった中小国は軍事同盟を結ぶことで軍事力の均衡を図ろうとすることから戦争が多国間戦争、さらには世界大戦へと発展する国際政治の仕組みが出来上がった。

　第二次世界大戦は、戦争と平和の歴史において画期をなす戦争である。というのも1945年以降、工業先進国間で総力戦が戦われることはなく、侵略戦争も過去のものとなった。人類を破滅させるほどの強力な兵器である核兵器の登場によって「他の手段による政治の継続」としての戦争というクラウゼヴィッツ的な戦争観が通用しなくなったからである。加えて軍事グローバル化、なかでも武器生産と武器貿易のグローバル化が、主権国家を主たるアクターとする欧州的国際政治システムをも変容させていったからである。特に第二次世界大戦後、工業先進国では航空機産業や自動車産業などの基幹産業を取り込んだ軍産複合体が発達し、近代兵器の開発・製造は高度な軍事技術を有する工業先進国の特権となる。その結果、国際政治の主要原則である主権平等原則の建前とは裏腹に、実際には武器輸出国と武器輸入国との間で形成される主従関係を軸とする覇権的国際秩序、すなわち米ソをそれぞれの頂点（覇権国）とする東西冷戦対立の構造が出来上がった。そして核兵器・ミサイルの均衡、すなわち「恐怖の均衡」のもとで東西間の平和が模索され、維持されたのである。

2　人間の安全保障を脅かす暴力——戦争と民衆殺戮

　第二次世界大戦後、戦争は確かに大幅に減少した。1945年から95年までの間に発生した164件の大規模武力紛争（年間の戦争犠牲者が1000人を超える武力紛争）のうち、国家間の武力紛争は30件（18％）にすぎず（これには国際干渉戦争は含まれない）、77％が内戦である（Holsti 1996：21）。戦争が減少したのは、国際司法裁判所に象徴される国際紛争の平和的解決、集団的安全保障体制や多国間諸条約に象徴されるグローバル安全保障システムの形成、関税と貿易に関する一般協定（GATT）や世界貿易機関（WTO）を軸とする自由貿易体制の確立、

あるいはユネスコ（国連教育科学文化機関）に象徴される国際交流による相互理解の促進、といった平和の手立てが奏功したと考えられる。

戦争が減少したというのであるから国際平和が到来したと言えよう。しかし、人間の安全保障という観点に立てば、これまでの国際平和は地域によっては必ずしも人間にとって安全を保障するような平和ではなかった。第二次世界大戦後、植民地から独立したアジア・アフリカ諸国は権威主義国家となり、また共産党一党独裁の社会主義国家が急増し、これらの非民主的な政府の下で内戦や民衆殺戮が頻発したからである。

内戦の発生は、国家統治システム（ガバナンス・システム）の脆弱性に起因する。自由で民主的な国は国家理念への支持が高いことから社会的一体性が強く、加えて国民統合が進んでいるため領域的一体性も強い「強靭国家」である。一方、ガバナンス・システムが未発達な権威主義体制や独裁体制の国は、社会的一体性が弱く、国民統合が進まず、しかも多民族国家の場合は、領域内に分離・独立志向の少数民族を抱える「脆弱国家」である（Buzan 1991：57-107）。脆弱国家の政府はガバナンスを強化するために、いきおい権威主義体制になる傾向がある。しかも、政府が強権的、抑圧的になればなるほど国民との乖離が進み、ガバナンスはさらに弱体化していくことになる。国家強化のジレンマに陥るからである。国家強化のジレンマに陥った国では、同化政策に抵抗する少数民族に対するジェノサイド、反政府勢力に対する政治的殺戮といった、政府が政治的意図をもって行う直接的または間接的な民衆殺戮が発生する傾向にある（Rummel 1994：36-37）。一方、反政府勢力が組織的な武力闘争に訴える場合、内戦に発展する。冷戦期にはアジア、アフリカ、および中南米の途上国で、主として共産主義勢力と反共産主義勢力との間で国の統治権をめぐる内戦が発生した。

脆弱国家の多くが、ガバナンスのあり方を問われることなく独立を維持することができたのも、内政不干渉原則、平和的生存権、発展の権利、人民の自決権といった国際規範のおかげである。しかも覇権的国際秩序に組み込まれた権威主義体制や独裁体制は、覇権国からの友好関係作りを目的とする戦略的援助によって支えられていたからである（吉川 2015：249-252）。

ところでソ連が崩壊し、冷戦が終結するとそれまでソ連や東側諸国が支援していた世界各地の大規模武力紛争は収束した。しかし、脆弱国家の一部は破綻国家に陥る一方で、ユーゴスラヴィア紛争をはじめ国外ディアスポラからの経済援助に支えられた「新戦争」(Kaldor 2006) と呼ばれるエスニック戦争に巻き込まれる国が続出した。その結果、ガバナンス・システムや領域国家の枠組みが崩れる国が続出し、それにつれ難民も国内避難民も急増した。冷戦の最中の1975年の難民の数は280万人であったが、2017年末現在、シリア内戦の影響もあって、難民は2540万人に達し、国内避難民を合わせるとその数は6850万人に達している[1]。この数値は世界人口の120人に1人が住処を追われた難民、避難民になった勘定である。

20世紀を通して民衆殺戮の犠牲者数は、戦争の犠牲者の数に匹敵するか、それを上回るほどの甚大な規模である。特にアジアで行われた民衆殺戮は地域別では群を抜く（吉川 2015：229-244）。なぜこのような惨劇が発生したのであろうか。

3　アジアの核とガバナンス

アジアでは冷戦後も軍事的緊張が続き、一部の国では著しい人権侵害が行われている。米ソ核戦争の危機から脱し、「恐怖の均衡」から解放されたと思いきや、アジアではインド、パキスタン、北朝鮮と核開発が相次ぎ、特に東アジアに限ってみれば米国、ロシア、中国の軍事大国が勢力伸長にしのぎを削る不安定な地域となってきた。特に、中国の急速な軍事大国化が現状変更を引き起こし、南シナ海の海洋安全保障問題、尖閣諸島問題など、今日のアジアではパワーポリティクスへの回帰を思わせる出来事が相次いでいる。一方、民主化や自由化の進展の遅れも深刻である。国民（人民）主権の時代に入って一世紀が経とうというのに、北朝鮮ではいまだに世襲制が行われ、出国の自由もなく公開処刑すら行われているまれにみる全体主義国家である。北朝鮮の例は極端だとしても、アジアには基本的人権と政治的自由が保障されない国が幾多も存在する。

アジアの軍事化と民主化の停滞は、地域特有の勢力均衡システムに武器生産と武器貿易のグローバル化が覆いかぶさる形で進展してきた。勢力均衡システムから抜け出さない限り、最強の兵器である核兵器に依存してまで国家の安全保障、さらには脆弱なガバナンス・システムの安全保障に汲々とする国が現れてもなんら不思議ではない。国家安全保障の大義の下で治安機関と軍事力の強化を優先せざるを得ない国際政治の仕組みがあるからである。

核兵器禁止条約を批准しようとしない日米両国。ここにきて INF 破棄を宣言する米国。どの国よりも被爆の惨禍を目の当たりにしてきた世界初の被爆国日本。そして戦後70余年にわたり「ノーモア・ヒロシマ」を訴え続けてきた広島。なぜ日本政府は核廃絶運動の先頭に立とうとしないのか。平和の維持にも平和の創造にも「見えざる手」など存在しない。平和は壊れ、崩れるものであり、平和の維持と平和の創造は、言うまでもなく制度構築の賜物でしかない。今、アジアで問われているのは人権を尊重し、人間の安全を保障する国家ガバナンスの構築であり、人間の安全と国際平和を両立させる地域ガバナンスの制度構築である。

4 本書の目的と構成

「アジアの平和と核──国際関係の中の核開発とガバナンス」と題する本書は、アジアが平和地帯に向かうか否か、その動きを探る上で、次の三つの視座からアジア情勢を分析することを試みた。第一に、アジアの核保有国、または核開発の動きのある国の核開発の経緯と近年の軍縮・軍拡の動向の分析、第二に、アジア各国の自由化およびガバナンス・システムの民主化の動きの分析、第三に、アジアの既存の地域機構の平和・安全保障機構化の動きの分析である。以上の視座からアジア情勢を分析し、アジア地域が平和地帯へ移行しているのか、それとも後退しているのかを洞察する。

本書は4部から構成される。第1部は特集テーマ「原爆投下と日本の安全保障政策」である。第1章では、広島への原爆投下の持つ今日的意味を投下責任と謝罪問題を中心に考察する。第2章では、原爆投下から「空白の10年」と呼

ばれる原爆被害者運動の創成期を再考し、原爆と平和、反原爆の理念が結びつく過程を考察する。第3章では、東京裁判の特質と歴史的な遺産を検証し、日本政府の対応とその今日的な意味を考察する。そして第4章では、米国の「核の傘下」にある被爆国・日本の戦後の安全保障政策を論じる。第2部は「核兵器の開発と国際関係」を共通テーマに、まず世界の核開発と非核政策の動きを総論的に分析した上で、これまでアジア・中東で核兵器の開発に取り組んできた北朝鮮、中国、インド、パキスタン、イラン、イスラエルを取り上げ、各国の核開発の経緯をその国を取り巻く国際関係を中心に考察する。第3部は「人間の安全保障とガバナンス」を共通テーマに、民主主義による平和の思想を概観し、欧州での安全保障共同体建設の取り組みとその課題を分析した上で、民主主義による平和のアジアへの導入における諸課題を考察する。続いて北朝鮮、中国、インド・パキスタン、東南アジア諸国、中央アジア諸国、および中東諸国（イランとサウジアラビアを中心に）のガバナンスと人間の安全保障の関連性を考察し、アジア・中東の自由化・民主化の動向を考察する。第4部は「アジアの平和と国際機構」を共通テーマに、まずアジア・太平洋の国際安全保障環境の現状を分析し、同地域の平和地帯への移行に向けた国際組織化の動きを検討する。ついでアジア相互協力信頼醸成措置会議（CICA）、南アジア地域協力連合（SAARC）、および国連アフガニスタン支援団（UNAMA）を中心に東南アジア諸国連合（ASEAN）の動きを分析する。さらに中央アジア、ロシア、中国にまたがる上海協力機構（SCO）を中心に地域主義の動きを分析する。最後に東アジア共同体の現状と課題を考察する。

　核兵器の開発に向かう国を取り巻く国際関係の構図を明らかにすると同時に、人間を抑圧し、人間の安全を脅かす非民主的政府のガバナンスの有り様を分析することで、アジアの地域平和の行方を展望することが本書の目的である。本書が、アジア各国の市民社会とガバナンスの実態、アジアの軍事対立とその危機の構造、さらには核兵器の開発に頼ろうとする国家の論理を知る一助となり、人間の安全保障と国際平和を両立させるようなリージョナル・ガバナンスの構築の手引きとなることを祈念する。

【参考文献】
1. 吉川元（2015）『国際平和とは何か——人間の安全を脅かす平和秩序の逆説』中央公論新社
2. ヘルド、デイヴィッド、アンソニー・マグルー、デイヴィッド・ゴールドブラッド、ジョナサン・ペラトン（古城利明・臼井久和・滝田賢治・星野智訳）（2005）『グローバル・トランスフォーメーションズ—政治・経済・文化』中央大学出版会（Held, David, McGrew Anthony, David Goldblatt, and Jonathan Perraton, *Global Transformations: Politics, Economics, and Culture*, London: Polity Press, 1999）.
3. Buzan, Barry (1991) *People, States and Fear: An Agenda for International Security Studies in Post-cold War Era*, Brighton: Wheatsheaf.
4. Holsti, Kalevi J. (1996) *The State, War, and the State of War*, Cambridge: Cambridge University Press.
5. Kaldor, Mary (2006) *New and Old Wars: Organized Violence in a Global Era*, Cambridge: Polity Press.
6. Rummel, Rudolph J. (1994) *Death by Government*, New Jersey: Transaction Publishers.
7. SIPRI (2018) *SIPRI Yearbook: Armaments, Disarmements and International Security*, Oxford: Oxford University Press.

1) http://www.unhcr.org/globaltrends2017/, last visited, 28 September 2018.

目次

序論──今、なぜアジアの核とガバナンスを問うのか

広島市立大学 広島平和研究所所長　吉川　元

1　変容した戦争観…3
2　人間の安全保障を脅かす暴力──戦争と民衆殺戮…4
3　アジアの核とガバナンス…6
4　本書の目的と構成…7

第1部　特集テーマ　原爆投下と日本の安全保障政策

第1章　広島・長崎への原爆投下が持つ今日的意味

広島市立大学 広島平和研究所副所長　水本和実

1　はじめに…21
2　米国の原爆開発と科学の発展…22
　(1) ナチスによるユダヤ系科学者迫害…22
　(2) 科学者と軍事が結びつく危険…22
　(3) 日本の原爆研究と科学者…23
3　原爆投下が持つ今日的意味…24
　(1) 米国の原爆投下正当論の持つ意味…24
　(2) 原爆被爆体験に依拠する「核兵器の非人道性」の主張…25
　(3) 「記憶」の違いをどう克服するか…26

第2章　始まりの10年──原爆被害者運動の創成期

広島市立大学 広島平和研究所教授　直野章子

1　はじめに…28
2　占領下の「原爆被害」…29
3　被害者の手による「原爆被害」──「原爆被害者の会」の運動…30
4　原爆被害者と同伴者──反原爆へ…32

第3章　戦争の裁き──東京裁判と日本政府の対応を中心に

広島市立大学 広島平和研究所教授　永井　均

1　はじめに…34
2　戦犯裁判の文脈…35
3　「敗者の裁き」論…36
4　東京裁判の成立と構造…38
5　判決と日本の反応…41
6　おわりに…43

第4章　日本の安全保障政策とアメリカの核

共同通信社編集委員　太田昌克

1　はじめに…47
2　朝鮮半島と「核の傘」…49
3　核持ち込みの常態化と「傘」の構造的分析…51
4　盟主の「意図」…52
5　「意図」の確認作業…54
6　75年新聞発表と盟主の確約…56
7　まとめ——「傘」強化の落とし穴…57

第2部　核兵器の開発と国際関係

第5章　世界の核と非核政策の現状

共同通信社編集委員　太田昌克
共同通信社ウィーン支局長　土屋豪志

1　はじめに…65
2　米国の核戦力と核ドクトリン…68
3　ロシアの核戦力と核ドクトリン…70
4　NPT体制と核兵器禁止条約の誕生…73
5　NPTの「宿痾」…74
　（1）核軍縮義務…74
　（2）中東非核化…76
6　まとめ——「核なき世界」への協働と被爆国の責務と真価…77

第6章　北朝鮮の核の現状と課題

広島市立大学 広島平和研究所准教授　孫　賢鎮

1　はじめに——核開発を取り巻く国際関係と国家体制…81
2　核保有の背景…83
3　核保有の現状…85
　（1）北朝鮮の核開発状況…85
　（2）北朝鮮の核・ミサイル能力…86
4　非核化への道のり…88
　（1）北朝鮮核問題に対する国際的取り組み…88
　（2）北朝鮮の非核化プロセス…89
5　今後の課題…91

第7章　中国の核戦略

韓国世宗研究所研究員　李　成賢

1　はじめに——なぜ少数の核兵器を保有するのか…93
2　核兵器開発の現況…95
3　核戦略…96
　　(1) 中国の核開発の動機…96
　　(2) 中国の核ドクトリン…97
4　核兵器開発の歴史…98
　　(1)「張り子の虎」を本物の虎にした毛沢東…98
　　(2) 中国の核戦略を担当する第2砲兵部隊…98
　　(3) 中国における核ミサイルの課題…100
　　(4) 米国による中国核戦力の評価…100
5　アジア太平洋地域の安全保障に与える含意…101
　　(1) 変化する中国の核戦略?…101
　　(2) 習近平の強軍夢…102

第8章　インド・パキスタンの核の現状と課題

広島市立大学 広島平和研究所准教授　福井康人

1　はじめに…105
2　核保有の現状…107
3　軍拡・軍縮の動向…109
4　近年の安全保障政策の展開…112
5　おわりに…113

第9章　中東の核の現状と課題

共同通信社テヘラン支局長　小玉原一郎
共同通信社原子力報道室次長　岡田隆司

1　はじめに…116
2　イスラエルの核…116
　　(1) 概要…116
　　(2) 建国と決断…117
　　(3) 第3次中東戦争と核保有…119
　　(4) 核査察と曖昧政策…120
　　(5) 見えない安定…121
3　イランの核開発計画と核合意…123
　　(1) 核開発の源流…123
　　(2) 暴露、強硬路線へ…124
　　(3) イラン核合意（JCPOA）…126
　　(4) 米国の核合意離脱の衝撃…127

第3部 人間の安全保障とガバナンス

第10章 民主主義による平和

広島市立大学 広島平和研究所所長　吉川　元

1. はじめに・・・133
2. 国際平和創造の条件・・・135
   - (1) 民主主義による平和・・・135
   - (2) 国連の安全保障パラダイムの転換・・・136
3. 「民主国家共同体」の建設・・・137
   - (1) 国際機構が進める平和地帯創造・・・137
   - (2) 国際機構の民主化支援パワー・・・139
4. 欧州の揺り戻しとアジアの停滞・・・140
   - (1) 不自由な民主国家の増殖・・・140
   - (2) アジアの自由・民主化の停滞・・・141
   - (3) 軍事グローバル化とアジア・・・142
5. 民主化へのアジアの課題・・・145

第11章 北朝鮮のガバナンス

広島市立大学 広島平和研究所准教授　孫　賢鎭

1. はじめに・・・148
2. 統治機構・・・149
   - (1) 朝鮮労働党・・・149
   - (2) 中央機関・・・149
3. ガバナンスの特徴・・・150
   - (1) 首領独裁体制・・・150
   - (2) 中央集権的計画経済体制・・・151
   - (3) 偉大なる社会主義の家族体制・・・151
4. 自由度・民主化度・・・152
   - (1) 政治的権利に関する事項・・・152
     - ①北朝鮮の選挙制度・・・153
     - ②社会統制・・・153
     - ③政治組織的統制・・・154
   - (2) 市民の自由に関する事項・・・155
     - ①表現の自由・・・155
     - ②思想・良心および宗教の自由・・・155
     - ③移動および居住の自由に対する権利・・・155
     - ④拷問および非人道的な刑罰を受けない権利・・・156
5. 民主化傾向・・・156
6. グローバル人権ガバナンスと人間の安全保障・・・157
7. 民主化への課題・・・159

第12章　中国のガバナンス

広島市立大学 広島平和研究所准教授　徐　顕芬

1　はじめに…162
2　政治制度の歴史と特徴…162
　(1) 憲法制度…163
　(2) 中国共産党の指導と党・国家・軍の三位一体体制…163
　(3) 人民代表大会制度と人民政治協商制度…164
　(4) 国家統合と中央・地方関係…165
3　政治社会の自由化と民主化…166
　(1) 中国社会の自由度…166
　(2) 中国の社会主義的民主主義…167
　(3) 自由度と民主度の測定…168
4　近年の政治社会の変化…169
　(1) 社会の急速な自由化…169
　(2) 政治社会の緊張…170
5　人間の安全保障…170
　(1) 人権白書の発表…171
　(2) グローバル化への対応…172
6　今後の課題…173

第13章　インド・パキスタンのガバナンス

共同通信社ニューデリー支局長　和田真人

1　はじめに…175
2　インド・パキスタンの政治制度…177
　(1) インド…177
　(2) パキスタン…178
3　自由度・民主化度…178
　(1) インド…180
　(2) パキスタン…181
4　近年の民主化傾向(国内要因と国際要因)…181
　(1) 国内要因…181
　(2) 国際要因…184
5　グローバル化への対応と人間の安全保障…185
6　まとめ…186

第14章　東南アジアにおける人間の安全保障とガバナンス

広島市立大学 広島平和研究所教授　ナラヤナン・ガネサン

1　はじめに…188
2　当該地域における政治体制…188
3　自由と民主主義…190
4　現在の動向――内部要因…191
5　現在の動向――外部要因…196
6　グローバル化とその後の対応…198
7　結論と課題…199

第15章　中央アジアのガバナンス

共同通信社論説委員　上村　淳

1　はじめに…201
2　政治制度…202
3　民主化度と近年の動向…203
　（1）カザフスタン…203
　（2）ウズベキスタン…204
　（3）キルギス…205
　（4）タジキスタン…206
　（5）トルクメニスタン…206
4　人間の安全保障…207
5　非核兵器地帯…210

第16章　中東のガバナンス

共同通信社ウィーン支局長　土屋豪志

1　はじめに…213
2　イラン…215
　（1）略史…215
　（2）統治機構…215
　（3）2017大統領選と世代交代…216
　（4）人権状況…217
3　サウジアラビア…218
　（1）概略…218
　（2）統治機構…218
　（3）サルマンショック…219
　（4）人権状況…220
4　まとめ…221

第4部 アジアの平和と国際機構

第17章 アジア太平洋地域の国際安全保障環境

広島市立大学 国際学部准教授　西田竜也

1　はじめに…227
2　問題提起…228
3　米国同盟システムの発展…230
4　安全保障システムの現状…234
5　これからの安全保障と課題…236
6　おわりに──想定される三つのオプション…239

第18章 ユーラシアと国連・国際機構──CICA、SAARC、UNAMA

共同通信社外信部次長　大西利尚

1　はじめに…243
2　アジア相互協力信頼醸成会議（CICA）…244
　（1）CICA憲章を採択…245
　（2）アジアの安全はアジアで…245
　（3）アジアのOSCEに…246
　（4）上海協力機構と相似…247
3　南アジア地域協力連合（SAARC）…247
　（1）インド・パキスタン戦争…248
　（2）バングラデシュが主導…249
　（3）遠心力…249
4　国連アフガニスタン支援団（UNAMA）…250
　（1）大国に翻弄された歴史…251
　（2）ブラヒミ報告を反映…251
　（3）軍事には関与せず…252
　（4）OCHA設立せず批判…253
　（5）続く混迷…254
5　おわりに…254

第19章 ASEANの変容

共同通信社論説委員　上村　淳

1　はじめに…256
2　重層化する広域枠組み…258
3　ASEAN方式の束縛…260
4　中国台頭で深まる亀裂…263
5　見えない統合深化の道…265

第20章　上海協力機構(SCO)の発展

広島市立大学 広島平和研究所教授　湯浅　剛

1　はじめに…268
2　設立と展開…269
3　地域国際安全保障環境の変化…270
　(1) 関心領域の拡大…270
　(2) ロシア要因──ウクライナ危機発生後のSCO…271
　(3) 中国の台頭と国際秩序構築に向けた作用、多チャンネル化…272
4　近年の機構化と制度化の展開動向…274
　(1) インド、パキスタンの加盟…274
　(2) 常設機関の動向…275
　(3) 選挙監視活動…276
5　今後の課題…277

第21章　東アジア共同体形成の現状と課題

早稲田大学 国際学術院教授　李　鍾元

1　はじめに…281
2　なぜ地域・共同体をめざすのか…282
3　東アジア共同体への道程…284
　(1)「東アジア」の台頭…284
　(2) 米国主導の「アジア太平洋」への巻き返し…284
　(3)「東アジア共同体」構想の浮上…285
　(4) 頂点から失速へ…287
　(5) 岐路に立つ東アジア──「ユーラシア」と「インド太平洋」の狭間…290
4　東アジア地域機構の現状…292
　(1) ASEANプラス3(APT)(1997年創設)…292
　(2) ASEAN地域フォーラム(ARF)(1994年創設)…293
　(3) 拡大ASEAN国防相会議(ADMMプラス)(2010年創設)…293
　(4) 東アジア首脳会議(EAS)(2005年創設)…293
5　課題と展望…294

資料編

資料1　核兵器禁止条約(2017年7月7日採択)…299
資料2　シンガポール米朝共同声明(2018年6月12日)…309
資料3　9月平壌共同宣言 (ハングル、2018年9月19日)…311
資料3-1　9月平壌共同宣言 (日本語訳、2018年9月19日)…315
資料4　ガリ国連事務総長「平和への課題」…319
資料5　CSCEパリ首脳会議宣言(パリ憲章)…322

執筆者紹介…324
あとがき…325
事項索引…326／人名索引…330／英文略語表…333

第1部

特集テーマ
原爆投下と日本の安全保障政策

1945年8月6日午前8時15分、米軍爆撃機が広島に原子爆弾を投下。人類史上初めて核兵器が使われた。市中心部を襲った爆発の熱線と放射線、爆風によって年末までに約14万人が死亡したとされる。米国は3日後、長崎にも原爆を投下し、太平洋戦争で日本は降伏に追い込まれた(共同)

第1章
広島・長崎への原爆投下が持つ今日的意味

広島市立大学 広島平和研究所副所長
水本和実

1　はじめに

　広島・長崎への原爆投下について考えることは今日、いかなる意味を持つのだろうか。2016年5月にバラク・オバマ米大統領（当時）が現職大統領として初めて広島を訪問するのに先立ち、日本のメディアの多くが米国の原爆投下責任と謝罪について扱った。だが「日本政府と広島市、そして被爆者の多くは、謝罪を要求せずにオバマ大統領の広島訪問を実現させることを優先」（西岡 2016：9）したため大きな問題とならず、大統領も演説では投下責任や謝罪に触れなかった。
　これに対し、最大の被爆者団体である日本原水爆被害者団体協議会（日本被団協）は、大統領の演説が原爆投下責任を回避したとして反発し、6月の総会で大統領への批判決議を採択した。だが日本全体では大統領の広島訪問を評価する意見が多く、共同通信社の5月28、29日の全国調査では「よかった」との回答が98％に達し、メディア各社の調査でも評価する見方が9割以上だった。
　原爆投下に関しては、投下責任と謝罪の問題をはじめ、まだ十分議論されていない問題が存在する。本稿ではそれらを取り上げ、原爆投下が持つ今日的意味を考えてみたい。

2　米国の原爆開発と科学の発展

（1）ナチスによるユダヤ系科学者迫害

　米国の原爆開発には、1930年代の物理学の世界における原子核研究の発展と、ナチスによるユダヤ人科学者への迫害が関係している。そのころドイツで研究していたハンガリー生まれのユダヤ系物理学者レオ・シラードは、ユダヤ人への迫害を逃れて英国に滞在中の1933年、原子核の核分裂の連鎖反応を予見した。

　1938年、ドイツの化学者オットー・ハーンとフリッツ・シュトラウスマンにより核分裂現象が発見され、それがウランの核分裂だと確認された。その年にシラードは米国へ亡命するが、核分裂を用いた原子爆弾の可能性を予見し、軍備増強を進めるドイツによる原爆の先行開発を危惧。フランクリン・ルーズベルト米大統領に原爆開発に先に着手するよう促す手紙を出そうと考え、同じく米国に亡命していた知人で高名なユダヤ系の科学者アルバート・アインシュタインに協力を求め、翌1939年8月2日付で連名の手紙を執筆し、大統領の知人に託した。

　同年9月1日にドイツがポーランドに侵攻して第二次世界大戦が始まり、この手紙は10月半ばになって大統領に届いた。大統領はその内容を重視し、直後にウラン諮問委員会を発足させて研究に着手した。

（2）科学者と軍事が結びつく危険

　以上の経緯から指摘できるのは、科学者と軍事が結びつく危険性である。その後、米国の原爆開発が着々と進行すると、シラードは事の重大さに気づき、将来の米ソ間の核軍拡競争を懸念して1945年4月、ルーズベルト大統領に「原子力管理システムができるまで原爆の示威や対日投下を延期すべきだ」と進言しようと画策するが、実現しないうちに大統領は病死してしまった。

　アインシュタインも戦後の米ソによる水爆開発競争に直面して、原爆開発を促した手紙を書いた事を後悔したという。1955年に科学者11名でラッセル・アインシュタイン宣言を発して水爆開発の中止や科学の平和利用を呼びかけた。

（3）日本の原爆研究と科学者

　日本もこの問題と無縁ではない。旧日本軍は陸軍と海軍が別々に、民間の科学者を動員して原爆の研究を行った。まず陸軍は1940年4月、陸軍航空本部の鈴木辰三郎中佐が原子爆弾の可能性について調査を行った後、41年4月、陸軍の依頼で東京・駒込の理化学研究所（理研）の仁科芳雄研究室が「原子爆弾製造に関する研究」（ニ号研究）を開始し、朝永振一郎ら110人の研究者が参加している。仁科研は当時、世界最大のサイクロトロン（粒子加速器）を保有する先端研究グループで、43年3月にはウラン235とウラン238の分離法として熱拡散法の採用を決め、6月には「原子爆弾開発は可能」とする報告書を陸軍に提出した。それを受けて陸軍航空本部直轄による研究継続が決まる。理研に11月23日、熱拡散に用いる分離筒が完成した。

　1944年1月、理研でウラン235の分離に用いる六フッ化ウランの米粒大の結晶が完成した。しかし原爆に必要なウラン235が10キログラムとして、分離筒は数百〜数千本は必要な上、それを稼動させるため、日本で当時「使用されている全電力量のほぼ十分の一」（戦史研究会 1972：43）が必要であり、事実上原爆開発が不可能であることを意味した。7月18日、理研で六フッ化ウラン170グラムを用いた分離実験に失敗し、45年4月13日の東京空襲で理研の大半が焼失、この時、国内で唯一の分離筒も焼けてしまった。

　一方、海軍は1942年春、海軍技術研究所で「原子核物理応用の研究」（略称B研究）の名称で原爆研究に着手した後、いったん断念した。しかし1945年1月、海軍は原爆開発を京都大学理学部荒勝文策教授に命じた。暗号名は「F研究」で、理論面は湯川秀樹研究室が担当し、ウラン235の分離を荒勝研が担当したが、製造には至らなかった。

　ともに民間の科学者を動員して行われた陸海軍の原爆研究は未完に終わったが、成果は別の形で生かされた。広島原爆投下後、仁科ら政府調査団は8月8日に、荒勝は10日に広島へ到着し、「広島爆撃調査報告」で「本爆弾の主体は…原子爆弾なりと認む」との結論を出している。

　戦後、湯川と朝永は世界的な研究者としてノーベル物理学賞を受賞した一方、ともに科学者京都会議を組織して核兵器や戦争に反対する立場を貫いた。戦争

に協力した高名な科学者が戦後、良心に目覚める例は、東西を問わず数多く存在する。

3　原爆投下が持つ今日的意味

　原爆投下をめぐる「投下責任」と「謝罪」の問題について考えてみる。米国に「投下責任」を問うことは、米国社会に存在する「原爆投下正当論」の是非を問う議論である。一方、「謝罪」を求めることは、被爆者らが主張してきた「核兵器の危険性・非人道性」を認めさせる事を意味する。

（1）米国の原爆投下正当論の持つ意味
　米国側に見られる原爆投下正当論の主要な論拠は以下の内容である。
　①原爆が（地上戦による）100万人の死傷者を救った
　②日米戦争終結に不可避だった
　①はヘンリー・スティムソン元陸軍長官が戦後1年半たって『ハーパーズ・マガジン』1947年2月号に掲載した論文「原爆投下の決断」に書いた以下の記述が論拠になっている。
　「もし米国が（本土上陸作戦の）計画を最後まで実施せざるを得なかったら、主要な戦闘は少なくとも1946年の後半までは続いただろう。そうなれば、米軍だけで100万人の死傷者が出たはずだと私は知らされた。また連合軍の側にもさらに多くの死傷者が出ていたであろうし、作戦が成功していたらもちろん、過去の経験からみて日本側には我々よりはるかに多い死傷者が出ていたはずである」（筆者訳）（Stimson 1947：102）。
　つまり、原爆を使用せず本土決戦になった場合に予想される米軍の死傷者100万人を原爆が救ったという議論である。一方、米国の歴史学者らによると、米軍の史料には本土決戦の「死傷者」の予想として100万人という数字は存在しない。記録にあるのは、1945年11月からの九州上陸作戦後「最初の1ヵ月間で死傷者3万1千人、このうち死者2万5千人」、あるいはこの作戦に1946年3月からの関東平野上陸作戦の死者を加えた「死者2万5千人～4万6千人」

という予想である（Bernstein 1995：149）。

　この100万人救済論は米国の高校の歴史教科書などに明記され、教育を通じて市民に浸透してきたが、より実証性に基づく議論が求められている。
　②については「日本は徹底抗戦を続けていた」との説明がなされるが、これも史実と異なる。1945年4月に組閣した鈴木貫太郎首相は天皇から密かに連合軍との和平を模索するよう命を受け、佐藤尚武・モスクワ駐在大使を通じてソ連による和平の仲介を画策していた。だが同年2月のヤルタ会談で「ドイツ降伏後2～3カ月以内の対日参戦」を既に決めていたソ連が和平の仲介に応じるはずはなく、米国も日本の動きを知りつつ意図的にポツダム宣言で日本の飲めない厳しい無条件降伏を突きつけて原爆投下の強行を狙った。
　これらをふまえ、原爆投下正当論が持つ今日的意味は、第一に日本市民の無差別大量殺戮の肯定、第二に大量破壊兵器・核兵器の使用肯定につながることだ。

（2）原爆被爆体験に依拠する「核兵器の非人道性」の主張
　核兵器の使用が非人道的であることは、ここでは議論の対象としない。問題は、日本が原爆被爆体験の悲惨さに基づき「核兵器の非人道性」を主張することと、日本の政策、日本の市民の意識・行動が、国際社会から整合性を持つと見られるかどうかである。
　（ⅰ）**核4政策との整合性**　日本には核4政策が存在する。①非核政策、すなわち「非核三原則」として示される政策、②「核の傘」、すなわち米国の核抑止力に依存する安全保障政策、③核エネルギーの民生利用、すなわち原子力発電の積極的推進、そして④核軍縮外交、すなわち国連などでの核軍縮外交における指導力の発揮である。
　このうち原爆被爆体験に基づく核兵器の非人道性の訴えと矛盾していると見られかねないのは、②、③、④である。特に第2次安倍政権以降に顕著なのが、東アジアの危機を外交ではなく②の強化で乗り切ろうという姿勢である。③についても、東日本大震災による福島第一原発事故に伴う放射線汚染の検証が不十分なまま原発の再稼動や積極的な海外輸出を進める政策に対し、疑問の声が

ある。④に関して日本は、2015年核拡散防止条約（NPT）再検討会議などで、世界の政治指導者に対し被爆地訪問を呼びかけたが、その一方で2017年に成立した核兵器禁止条約には反対の立場を取っている。日本は同条約に賛成の非核国と反対する核保有国の「橋渡し」を行うと表明しているが、実際には核保有国の政策の追認をしているに過ぎない、との批判がある。

（ⅱ）**原爆投下の「記憶」**[1]**の違いをめぐって問われる姿勢**　原爆被爆の悲惨な体験からノーモア・ヒロシマ、ナガサキを訴える日本社会に対し、米国社会の中には「原爆投下正当論」が存在する。韓国・朝鮮では日本が朝鮮半島に行った過酷な植民地統治を念頭に、「原爆は日本人が受けた罰だ」といった議論があり、「中国」では日本の軍事侵略に終止符を打った「正義の原爆」「解放の原爆」という議論がある。このように原爆投下に関する「記憶」の違いが今日でも存在している。これらの議論に共通するのは以下の点である。

第一に、これらは一見、原爆投下を議論しているようだが、主眼は原爆投下ではなく、日本が起こした戦争（米国）や植民地支配（韓国・朝鮮）、軍事侵略（中国）の不当性や非人道性を問いかけている。日本が被爆体験の悲惨さを訴えるのに対し、相手は日本が行った別の行為の悲惨さを訴えているのである。

第二に、相手が問いかける問題について、日本では教育現場などで十分な情報が与えられず、既に過去の出来事だとして見過ごされている場合が多い。

第三に、原爆被爆は「被害」、戦争や植民地支配、軍事支配は「加害」と分類され、「加害」については実証的な検証よりも「謝る・謝らない」という態度に関心が集まりやすく、それらの歴史を扱う事自体を「自虐的」だとして拒む姿勢が日本の一部に広がっている。

（3）「記憶」の違いをどう克服するか

原爆投下に関する「記憶」の違いを克復して共通認識を形成する事は、国際化が進む市民社会においてますます重要である。その方法の一つは、原爆投下に至るまでの日本のたどった政策を、ナショナリズムや国境を越えた「市民の視点」で実証的に学ぶ事であろう。

日本の起こした戦争は日本人にとっても非人道的な戦争であった。その最大

の非人道性は、日本という国家が、自国の兵士も一般市民も含め、国民の生命を全く軽視していたことである。兵士には「戦陣訓」で「生きて虜囚の辱めを受けず」という掟が課せられ、いかなる状況でも降伏を許されず、最後には突撃を命じられ、死ねば「玉砕」と美化された。同じルールは事実上、一般市民にも適用された。

　原爆投下は広島で約14万人、長崎で約7万5千人の死者を出したが、アジア・太平洋戦争中の日本人の犠牲者は約310万人にも上る。兵士が約230万人、一般市民が約80万人。国民の死亡率は実に3％を超える。犠牲者の大半はサイパン、グアム、テニアン島が陥落して本土空襲が可能になった1944年8月以降の1年間に死亡した。その後、マニラ市街戦で敗れても沖縄が陥落しても最高戦争指導会議は「戦争の完遂」を叫び続け、広島、長崎への原爆投下とソ連参戦後にようやくポツダム宣言を受諾した。最悪のシナリオである。

　原爆投下の非人道性も日本の戦争の非人道性も、ともに掘り下げることが必要であろう。その姿勢で「記憶」の違いやナショナリズムを克服し、国境を越えた共通認識を目指すことが、原爆投下について考える今日的な意義ではないか。

【参考文献】
1．戦史研究会編（1972）『原爆の落ちた日』文藝春秋
2．西岡達裕（2016）「オバマ大統領の広島訪問――原爆投下をめぐる日米の世論（補説）」桜美林大学大学院国際学研究科『国際学研究』7号、1-15頁
3．山崎正勝（2011）『日本の核開発：1939〜1955』績文堂
4．Bernstein, Barton F. (1995) "The Atomic Bombings Reconsidered," *Foreign Affairs*, Vol. 74, No. 1, pp. 135-152.
5．Stimson, Henry L. (1947) "The Decision to Use the Atomic Bomb," *Harper's Magazine*, Vol. 194, No. 1161, pp. 97-107.

1）ここでいう記憶とは、個人の記憶ではなく国家や地域、民族が共有する「集団的記憶」（collective memory）を指す。

第2章
始まりの10年
――原爆被害者運動の創成期

広島市立大学 広島平和研究所教授
直野章子

1 はじめに

　原爆投下後から占領期を含む10年間は「空白の10年」と言われている（広島県被団協「空白の十年」編集委員会 2009）。後遺症に苦しむ被害者に対する公的援護はなく、被害の訴えは占領軍に押さえつけられ、被害者援護よりも街の復興が優先された。差別と偏見に追い打ちをかけられて「死んだ人がうらやましい」という言葉が聞かれるほどであった。こうした状況に大きな変化が訪れるのは、1954年3月の「第五福竜丸事件」（「ビキニ事件」）を契機とする。米国の水爆実験で魚や雨が放射能に汚染されたことを知った日本の人びとは、原水爆実験を禁止すべく署名運動を起こした。運動は短期間で大きなうねりとなり、55年に広島で原水爆禁止世界大会が開催された。翌56年には日本原水爆被害者団体協議会（日本被団協）が結成される。そして57年、原水爆禁止の世論に後押しされるようにして、原爆医療法が制定され、ようやく被爆者に対する公的援護が始まった。こうして「空白」に終止符が打たれたといわれている。しかし、原爆との闘いは「空白」といわれる時代にすでに始まっていた。

2　占領下の「原爆被害」

　原爆による世界初の攻撃を受けた広島と長崎は、放射線の傷害作用に迫る「またとない機会」であると捉えられ、調査の対象となってきた。1945年10月に米軍の合同調査団が結成され、爆心地からの距離別に、遮蔽の状況を考慮しながら原爆の殺傷力が調査された（Oughterson et al. 1951：2）。その後、放射線被曝の長期的な影響を調べるために、46年11月、原子爆弾傷害調査委員会（ABCC）の設置が決定され、広島と長崎の原爆被爆生存者を対象に遺伝調査や血液調査が始まった（Lindee 1994：27）。

　米国の関心は核戦争における放射線の傷害作用と防護手段の解明にあり、調査結果が被害者治療に活かされることはなかった。原爆被害者は米国の軍事戦略に資する調査対象（オブジェクト）でしかなかったのである。しかし、こうした被害者の扱いは米国に限られたものではない。原爆投下直後、日本軍は調査団を派遣したが、そこで集められたデータは敗戦直後、日本側から自発的に米占領軍に提供された（笹本 1995：47-56）。占領下において、日本政府は米国の調査に協力しながらも被害者援護には取り組まず、本土占領が終わっても直ちには態度を変えなかった。53年末に、原爆傷害者の治療方針究明のための調査研究という名目で、初めて国家予算が支出されたが、援護措置が本格化するのは、翌54年の福竜丸事件後に原水爆禁止の世論が高まったのを受けてのことであった（広島原爆医療史編集委員会 1961：517）。

　多くの原爆被害者を抱える被爆地は政府に援護を要請してきた。その根拠となる資料を作るために、広島市は52年から生存者調査に取り組んだ。しかし、身体、精神、生活の領域にわたる複合的な被害の実態を明らかにしてきたのは、被害者自身であった。上空から被害を目差す米軍調査とは対照的に、「グランド・ゼロ」の視点から被害を描いた体験記が、占領期の言論統制下においても500編以上刊行されている（宇吹 1999：2-21）。50年には、朝鮮戦争の危機が迫るなか、原爆被害を世に問う動きが活発になった[1]。翌51年には、原爆被害を受けた子どもたちの作文集が『原爆の子』として出版され、ベストセラーとなる。広島大学教授の長田新の編集によることが知られているが、子どもに体験

記を書かせる基盤を作ったのは「広島青年文化連盟」に集った広島市内の教師たちであった（山代 1965：ii-iii）。52年には、綴り方教育で生徒に体験記を書かせていた小学校教師の中本剛、文化連盟や「われらの詩の会」の中心的存在であった詩人の峠三吉、作家の山代巴、広大生の川手健らが「原爆の真の姿を訴え……平和のために役立てる」という趣旨のもと、朝鮮人を含む子どもらの詩集『原子雲の下より』を刊行する（峠三吉・原爆の詩編纂委員会編 1952：9）。『原爆の子』や『原子雲の下より』に限らず、原爆体験記や原爆詩は「平和の証言」として受容されたが、原爆体験と平和や反原爆の理念が明確に結びついていたわけではなかった。両者が接合されていくのは、原爆被害者運動の進展を通してであった。

3　被害者の手による「原爆被害」――「原爆被害者の会」の運動

　占領下で明確に原爆禁止をうたったのは、共産党系の集会や発行物に限られていたが、講和条約発効後、広がりを持つようになっていく（広島市 1984：76-83；110）。1952年夏には、黒焦げの遺体や負傷者の生々しい写真を掲載した『アサヒグラフ』が飛ぶように売れて、日本社会における原爆被害のイメージ形成に大きな役割を果たした。しかし、惨状を強調するあまり、被害者を「無残な姿」として表象し、他者化することにつながった。原爆の恐ろしさを強調することで原爆反対を訴えるという手法は、占領期の共産党にもみられたが、後の原水禁運動にも引き継がれて、被害者が運動に背を向ける一因ともなった。それに対して「被害者が苦しい中をどの様に生き抜いていこうとしているか」に関心を向けながら原爆被害を捉え、反原爆の思想を形成していくのは、被害者たちの運動であった（原爆被害者の手記編纂委員会 1953：281）。

　52年6月、『原子雲の下より』を準備していた峠や山代らは、51年8月に広島原爆傷害者更生会を結成した吉川清の訪問を受けた。これを機に、原爆被害者の組織化へと動きだすことになる（広島市 1984：102）。それから数カ月後の8月10日、被害者の治療と生活の問題を解決し、「再びこの様な惨事のくりかへされないよう平和のために努力する」ことを目的とする「原爆被害者の会」

が結成された(「原爆被害者の会会則」1952年8月10日)[2]。発足後数カ月で、ABCCに無料治療を要請、原爆手記の編纂に協力、ウィーン平和大会への代表派遣を準備するなど精力的に活動した(原爆被害者の手記編纂委員会 1953:284-285)。12月14日には第1回総会が開かれ、当面の運動方針として、生活困難者に対する生活救援、住宅立ち退きを迫られた被害者のための市との交渉、被害者の医療や生活に関する調査などが決定された(原爆被害者の手記編纂委員会 1953:286-287)。翌年1月の幹事会で各地区に支部を立てることが決まり、広島県全域に広がる被害者団体協議会の基盤を作ることになる。

　被害者の実態と要求に基づいて運動を進めるという方針により、被害者の会は調査や手記編纂に着手する。1953年9月に会員70人を対象に調査が行われ、多くの会員が原爆の後遺症に苦しんでいる実態が明らかにされた(広島市 1984:105)。また、山代や川手らが中心となり、山村に住む被害者の家を一軒一軒たずね歩いて『原爆に生きて』(53年刊行)にまとめた。

　『原爆に生きて』は、被爆時の惨状だけでなく、生き残った後の苦しみを浮かび上がらせた。原爆症だけでなく、貧困、差別と偏見、家父長制など「社会の病」に追い詰められる被害者の姿を描くことで、戦後社会のあり方に切り込んでいる。手記を本名で発表できない人が多いと指摘しながら、「我々の国では今、総ての弱者が、堂々と自分の名前を名のって、真実の悲しみや苦痛を訴えられる社会にすることこそ、平和への正道ではないでしょうか」と問いかけた(原爆被害者の手記編纂委員会 1953:13)。

　原爆を生き延びた者が体験を語るということは、けっして容易なことではなかった。『原爆に生きて』が示すように、耳を傾ける聴き手を得て初めて言葉にすることができたのである。体験を語ることで「自分の思いを確かめる」助けとなり「未知の人に理解される喜び」も伴って、「自分の訴えに自信を持つように」なったと山代は後年振り返っている(山代 1965:vi)。証言の場が拓かれるなか、語り手に原爆被害者としての自覚が芽生えてくる。聴き手の方も、被害者の声に根差した平和運動を模索するようになっていくのである。

4　原爆被害者と同伴者——反原爆へ

　被害者が他者と出会い、両者がともに変わっていく。原爆被害者の会でみられたこの呼応関係こそが、原水禁運動と被害者運動をつなぐことになる。

　被害者の会結成から2年後の1954年、第五福竜丸事件をきっかけとして原水爆禁止の世論が高まり、55年8月6日には広島で世界大会が開かれる。ただし、原水禁運動が、初めから原爆被害者の現状に関心を向けていたわけではない。だからこそ、広島の世界大会準備会は、参加者が被害者の生の声に触れる機会をできるだけ増やそうと、被害者宅での民宿や分散会での被害者との懇談会を企画した（広島大学原爆放射能医学研究所附属原爆被災学術資料センター 1981：11-12；広島市 1984：129）。原爆被害者との出会いは参加者に衝撃を与え、「原水爆禁止運動の基礎」として被害者救援が位置づけられることになる。

　他方、原爆後の苦しみを聴き届けてもらう場を得た被害者からは「生きていてよかった」という声が聞かれた。世界大会に勇気を得た被害者たちは、自らの組織化へと勢いづく。56年3月18日の広島県原爆被害者大会を経て、5月27日には広島県原爆被害者団体協議会が結成された（広島県原爆被害者団体協議 1986：102-103）。そして、長崎市で開催された第2回原水禁世界大会の2日目にあたる8月10日、日本被団協が結成を宣言する。「自らを救うとともに、私たちの体験をとおして人類の危機を救おうという決意」でもって、原水爆被害者援護法と原水爆被害者健康管理制度の制定とともに原水爆禁止を目標に掲げ、「ふたたび被爆者をつくらない」ための闘いを始動させたのである（日本原水爆被害者団体協議会 1956）。

　被団協の運動は、原爆被害の実態を明らかにしながら要求の根拠を固めていったが、それは被害者の会から継承した重要な方法論であったといえる。被害者調査、体験記の編纂、相談活動などを通して、埋もれていた被害者の声を拾い上げ、被害者が何に苦しみ何を求めているのか、検討を重ねていった。その過程で、語る側も聴く側も変わっていった。運動に加わった者たちは、原爆被害を明らかにしながら、被害をもたらした者の責任追及と被害に対する償いの要求、被害の再発防止を使命とする「原爆被害者」として主体化していった。

それは、苦しみに耳を傾け、ともに反原爆へと向かう「同伴者」たちとの協同を通して成し遂げられていくのである。

現在では、被爆者が核兵器廃絶や平和を訴えることは当然視されている。しかし、原爆に遭った体験からそうした理念が自動的に引き出されるわけではない。原爆と対峙する思想は、「空白の10年」と呼ばれる苦難の時代において芽吹き始め、その後の60年余りにわたる原爆被害者運動のなかで、「ふたたび被爆者をつくらない」という信念に結実していったのである。

【参考文献】
1. 宇吹暁（1999）『原爆手記掲載図書・雑誌総目録』日外アソシエーツ
2. 原爆被害者の手記編纂委員会編（1953）『原爆に生きて――原爆被害者の手記』三一書房
3. 笹本征男（1995）『米軍占領下の原爆調査――原爆加害国になった日本』新幹社
4. 峠三吉・原爆の詩編纂委員会編（1952）『詩集 原子雲の下より』青木書店
5. 日本原水爆被害者団体協議会「世界への挨拶」1956年8月10日
6. 広島県原爆被害者団体協議会編（1986）『平和を求め続けて――広島県被団協30年のあゆみ』汐文社
7. 広島県被団協「空白の十年」編集委員会編（2009）『「空白の十年」被爆者の苦闘』広島県原爆被害者団体協議会
8. 広島原爆医療史編集委員会（1961）『広島原爆医療史』広島原爆障害対策協議会
9. 広島市編（1984）『広島新史 歴史編』広島市
10. 広島大学原爆放射能医学研究所附属原爆被災学術資料センター（1981）「まどうてくれ――藤居平一聞書」『資料調査通信1981年12月号 No.2』広島大学原爆放射能医学研究所
11. 山代巴編（1965）『この世界の片隅で』岩波新書
12. Lindee, M. Susan（1994）*Suffering Made Real: American Science and the Survivors at Hiroshima*, Chicago: University of Chicago Press.
13. Oughterson, Ashley W. *et.al.*（1951）*Medical Effects of Atomic Bombs: The Report of the Joint Commission for the Investigation of the Effects of the Atomic Bomb in Japan, Volume 1*, Washington, DC: Army Institute of Pathology.

1）「原爆の図」の巡回展、大学自治会による「原爆展」、広島市による『原爆体験記』発行などである。
2）長崎でも、翌53年6月に最初の被害者組織である「長崎原爆乙女の会」が結成された。

第3章
戦争の裁き
——東京裁判と日本政府の対応を中心に

広島市立大学 広島平和研究所教授
永井　均

1　はじめに

　「戦争の裁き」。ここではそれを、戦争を引き起こし、戦争中に敵国等の捕虜や民間人に残虐行為を働いた廉で当該行為者個人の刑事責任を問うこと、と定義しよう。それは、戦争犯罪の法的訴追とも言い換えることができるだろう。人類史的に見れば、比較的新しい考え方であり、第一次世界大戦後にその萌芽が現れ、第二次世界大戦の終戦を契機に大きな転換点を迎えた（藤田 1995）。そして、長い冷戦後の旧ユーゴ、ルワンダ戦犯法廷などを経て、現代における戦犯訴追制度の到達点となったのが国際刑事裁判所（ICC）である。その創設に日本政府も深く関与したICCは、1998年7月のローマでの外交会議で設置が決まり、2003年3月に発足した人類史上初の常設の国際戦犯法廷だ。
　日本と戦犯問題との関係でいえば、第一次世界大戦の戦勝国として、敗戦国ドイツの戦犯処罰の仕組み作りに加わった事実はあるが、それよりも第二次世界大戦後に開かれた東京裁判の方がより一般に広く知られているだろう。
　2018年11月、東京裁判の判決から70年を迎えた。日本史上、未曾有のこの国際軍事裁判について、これまで様々な角度から研究が試みられてきた。近年の研究動向に着目すると、東京裁判の枠組みの形成や国際関係の作用、裁判の法的位置づけなど、主に裁いた側の視角からの分析が積み重ねられつつある（永

井 2017)。他方で、裁かれた側の日本の対応については、十分には検討されていないように思われる。日本の指導者たちは、この国際軍事裁判による「戦争の裁き」にどう向き合ったのか。本稿では、東京裁判の特質と歴史的な遺産を確認し、日本政府の対応と今日的な意味を考察することとしたい。

2 戦犯裁判の文脈

　東京裁判は、第一次世界大戦後の戦犯処罰への機運の醸成、そして先の大戦におけるヨーロッパ、アジア・太平洋戦線の展開と終戦過程の中で生まれたものだ。第一次世界大戦後から残虐行為や戦争を開始した責任の追及がなされた。1919年6月調印のベルサイユ条約には戦争責任条項があり（第227条〜第230条）、日本も戦勝国として条約に加わった。しかし、開戦責任の訴追対象のドイツ皇帝はオランダに亡命したので起訴できず、残虐事案は「勝者の裁き」をドイツが拒否したため、連合国が提示した容疑者名簿に基づいてドイツ自身が裁いた。ただ、敗者による裁きは極めて限定的で、容疑者890名のうちライプツィヒ国事法廷（最高裁判所）で起訴されたのは17名にとどまった（芝 2015）。

　第二次世界大戦が勃発した時、侵略や残虐行為を国際法上の犯罪として、指導者の責任を国際法廷で裁く方法は所与のものではなかった。それは1941年10月、ウィンストン・チャーチル英首相がドイツ人による凄惨な残虐行為への応報（裁き）を主要な戦争目的に加えると宣言した時に胎動する。1943年11月に米英ソの首脳がモスクワ宣言を発表、ドイツ人主要犯罪人を残虐行為の廉で連合国の共同決定により処罰する方針を表明した。その後、1945年8月、米英仏ソ4国によるロンドン会議でドイツ主要戦犯を国際法廷で裁く法的枠組みが決定される。同会議が締結した協定で国際軍事裁判所憲章（チャーター）が制定され、ハーグ条約（1899年、1907年）やジュネーブ捕虜条約（1929年）など従来の戦争法規の違反行為である「通例の戦争犯罪」に加え、侵略戦争の計画・準備・開始・遂行などを犯罪とする「平和に対する罪」、そして「通例の戦争犯罪」で保護されない自国民を含む一般市民に対する非人道的行為——ナチによるユダヤ人迫害が念頭にあった——を指す犯罪概念である「人道に対する罪」という新たな二

つの犯罪類型が定立され、ニュルンベルク裁判で適用された（日暮 2002）。

　日本に目を転じると、大戦中、米国は日本軍の捕虜虐待に対して抗議し、戦犯処罰を予告した。1943年12月には英中とともにカイロ宣言を発表、日本の侵略を制止し、処罰する旨を表明した。そして1945年7月26日に米英中の首脳名で発せられたポツダム宣言によって、日本人戦犯の処罰方針が明確に示される。同宣言第10項には戦犯条項があり、「吾等ノ俘虜ヲ虐待セル者ヲ含ム一切ノ戦争犯罪人ニ対シテハ厳重ナル処罰加ヘラルヘシ」と明記されていた。8月14日に日本政府がポツダム宣言を受諾し、9月2日の降伏文書調印で宣言受諾を再確認したことで、連合国と日本との間に戦犯処罰の国際合意が生じた。

3　「敗者の裁き」論

　大戦に敗れた時、日本の指導者たちはポツダム宣言の戦犯条項を無視してはいなかったが、流動的な状況に鑑みて、しばらく静観を続けた。1945年9月11日、元首相の東條英機大将が米軍に逮捕されるに及んで、政府は対応に動いた。

　東條逮捕令は「勝者の裁き」の予兆だっただけに、日本側に与えた衝撃は大きかった。翌朝、東久邇宮稔彦首相は政府・軍の最高会議（終戦処理会議）を招集し、戦争犯罪人の裁判問題を審議し、日本自らによる戦犯処罰の実施を決定する。だが、昭和天皇が難色を示したため、政府関係者は再考を余儀なくされた。天皇は、敵側のいう戦争犯罪人、特に責任者はかつて自分に忠誠を尽した者ゆえ、これを処断することは忍び難いと述べて反対したのである。大日本帝国憲法は、司法権は天皇の名において法律により裁判所がこれを行うと規定していたから（第57条）、天皇は自分の名で部下を裁くことを拒否したのだろう。

　天皇が承知しないため、東久邇宮首相らは緊急会合を開くも、日本側裁判の方向は覆らず、再上奏する。東久邇宮に帯同し、天皇の説得に当たったのは重光葵外相と岩田宙造法相だ。両大臣は容疑者と国家主権の双方を擁護するために国内裁判を試みる、と説得した。そこには、勝者による一方的な裁きが国家と同胞に不利益をもたらすことへの抵抗感がにじんでいた。天皇は説明に耳を傾け、重光から占領軍との交渉が成功薄だとも聞かされ、自らの名による戦犯

処罰を回避しうると感じたのだろう。天皇は最終的に譲歩した（永井 2005）。
　天皇の了承を得た東久邇宮は9月12日の夕方に臨時閣議を招集し、戦争犯罪人の裁判に関する政府声明案を決定する。閣議決定された声明案は次の通り。
　「日本政府ニ於テハ俘虜抑留者ノ虐待其ノ他国際法規並戦争法規ニ違反セル行為ヲナセル者ニ対シ聯合国ノ提示スル表ニ基キ証拠ヲ審案シ厳重且公正ナル裁判ヲ行フノ決意アリ」（内閣 1945）。
　だが、閣議決定しても政府声明はすぐには発表されない。日本側で戦犯裁判を実施するには手続きと時間を要すると考えられたからだ。戦犯処罰のための国内法廷は存在せず、当時、帝国議会が閉会中だったため、政府関係者は大日本帝国憲法第8条に基づき、天皇が緊急勅令を発して特別法廷を設置する案を想定した。特別法廷設置の見通しがついた時点で、声明を発表する手はずだったのだろう。ただ、そうだとしても、戦犯処罰の問題を日本側が独断で処理できるわけもなく、占領軍と交渉し、了解を得ることが不可欠と考えられた。
　翌13日、重光外相は連合国軍総司令部（GHQ）のリチャード・サザランド参謀長を訪ね、戦犯裁判を日本政府の手で実施したいと申し出た。サザランドは直ちに峻拒せず、捕虜虐待など刑事事件は実施可能かもしれないが、政治的責任者については不可能だろうと述べた。重光は、占領軍提供の戦犯リストと証拠に基づき、占領軍が納得できる裁判をする、と熱弁をふるった。サザランドは婉曲に否定的見解を示唆したが、重光に押され、日本で実施できる裁判を始めてよい、と口にした。重光は、日本側の裁判後に連合国が再び戦犯裁判にかければ二重裁判になり無益だと訴えるも、納得できる返答は得られなかった。
　日本側は「敗者の裁き」の可否が曖昧なまま、政府声明を発表することなく、捕虜虐待など残虐事案の対処に着手した。日本兵による暴行や殺害案件であれば、日本の刑法や軍法会議など既存の法制度で処理できたからだ。1945年9月20日、捕虜所管部局の陸軍中央は省内に俘虜関係調査委員会を設置し（海軍も同様の委員会を設けた）、真相主義と厳罰主義に基づいて捕虜虐待事件の調査と処分に乗り出した。だが、現実には責任回避や身内への擁護論が強く働き、基本方針の遂行を妨げた。
　戦犯裁判はポツダム宣言に基づいて連合国側が実施する——1946年3月初旬

頃、GHQ はそれまで黙認していた日本の戦犯訴追を認めない決定を下す。結局のところ、連合国側は一事不再理の原則を認めず、日本側が処罰した将兵を戦犯裁判で訴追した。結果、10名が同じ事案で戦犯裁判にかけられ、日本側の処罰内容が考慮されるなどして、より過重な判決を宣告された（永井 2016）。

　他方、政治的責任者の扱いはなお難しかった。東久邇宮内閣時代からの懸案として、政府と法制局で「戦争責任裁判法」が検討されたが、後継の幣原喜重郎首相は法の不備という罪刑法定主義の観点から反対した。新しい法律で特別法廷を設置して裁判を実施すれば、有罪・無罪の是非や量刑の問題など国内にもたらす波紋が予想され、国民間の分裂が懸念されたからだ。幣原内閣は戦犯裁判を連合国の専権事項と捉え、日本当局は協力に徹する方が賢明だと判断したのであろう。1945年末には「戦争責任裁判法」に象徴される政治的責任者の処罰構想は放棄され、日本の難問は東京裁判に委ねられた（永井 2016）。

4　東京裁判の成立と構造

　東京裁判（正式名は極東国際軍事裁判）は、米国軍人のダグラス・マッカーサー連合国軍最高司令官が1946年1月19日に発表した特別宣言によって設立された。米英仏ソの協定で設置されたニュルンベルク裁判とは形成過程が異なる。法廷の構成や犯罪類型など裁判を律する憲章について、ニュルンベルクでは国際協定で作られたが、東京ではマッカーサーが1月19日の一般命令第1号で制定した。東京憲章第5条は裁判所が管轄する戦争犯罪を定めており、ニュルンベルク憲章同様、ハーグ条約やジュネーブ条約などの違反行為に当たる「通例の戦争犯罪」に加え、「平和に対する罪」と「人道に対する罪」という新しい犯罪類型を含んでいた。東京裁判では、これらの犯罪類型を国際法上の犯罪として規定し、被告の個人責任について審理したのである。

　東京裁判の法廷を構成したのは、対日占領政策を決定した極東委員会の11カ国（降伏文書署名国の米中英ソ豪加仏蘭 NZ とインド、フィリピン）だ。国際性こそ帯びていたものの、マッカーサーが法廷を設置し、米国務省が各国に判事・検事の派遣を要請したように、米国が主導権を発揮した。対日戦と日本占領の

中心的役割を果たした米国は、ニュルンベルクで他国との協調の難しさに直面した経験を踏まえ、東京では米国主導を選択したのである（粟屋 1989；日暮 2002）。判事・検事は勝者が独占したが、日本側は「勝者の裁き」の体制に異を唱えず、介入もしなかった。東京裁判の公判中、日本政府は、裁判に協力しており、自ら戦争責任の審判を実施する考えのないことを表明した（1946年6月24日の吉田茂首相、7月5日の大村清一内相の衆議院での答弁）。

　訴追準備のイニシアチブを握ったのは米検察陣だ。1945年12月6日、米国人スタッフ39名が来日、8日にはマッカーサーがGHQに国際検察局（IPS）を設置し、米国人のジョゼフ・キーナンをIPS局長（首席検事を兼務）に任命した。その後、他の10カ国も検事を派遣したが、首席検事はキーナン一人で、他国検事は「参与検事」として首席検事を補佐する位置づけだった。各国検事が同等の地位を占めたニュルンベルク裁判とは対照的だ。1946年4月29日、検察側は起訴状を発表し、日本による侵略戦争の計画・準備・実行（第1類「平和に対する罪」、訴因1〜36）、奇襲攻撃による殺人（第2類「殺人」、訴因37〜52）、捕虜や一般住民の虐待・虐殺（第3類「通例の戦争犯罪および人道に対する罪」、訴因53〜55）の責任について、東條元首相ら28名を告発した。起訴状に記載された訴因数は、ニュルンベルクでは4訴因（被告24名）だったが、東京では11カ国の検事が各国の事案を挿入したため、55にも上った。

　1946年5月3日、東京裁判が開廷する。検察側は起訴状で「日本ノ対内対外政策ハ犯罪的軍閥ニ依リ支配セラレ且指導セラレタリ。斯ル政策ニ重大ナル世界的紛争及ビ侵略戦争ノ原因タル」とし、被告が「共同謀議」により侵略、残虐行為を犯したと断罪した。対象時期は1928年──同年6月に張作霖爆殺事件が起こり、8月にはパリで「国家ノ政策ノ手段トシテノ戦争ヲ放棄スル」旨を謳った不戦条約が締結──の1月から降伏文書調印の1945年9月までで、訴因1で示された1928年以降の包括的共同謀議に全被告が該当するとした。

　検察側の立証は6月4日のキーナン首席検事の冒頭陳述をもって開始された。その後、検察は満州事変、日中戦争、日独伊関係、ソ連、太平洋戦争、残虐行為、個人などの各段階に沿って立証を進めた。法廷では、戦時下の検閲のために日本国民が知らなかった満州事変から太平洋戦争に至る重大事件の真相が明

るみに出された。また、南京事件やマニラ戦での民間人虐殺など、日本で伏せられてきた残虐行為の告発は、日本人に強い衝撃を与えた（永井 2010）。

他方、弁護側は1947年2月24日の清瀬一郎弁護人の冒頭陳述により反証を開始した。弁護には日米の弁護人が当たった。彼らは事後法など裁判の不当性を訴え、日本に侵略的な意図はなく、満州事変から日中戦争、太平洋戦争に至る戦争は自衛権の行使だったと反論した。弁護側は一般問題、満州国、中華民国、ソ連、太平洋戦争、個人の六つの段階に沿って反証を展開、1948年1月12日に立証を終えた。翌13日から検察側反駁立証に移り、次いで弁護側再反駁立証、最終論告、最終弁論、検察側回答へと続き、4月16日に結審した。

日本政府はGHQの指令に基づいて容疑者を逮捕し、検察・弁護双方から要請された書証の調査、提供や証人の出廷を促す役割を担った。政府が東京裁判に自国の判事や検事の参加を求めた形跡は見当たらない。他方で、被告の弁護こそしなかったが、弁護人を斡旋し、弁護士費用を負担した（厚生省引揚援護局法務調査室 1954）。このように、日本政府は東京裁判に協力し、その進行を側面から支えた。

ところで、米国主導が裁判に与えた影響は免責事案の決定時に著しい。たとえば昭和天皇の起訴問題については、占領政策の円滑化を図るために天皇を利用したいマッカーサーの意向が不訴追を決定づけた。宮中側近など日本人関係者の働きかけも元帥の考えに影響を与え、天皇不訴追のニュースが伝わると、政府当局は連合国の判断に「感謝ノ意」を表明した（1946年6月24日の衆議院での吉田首相の答弁）。1946年4月8日の被告選定会議でオーストラリア検事が天皇の起訴を提起するも、検察外の様々な事情から天皇の訴追は誤りだとして却下され、起訴状に加えられなかった（粟屋 1989；粟屋・NHK取材班 1994）。

裁判の舞台裏では、検察が日本軍の毒ガス戦と細菌戦の訴追を目指したが、米国が国益を優先し、意図的に免責した。前者は、米軍当局が将来における毒ガス使用の制約を避けるために訴追に反対し、後者については、人体実験の情報提供と引き換えに起訴免除を図った（吉見 2004；常石 1995）。

東京裁判では連合国側の犯罪は問われず、そのことが「勝者の裁き」の象徴とされる。ただ、訴追対象の決定は検察の専権事項ゆえ、現実には責任追及は

困難だった。日本人が反発した、原爆投下の責任問題はその典型例だ。日本政府は投下直後の1945年8月10日、米国政府に抗議文を提出し、ハーグ陸戦規則（1907年）を引証して原爆投下の非人道性、違法性を糾弾し、「人類文化ニ対スル新ナル罪悪」として告発した（外務大臣 1945b）。日本政府は1944年10月の那覇空襲や45年3月の東京大空襲についても、これらが「人道的原則並ニ国際法ニ違反セル」として同趣旨の対米抗議文を提出した（外務大臣 1944；外務大臣 1945a）。米国政府は、たとえば沖縄爆撃を国際法違反と認めれば、不時着した米軍搭乗員の身を危険に曝し、彼らが戦争犯罪人の扱いを受ける懸念があるとして、日本側に言質を与えぬよう抗議を無視した。原爆投下の抗議文についても沈黙を守った（Department of State 1969）。かかる状況に照らせば、米側が原爆投下や無差別爆撃を東京裁判に関連させることなど、あり得なかった。もし日本が米国に先んじて連合国側に原爆を投下していれば、東京裁判の訴因に加えられただろう。しかし、核兵器を最初に使ったのは勝者（米国）であり、そのために、この非人道兵器の犯罪化に向けた規範形成のチャンスが失われ、戦後の核拡散を招いたことは歴史の皮肉であった（Folk 1988）。

5　判決と日本の反応

　1948年11月4日、判決の朗読が始まった。公判中、「平和に対する罪」など裁判所の管轄権をめぐり判事団が深刻な対立に陥り、統一の判決さえ危ぶまれたが、英国判事のリーダーシップで多数派（米中英ソ加NZ比の7判事）が形成され、彼らが判決文を執筆した。ラダビノド・パル判事（インド）やデルフィン・ハラニーリャ判事（フィリピン）など5名の判事が別個意見書を提出した背景には、判事団の内部分裂があったのである（日暮 2002；Nagai 2018）。
　東京裁判の判決は3部で構成される。A部（第1章〜第3章）は序論的な部分で、裁判所の設立、審理手続き、管轄権に関する法律問題を主要とし、戦争犯罪の理論面で最も重要な部分である。B部（第4章〜第8章）は犯罪事実の一般的叙述（軍部による日本支配と戦争準備、日本の中国侵略、太平洋戦争、残虐行為）で、分量的には判決の大部分を占めている。C部（第9章、第10章）は

結論的部分で、第9章が起訴状の訴因についての認定、第10章が有罪・無罪の判定(ヴァーディクト)であり、以上の判決文の朗読を受けて各被告に量刑(センテンス)が言い渡された。

　判決は管轄権の法律問題についてニュルンベルク判決に準拠し、裁判所憲章の法は「本裁判所にとって決定的であり、これを拘束する」とし、「平和に対する罪」は事後法ではなく、現行国際法を明文化したものと判定した（以下、判決速記録による）。事実認定では、1928年から45年までの足かけ18年にわたって「全般的共同謀議」が存在したと認定した。中国やフィリピンなど各地での残虐行為について、犯罪の広範性、共通性に鑑みて、これら残虐行為は日本政府や軍指導者が秘密裏に命じたか、もしくは故意に許容されたと判断した（B部第8章「通例の戦争犯罪（残虐行為）」）。他方で、「人道に対する罪」は事実認定でも訴因認定においても言及されず、有罪の根拠とはならなかった。

　11月12日、公判中に病死した松岡洋右と永野修身、および精神障害で免訴となった大川周明を除く25名の被告——陸軍軍人15名、海軍軍人2名、文官8名——に量刑が宣告される。結果は全員が有罪というものであり（ニュルンベルクでは3名が無罪）、ウィリアム・ウェッブ裁判長は東條被告ら陸軍軍人6名と文官の広田弘毅元首相の計7名に絞首刑を言い渡した。死刑以外の量刑は、16名が終身禁錮刑、禁錮20年と禁錮7年が各1名であった。弁護側から事後法と批判された「平和に対する罪」のみで極刑を宣告された者はいなかった。ニュルンベルク同様、死刑を受けた全被告が残虐行為関連（訴因54、55）で有罪を認定されたことは、判事団が「通例の戦争犯罪」を重視した反映と見ることができる。加えて、「平和に対する罪」が当時、国際法規範として広く認められていない法理だったため、極刑を回避したとも考えられる。死刑に関する限り、残虐行為の問題が決定的要因であった（日暮 2002；戸谷 2008）。

　日本国民は東京裁判の判決に注目した。たとえば、広島では12日の午後、中国新聞社が本社前や広島駅前広場で号外を配り、多くの市民が足を止めた。中国新聞記者は市民の反応について、「大声でなく、小声でひそひそ話し合っている」様子で、「粛として声のなかつた」と報じている（『中国新聞』1948年11月13日、14日付）。全国の新聞各紙も特集を組み、判決を大きく報じたが、裁判はおおむね公正だったとの肯定的な見方が多い。各紙の社説を検討した米戦略

情報局は、「ほとんどの日本人は、この度、有罪判決を受けた、かつての国家指導者の責任を認める一方で、東京裁判を日本国民の全体を裁いた裁判であるとも見ている」と捉え、日本人は判決に納得しているわけではないが、被告らの責任を「敗戦国民として」消極的に受容した、と観察した（O. S. S. 1948）。判決後に米軍当局が日本人の私信を検閲・分析した結果（1949年1月15日付）、東京裁判の評価について賛否が拮抗したように、国民はアンビバレントで複雑な思いを抱いたのである（Military Intelligence Section, GHQ/FEC 1949）。

　判決を受け、日本政府が公式見解を発表した事実はない。ただ、吉田首相が東京裁判での断罪について国会で自らの考えを示したことは注目される。吉田は「国民といたして厳粛に反省する機会を与えられた」と述べ、次の如く語った。「この宣告を読んで深く考えますることは、日本の行為が当時各国によっていかに見られたか、またその日本国民及び政府の行為がいかに列国に影響を与えたか、国民の心理にいかに映ったかということは、今後の日本の処する道において、また日本国民として、この断罪の宣告をよく注意して読んで、そうして今後に処する道を与えられたものと考えて、私は最も注意深くこれを読んだのであります」。「この戦犯に対する断罪に対して、国民が厳粛な気持をもってこれに対することが、すなわち日本の国際的信用を高むるゆえんであると考えるのであります」（1948年12月10日、衆議院での答弁）。このように、吉田は東京裁判を、戦争を内省する機会と位置づけた。彼は一国の首相として、東京裁判への理解を通じて、他者（日本が戦争し、占領した国々）の見方や感覚を意識し、他国の歴史認識に配慮して国際的信用を取り戻そうとしたのである。

6　おわりに

　ニュルンベルク、東京の両裁判は、新しい犯罪類型を導入しながら戦争犯罪の法を整備し、個人の刑事責任を追及した。両裁判が法廷の構成や適用法、管轄権など多くの面で不備や疑義を抱えていたことはよく指摘されるが、ニュルンベルク・東京以後、国際社会は二つの戦犯裁判が示した犯罪類型を精緻化し、制度的欠陥の克服に努めながら普遍性と公正性の確保を模索してきた。2002年

７月のローマ規程の発効により設立され、03年３月、判事18名の宣誓就任式を経て発足したICCはその到達点であり、ニュルンベルク、東京の両裁判がその「DNA」、原点だった（2017年１月11日、尾崎久仁子ICC第二次長の日本記者クラブでの講演）。

　日本政府は、天皇を不訴追にした上で成立、進行した東京裁判に対し、非難や否定することなく様々な形で協力した。それは、必ずしも占領軍の権力に従属したということではなく、被告の責任追及に一定の理があると考えられたからだと思われる。判決を受けて、吉田首相が東京裁判を日本の内省の糧とすべき旨を語り、政府が平和条約第11条の戦犯条項──「日本国は、極東国際軍事裁判所並びに日本国内及び国外の他の連合国戦争犯罪法廷の裁判（judgments）を受諾」──に異を唱えず受け入れたのも、こうした認識の投影ではないか。

　ところで、東京裁判の法廷跡は現在、移設・復元され（防衛省の市ヶ谷記念館）、定期的に公開されているが、ニュルンベルクのような本格的な展示があるわけではない。ニュルンベルクの法廷（600号法廷）は今も現役の裁判所として使われ、公開されており、2010年には、その上階にニュルンベルク裁判記念館が開館し、複数言語の音声ガイドを備えた常設の展示施設になった。同記念館は、司法を通じたナチ犯罪との取り組み、過去と向き合うことを重要視するドイツ連邦政府とバイエルン州、そしてニュルンベルク市が費用分担して建設した公的施設だ。その実証的で充実した展示内容は、関係資料の整備と研究の蓄積、そして啓発への意思に裏づけられている。ドイツでは長く、ニュルンベルク裁判への否定的な見方が根強かったが、統一後の連邦政府はICCなど国際刑事司法の発展に積極的役割を果たそうと努め、ニュルンベルク裁判についても、その歴史的意義を再評価する立場にある。記念館設立を後押ししたのも、ドイツ政府の国際刑法発展への貢献策の表れであろう（福永 2016）。

　他方、東京裁判について同様の公的施設がないことは、ニュルンベルクのような社会環境や条件が整っていないことを示唆する。多くの日本国民（特に若年層）が東京裁判の内容を知らず（『読売新聞』2005年10月27日付、『朝日新聞』2006年５月２日付）、また裁判をめぐる日本政府の見解が、「平和条約第十一条により当該裁判を受諾しており、国と国との関係において、当該裁判について

異議を述べる立場にはない」「裁判について、不法、不当なものとして異議を述べる立場にない」（2015年3月25日、岸田文雄外相の衆議院での答弁）という消極的な域にとどまっているのも、そのことを象徴している。過去と向き合い、国際的な信頼を築くために東京裁判を活かすという、かつての日本人リーダーの積極的な考えは受け継がれず、後景に退いた。日本人にとって、旧指導者に対する「戦争の裁き」はそれだけ咀嚼し難く、忘却の誘惑の対象なのだろう。東京裁判は、戦争をめぐる省察の素材を後世に残しながら、「歴史」として客体化されないまま70年の歳月を重ねてきたのかもしれない。

【参考文献】
1. 粟屋憲太郎（1989）『東京裁判論』大月書店
2. 粟屋憲太郎・NHK取材班（1994）『東京裁判への道』日本放送出版協会
3. 尾崎久仁子（2017）https://www.youtube.com/watch?v=4Td6byNgIjc, last visited, 3 August 2018.
4. 外務大臣（1944）「那覇空襲ニ関スル対米抗議ノ件」1944年12月7日（重光葵外相の須磨弥吉郎駐スペイン公使宛電報）、『大東亜戦争関係一件　戦況　米機本邦空襲関係』A.7.0.0.9-7-1、外務省外交史料館所蔵
5. 外務大臣（1945a）「米機ノ無差別ニ対スル抗議ニ関スル件」1945年3月22日（重光葵外相の須磨弥吉郎駐スペイン公使宛電報）、『大東亜戦争関係一件　戦況　米機本邦空襲関係』A.7.0.0.9-7-1、外務省外交史料館所蔵
6. 外務大臣（1945b）「米機ノ新型爆弾ニ依ル攻撃ニ対スル抗議文」1945年8月10日（東郷茂徳外相の加瀬俊一駐スイス公使宛電報）、『大東亜戦争関係一件』A.7.0.0.9、外務省外交史料館所蔵
7. 厚生省引揚援護局法務調査室（1954）「戦争裁判と諸対策並びに海外における戦犯受刑者の引揚（案）」平11法務06028-100、国立公文書館所蔵
8. 芝健介（2015）『ニュルンベルク裁判』岩波書店
9. 常石敬一（1995）『七三一部隊——生物兵器犯罪の真実』講談社
10. 戸谷由麻（2008）『東京裁判——第二次大戦後の法と正義の追求』みすず書房
11. 内閣（1945）「政府声明案」1945年9月12日、『公文類聚』69編・昭和20年・巻6、国立公文書館所蔵
12. 永井均（2005）「戦争犯罪人に関する政府声明案——東久邇宮内閣による閣議決定の脈絡」『年報日本現代史』第10号、277-321頁
13. 永井均（2010）『フィリピンと対日戦犯裁判　1945-1953年』岩波書店
14. 永井均（2016）「『敗者の裁き』再考——第二次世界大戦後の戦犯問題をめぐる日本側対応」『年報日本現代史』第21号、33-67頁
15. 永井均（2017）「日本における東京裁判研究の動向——回顧と展望」『広島平和研究』第4号、99-111頁
16. 日暮吉延（2002）『東京裁判の国際関係——国際政治における権力と規範』木鐸社
17. 福永美和子（2016）「ニュルンベルク裁判記念館とドイツの国際刑法政策」『現代史研究』第62号、19-24頁
18. 藤田久一（1995）『戦争犯罪とは何か』岩波書店

19. 吉見義明（2004）『毒ガス戦と日本軍』岩波書店
20. Department of State (1969) "Memorandum by the State-War-Navy Coordinating Committee to the Secretary of State [6 March 1945]"; "Memorandum by the Special War Problems Division to the Chairman of the State-War-Navy Coordinating Committee [5 September 1945]," *Foreign Relations of the United States, Diplomatic Papers, 1945*, Vol. VI, Washington DC: USGPO, pp. 470-471, 474.
21. Folk, Richard A. (1988) "Remarks by Richard A. Folk," American Society of International Law, *Proceedings of the 80th Annual Meeting, Washington D.C., April 9-12, 1986*, Washington DC: ASIL, pp. 65-67.
22. Military Intelligence Section, GHQ/Far East Command (1949), "Periodical Summary No. 36," 15 January 1949, pp. 13-18, 川島高峰編『占領軍治安・諜報月報　11巻』現代史料出版、2006年
23. Nagai, Hitoshi (2018) "Burdened by the 'Shadow of War': Justice Jaranilla and the Tokyo Trial," Kerstin von Lingen ed., *Transcultural Justice at the Tokyo Tribunal: The Allied Struggle for Justice, 1946-48*, Leiden: Brill, pp. 202-220.
24. O. S. S. (1948) "Japanese Reaction to Verdict in Class A War Crimes Trial," 3 December 1948, O. S. S./State Department Intelligence and Research Reports, Part II, microfilm, Reel 5, 国立国会図書館憲政資料室所蔵

第4章 日本の安全保障政策とアメリカの核

共同通信社編集委員
太田昌克

1　はじめに

　日本の歴代政権は1950年代から今日に至るまで一貫して、日米安全保障条約を通じた日米同盟体制を「基軸」と位置付け、その安全保障政策を構想し続けてきた。そんな日米同盟体制が担う主要な戦略的役割の一つに、アメリカ合衆国（以下、米国と基本的に表記）が日本に提供してきた「拡大核抑止（いわゆる核の傘）」がある。「核の傘」という政策的概念が日本の安全保障政策を巡る体系的な文書に初めて明記されたのは、76年に初めて閣議決定された「防衛計画の大綱（以降、防衛大綱と表記）」だ。そこには「核の脅威に対しては、米国の核抑止力に依存する」との記述がある（日本政府 1976：22）。
　爾来、冷戦終結から間もない95年、米中枢同時テロとイラク戦争があった直後の2004年、日本の政権交代を受けた民主党政権下の10年、そして改憲に積極姿勢を見せる安倍晋三政権下の13年と、定期的に防衛大綱が改定されてきたが、同盟の盟主である米国が差し掛ける「核の傘」に日本の国防の根幹を委ねる基本方針には根本的に変化がない。13年に安倍政権が閣議決定した防衛大綱にも「核兵器の脅威に対しては、核抑止力を中心とする米国の拡大抑止は不可欠」との件があり、北朝鮮の核ミサイル問題が深刻化する中、ミサイル防衛（MD）や国民保護法制を併用しながら日本を取り巻く脅威に対処していく政策路線を

明示している（日本政府 2014：5）。

　こうした「核の傘」に依拠した日本の安全保障政策は、日米両国の首脳や閣僚が同意した外交文書によっても随時確認されてきた。安倍首相はドナルド・トランプ大統領と17年2月にワシントンで初の首脳会談に臨んだが、そこでも北朝鮮の核の脅威を念頭に、米国の拡大抑止力の重要性が強調された。この時発表された「日米共同声明」には「核および通常戦力の双方によるあらゆる種類の米国の軍事力を使った日本の防衛に対する米国のコミットメントは揺るぎない」との表現が見られ、同年1月に誕生したばかりのトランプ政権が日本に「核の傘」を確約していることが分かる（日本外務省 2017）。

　1980年代末から90年代初頭にかけての東西冷戦終結やソビエト連邦の崩壊により、米ソの二大超大国が軍事的に正面衝突する恐れは消え去り、核兵器が安全保障政策に対して持つ役割も大きく低減するであろうと一時期待された。しかし、全世界には2018年初頭時点で約1万4465発の核兵器が実在し（Kile and Kristensen 2018：235-236）、日本はじめ米国の同盟国が「核の傘」に自身の国家安全保障を依存する構図には抜本的な変化の兆しが見られない。それは「核兵器のない世界」を提唱して09年にノーベル平和賞を受賞したバラク・オバマ大統領の下でも変わらぬ基調であった。

　なお、オバマ政権下では実質的な最終年となる16年にホワイトハウスを中心に、敵の核兵器使用までこちらが核兵器で攻撃しない核の「先行不使用（No First Use＝NFU, 先制不使用とも言われる）」政策採用の是非が真剣に検討されたが、米国の「核の傘」の下にいる日本や韓国、北大西洋条約機構（NATO）同盟諸国の動揺や反発を恐れて最終的に見送られた。これは同盟の盟主が核リスクの低減へ向けて大胆な政策転換を構想したにもかかわらず、拡大抑止力への悪影響を恐れる「傘国」の潜在的な懸念が障害となって、その機会の芽がつまれたことを意味する。同じ年に国連総会では核兵器禁止条約の交渉を求める決議が大多数の非核保有国の賛成で採択され、翌17年には条約が成立し署名開放に至るが、日米の核を媒介とした同盟関係は、そうした非核を求める国際潮流とは対極にあるとも言える（太田 2017：第1、2章）。

　本稿では以下、日米両国が二国間同盟を構成する枢要な戦略的アセットとみ

なしてきた「核の傘」について一次資料も駆使しながら、その歴史的形成過程をつぶさに検証する。そして、米国の拡大核抑止力が日本の国防政策に投影してきた政策的含意を今日的文脈で考察した上で、「日本の安全保障政策」と「アメリカの核」の連関性に解析のメスを入れてみたい。

2　朝鮮半島と「核の傘」

　安全保障戦略上、拡大核抑止力を機能させる重要な要因は「核の傘」を差し掛ける者の「意図」、さらにその意図を裏書きする「能力」だ。本項と次項ではまず後者の「能力」に焦点を当て、米国がいかにして「核の傘」を裏打ちする核戦力の配備を進めてきたか、その歴史的展開を詳説する。

　2018年初頭の段階において、米国が日本や韓国、NATO同盟国に確約している「核の傘」は能力的にみて、①米北西部に配備されている400基の大陸間弾道ミサイル（ICBM）②オーバーホール中の2隻を除く12隻の弾道ミサイル搭載原子力潜水艦（SSBN）に搭載された潜水艦発射弾道ミサイル（SLBM）240基③60機の戦略爆撃機—から成る「トライアッド（TRIAD）」を軸に構築されている（Kristensen and Norris 2018）。

　そんな「核の傘」は果たして、いつごろから、どのように形成されてきたのだろうか。この問いへの解を与えるに当たり、そもそも日本に初めて米国の核戦力が持ち込まれたのは、一体いつだったかを考えてみたい（なお本稿で使う「持ち込み」という言葉は、米軍艦船に搭載された核兵器が日本の港湾や領海内に入ってくる「通過・寄港」をも含む広い意味、つまり「広義の持ち込み」を指す概念として使うことにする。米国が言うところの「イントロダクション（introduction）」は核兵器の陸上配備・貯蔵を指す「狭義の持ち込み」に当たり、それとは峻別していく）。

　日本に最初に核兵器が持ち込まれたのは、朝鮮戦争休戦直後の1953年秋とみていい。休戦成立約2カ月半後の同年10月、米海軍が保有する空母の中でも最も早い時期に核搭載仕様に改造された空母オリスカニの横須賀寄港が、同艦の航海日誌から確認できるからだ。オリスカニは日本寄港の直前、米西海岸で

「特殊兵器（special weapons）」の訓練を受けており、核兵器関連の任務を担っていたことも航海日誌から読み取れる[1]。

オリスカニの極東派遣は、この年の夏まで続いた朝鮮戦争で鋭く対峙した共産勢力を軍事的に抑止することに最大の狙いがあったと考えていい。その根拠は、この時のオリスカニ艦長、チャールズ・グリフィンの証言にある。グリフィンは退役後の70年、米海軍研究所のオーラル・ヒストリーに「オリスカニは海上において、強力な空母航空群の同乗の下、休戦後の緊張状態の中で再燃する敵対行為をけん制する、ぞっとするような抑止力として貢献」したと当時を回想している（U. S. Naval Institute 1973：263）。

また第19空母航空群司令官としてオリスカニ艦載のAJ1爆撃機隊を率いたジェームズ・ラメージは退役後の85年、米海軍研究所のインタビューに以下のように言明している。

「まだ〔米中の〕交渉ごとが続いていたようで、〔ドワイト・アイゼンハワー〕大統領はすぐさま戦争から引き下がるつもりはなかった。（中略）私はグリフィン艦長にこう言ったものだ。『艦長、核攻撃能力については心配に及びません。我々には整備された36機の航空機があり、核兵器を運搬できるよう訓練された最低40人のパイロットがいるのです。彼らはAJ機よりも早く攻撃エリアに駆けつけたがっています。だからご心配なく』と。（中略）恐らく10月だった。（中略）私は準備態勢を取るよう命じられた。我々は知識面での核に関するあらゆる適正を備えており、確か10発か12発の核を組み立てて用意した。暗闇の中で笛を鳴らしながらの作業だったが、とにかく我々は出撃の準備を整えた。乗組員を選び、すべて用意万端だった」（U. S. Naval Institute 1999：168-170）。

この証言から、米核搭載空母オリスカニが53年秋の段階で、核攻撃準備態勢に入っていたことが分かる。すなわち、オリスカニはこの時日本海で行った訓練によって自らの核攻撃能力を実証することで、朝鮮半島における共産勢力の軍事挑発を抑止し、米国の同盟国である韓国を守る「核の傘」となっていたわ

けだ。そして「傘」の「能力」を裏付ける空母機動部隊が日本に寄港していた実態は、その効用が韓国防衛の後背地である日本にも及んでいたことを強く示唆している。朝鮮戦争の脈絡で米核戦力が初めて東アジアに展開された経緯を考えれば、その後日本全土に投射されていく拡大抑止力の起源は朝鮮半島にあったと考えていいだろう。

3　核持ち込みの常態化と「傘」の構造的分析

　1953年秋の空母オリスカニの極東派遣以来、米軍核搭載空母の日本寄港が繰り返され、60年代に入ると核艦船の日本への立ち寄りは常態化していくことになる。そのことは、オリスカニの艦長だったグリフィンがその後海軍作戦副部長となり、63年3月にジョン・F・ケネディ大統領に対し、「50年代初頭から日本に寄港した空母には通常、核兵器が搭載されてきた。太平洋に展開する空母機動部隊を構成する駆逐艦や巡洋艦も同様に〔核〕装備して」いると説明したことからも明らかだ[2]。

　また63年2月15日には、駐日米大使のエドウィン・ライシャワーが「〔核巡航ミサイル〕レギュラスを搭載した通常型潜水艦が定期的に日本を訪れている」との公電をディーン・ラスク国務長官に送っている[3]。さらに67年になると、日本に立ち寄る弾薬補給艦船にも核爆弾が積載されるようになり、日本の港湾内での海上核貯蔵システムが確立されていった（太田 2011年：105-108、Burr 2006）。

　こうして恒常化していく日本への海上核戦力配備は東西冷戦の終結まで続き、「核の傘」を実体的に担保する「能力」の一角を構成した。なお、冷戦時代において横須賀や佐世保への核搭載艦船の寄港が繰り返された背景には、核兵器の一時的な立ち寄り（トランジット）を、日米安全保障条約下の事前協議の対象としない「日米核密約」があったことに付言しておきたい（外務省有識者委員会 2010：第二章）。

　東アジアにおける拡大核抑止力を創出する「能力」は、こうした核搭載艦船の地域展開とは別の手段によっても担保された。その一つが、72年5月まで米

軍の施政権下にあった沖縄に大量配備された戦域・戦術核戦力である。

沖縄への核配備は、西ドイツや韓国、フィリピンよりも早い54年末ごろを嚆矢とし、核爆弾や核砲弾、核機雷、地対地核ロケット「オネスト・ジョン」、地対空核ミサイル「ナイキ・ハーキュリーズ」、中距離核巡航ミサイル「メースB」、地対地核ミサイル「リトル・ジョン」など計18種類もの核兵器が次々に搬入され、その多くは72年の本土復帰まで配備され続けた。そしてベトナム戦争ピーク時の67年には1300発に迫る核戦力が沖縄に集積し、アジア最大の核補給基地として「核の傘」の一翼を担った。アジア・太平洋地域全体を見ると、韓国（800〜900発）やグアム（500発超）を完全に凌駕しており、沖縄がアジア最大の「核弾薬庫」だった実態は一目瞭然だ（Norris, Arkin and Burr 1999）。

また、日本本土には54〜65年、核爆発を引き起こす「コア」と呼ばれる核物質部分を抜き取った「非核コンポーネント」が三沢や横田、板付の各米軍基地に配備され、有事の際には、沖縄から輸送機で「コア」を搬入して核爆弾を組み立て、各基地に待機する戦闘機で核攻撃を仕掛ける態勢も取られていた（太田 2011年：63-64）。

ここまで概観してきた核搭載艦船の日本寄港と沖縄への戦術核配備、さらに日本本土への「非核コンポーネント」導入に加え、60年代中葉以降は、①西太平洋で作戦航行する SLBM 搭載 SSBN ②グアムに展開する戦略爆撃機③米本土配備の ICBM ― から成る「トライアッド」が本格配備されるようになり、日本を含む同盟国の防衛を目的とする「核の傘」も戦略核に主眼を置いた態勢へと徐々に転換していった。

4　盟主の「意図」

ここまで日本への「核の傘」がどのように構築されてきたのか、その「能力」面に関して歴史的展開を追ってきた。ここからは、その「能力」を同盟戦略として機能させるための米国側の「意図」、さらに「傘」を差し掛ける盟主の「意図」を日本側がいかにして確認していったかを見ていきたい。米国が抑止力を裏打ちする核戦力をいくら東アジアに展開させても、それを同盟国防衛

のためにどう使うのか、盟主の戦略的な「意図」がなければ、「核の傘」が安全保障戦略として機能しないことは言うまでもない。

　歴史研究を主体とする筆者の検証作業の限りにおいて、日本防衛を目的とした拡大核抑止力の効用が米政府内で明確に意識され始めるようになるのはケネディ政権の時代だ。例えば、1962年2月に来日したラズウェル・ギルパトリック国防副長官は池田勇人首相や大平正芳外相との会談後、日本側との協議内容や合意結果をケネディ大統領に報告するため覚書を作成し、その中にこう明記している[4]。

　「米国の核の力は、共産主義勢力による日本へのいかなる原爆攻撃も抑止することに貢献しなければならない」(U. S. Department of State 1996：770)。

　ギルパトリックが言う「米国の核の力」が米核戦力のうち具体的に何を指すのかは必ずしも明瞭ではないが、敵対する核保有国のソ連や核武装化にまい進する中国による核使用を抑止するために米核戦力が重要であるとの認識が、日米間の協議を踏まえて作成された大統領宛覚書の中で指摘されているのは実に興味深い。なぜなら、ケネディ政権中枢が日本防衛という視座から米核戦力の機能的役割をはっきり認識し、自国の核戦力が同盟国防衛に投影される拡大的効果、つまり「核の傘」の機能的側面を日米同盟の文脈で捉えていたことを示しているからだ。
　そして63年のケネディ大統領暗殺を受けて突如、政権の座に就いたリンドン・ジョンソン大統領は、上記で見たギルパトリックの覚書よりもさらに大きく踏み込み、「核の傘」を供与する「意図」を初めて明確に日本側に伝達する。その歴史的局面は65年1月、佐藤栄作首相との間で行ったワシントンでの日米首脳会談だ。
　日本側会談記録によると、佐藤首相は1月12日、ジョンソン大統領に対し中国の核武装に対抗するため、日米安保条約に基づき「核で攻撃された場合、通常兵器の場合と同様に」日本を守ってもらいたいと要請している。ジョンソンはこれを快諾し、「日本の立場」に理解を表明、一方で「核保有国の数を増や

したくない」とも言明しており[5]、同盟国に付与する「核の傘」に核不拡散上の効用があることも十分意識した上で、佐藤の要請に応諾したことが読み取れる（太田 2004：206）。

なお米側会談記録にも、ジョンソンが「核抑止力」という言葉を使って、こう明言したことが記されている。

「日本は核兵器を保有していないが、米国は保有している。だから日本の防衛のために、日本が我々の核抑止力を必要とするなら、米国は〔対日防衛〕義務を守り、その防衛力を提供する[6]」。

この言質により、日本側は「核の傘」の確約を米側から獲得したと言っていい。なおジョンソンの「意図」の表明は、佐藤には十分満足できる成果だったようだ。ジョンソンの発言を聞いた佐藤はこの日の日記に「短刀直入に会談に入り、三八度線、形はともかく台湾、ベトナムも退かないとはっきり答へ、日本の防衛に任ずるから安心しろとすべて話はとんとん」としたためている（佐藤 1998：222-223）。

5　「意図」の確認作業

佐藤はこのジョンソンとの会談翌日、「核の傘」の保証をより確かなものにしようと、ロバート・マクナマラ国防長官との間で核を巡って突っ込んだやりとりをしている。1965年1月13日の日本側会談記録には、読んでいて思わず息をのみ込まざるを得ない次の一節が登場する。

「中共の核爆発の性質については昨夜（CIAから）説明を聞いた。しかしながら日本は核兵器の所有あるいは使用についてはあくまで反対である。日本は技術的にはもちろん核爆弾を作れないことはないが、ド・ゴールのような考え方は採らない。また、核兵器の持込みということになれば、これは安保条約で規定されているのであって、陸上への持込みについては発言に気をつけていた

だきたい。もちろん戦争になれば話は別で、アメリカが直ちに核による報復を行なうことを期待している。その際、陸上に核兵器用施設を作ることは簡単ではないかも知れないが、洋上のものならば直ちに発動できるのではないかと思う7)」。

1967年11月、ワシントンのホワイトハウスで会談する佐藤栄作首相（左）とジョンソン米大統領。「核の傘」の保証確認を求める首相の要請に大統領が応じた（共同）

核武装を進める中国の動きを強く警戒する佐藤が、中国と「戦争」になった場合、「直ちに核による報復」に踏み切るよう暗に要請しており、先行核使用を含めた中国への核報復の敢行を促す佐藤の強烈な「核の傘」への信奉姿勢が浮かび上がる。

この首脳会談から約3年後の67年11月、佐藤は再度、ジョンソンとの間で「意図」の確認作業を行っている。11月15日にホワイトハウスで行われた日米首脳会談の席上、佐藤は「今回の訪米の前に天皇陛下に拝謁したところ、陛下も日本の安全保障ということを心配されていた。前回の訪米の際に大統領は、私に対して、日本に対する any attack に対しても日本を守ると約束された。その後、中共が核開発を進めるに至ったことにも鑑み、先に大統領の与えられたコミットメントが、我が国に対する核攻撃に対しても同じように適用されることを期待したい」と発言した。これに対しジョンソンは「我々の間にはすでにコミットメントがある。（中略）私が大統領である限り、我々の間の約束は守る」と応じている（楠田 2000：766-767）。

「傘」の再確約を得ることに必死な佐藤が、わざわざ天皇との謁見内容まで披歴しながら、天皇の「心配」を強調しているのが非常に印象的だ。戦後憲法下で象徴天皇となった今上天皇の言葉を持ち出すのは対外交渉では「奥の手」と表現してもよく、対中脅威論者である佐藤がいかに「核の傘」を重大視して

いたかがよく伝わってくる。

　いずれにせよ、中国が核開発を加速させた佐藤政権期において、日米同盟の盟主である米国は首脳外交を通じて「核の傘」供与の「意図」を複数回にわたり表明し、既に地域展開していた「能力」と合わせ、日本を含む東アジアに拡大核抑止力を投射していった。

6　75年新聞発表と盟主の確約

　佐藤とジョンソンが政治の表舞台を去り、時は流れて1975年8月6日、ジェラルド・フォード大統領はワシントンで三木武夫首相と会談し「共同新聞発表」を発出、その中で米国が日本に与える「核の傘」の日本防衛上の役割についてこう明記した。

　「米国の核抑止力は、日本の安全に対し重要な寄与を行うものであることを認識した。これに関連して、大統領は、総理大臣に対し、核兵力であれ通常兵力であれ、日本への武力攻撃があった場合、米国は日本を防衛するという相互協力及び安全保障条約に基づく誓約を引続き守る旨確言した」[8]。

　本稿が解明すべき重要なポイントの一つである、米国が日本に供与してきた「核の傘」の歴史的形成過程をここまで詳述してきたが、三木、フォード両首脳が合意したこの「共同新聞発表」をもってして、そのプロセスは一つの到達点に達したと考えていいだろう。60年代における日米間の首脳外交を通じて「意図」の確認作業を前項までに見てきたが、この新聞発表により米側の「意図」がより明示的かつ公式に確約されたからである。

　また既に概説した通り、こうした日米同盟の盟主米国の「意図」は、53年の米軍核搭載空母オリスカニの日本寄港を皮切りに、①冷戦終結まで続いた東アジアへの核搭載艦船の常態的な展開②72年まで米政権下にあった沖縄での戦術核貯蔵③60年後半から本格化する戦略核の重層的配備－という「能力」によって担保されてきた。なお現在、日本に対する「核の傘」を裏打ちする「能力」

は、③の戦略核を基幹とした「トライアッド」であることをいま一度指摘しておきたい。

なお、同じ米国と同盟を組む欧州諸国との比較で言うなら、NATOの欧州諸国は自らの領土内に米軍の核爆弾を配備・貯蔵させ、有事の際にこれを米国と共同で運用する「核共有（Nuclear Sharing）」方式によって米国との核同盟関係を運営してきたのに対し、日本は首脳を頂点とした米国との「コンサルテーション方式」によってNATOとは異なるタイプの核同盟関係を徐々に構築してきたと表現していいだろう。

そしてオバマ政権下の2010年代に入ると、日米両国の国防・外務当局者が定期的に拡大抑止政策について議論し、その政策調整を図る「拡大抑止協議（EDD＝Extended Deterrence Dialogue）」が創設され、実務レベルにおける協議メカニズムが整備されるに至った。この事実は、「日米核同盟」の制度的な深化と重層化がひそかに進んでいる事態を冷厳に物語っている。

7　まとめ——「傘」強化の落とし穴

米国の「意図」と「能力」によって堅持されてきた「核の傘」に依拠する日本の国家安全保障政策の歴史的な形成過程をここまで概観してきた。その要諦は、本稿冒頭で紹介した2017年2月の「日米共同声明」でもあらためて確認され、アジアの安全保障環境を反映してか、18年の現在においても変容の兆しはない。特に北朝鮮の核・ミサイル問題を背景に、その傾向は近年いっそう強まった感があり、筆者が普段から取材で接する日本の安保政策エリートの多くが「核の傘」の枢要性をことさら力説するようになった。

なお18年6月12日には、史上初の米朝首脳会談が開かれ、トランプ大統領と金正恩・朝鮮労働党委員長は「シンガポール米朝共同声明」の中で「完全な非核化」を目指すことで合意した。これは、17年にピークを迎えた米朝対立と朝鮮半島の軍事的緊張を劇的に緩和する動きで、東アジアの冷戦状態解消へ向けた画期となる潜在性を秘めている（White House 2018）。

しかしそれでも、北朝鮮が「検証可能かつ不可逆的な完全核廃棄」へ進むと

いう希望的な観測に対しては、日本の政策決定者の間に極めて懐疑的な見方が根強く、防衛省を中心に新たな弾道ミサイル防衛システム「イージス・アショア」の導入計画が粛々と推進されている。

また北朝鮮が弾道ミサイル発射を繰り返し、初の水爆と見られる核実験に踏み切った17年には、グアムから飛来した2機の米戦略爆撃機B52と航空自衛隊の2機のF15が日本海で編隊航法訓練を実施したことが、当時の小野寺五典防衛大臣の記者発表で明らかとなった（防衛省 2017）。B52の中には核爆弾が搭載可能な機種があり、国家安全保障政策上、この事実が包摂する含意は非常に重い。なぜなら、「唯一の被爆国」という歴史的バックグラウンドから「核を持たず、つくらず、持ち込ませず」の「非核三原則」をかたくなに堅持してきた日本の国是にも背馳しかねない対米軍事協調に乗り出したことを示唆し、安倍政権が「核の傘」への傾斜を一層深めている内実の証左と言えるからだ。

だがそんな「核の傘」を半ば絶対視するかのような日本の安全保障政策に実は、重大な陥穽が潜んでいることを強調せねばなるまい。以下、この点を詳しく解説しながら、本稿を閉じることにしたい。

まず、陥穽の一つ目として挙げたいのは、核抑止の戦略概念自体がもたらす「安全保障のジレンマ」だ。欧州とは違ってアジア太平洋地域には恒久的な軍備管理のメカニズムが何ら築かれていない。そのことは核兵器の軍備管理・軍縮についても当てはまり、北朝鮮の核開発は言うに及ばず、このエリアの主要なプレーヤーである米国、ロシア、そして中国の三者間で核戦力の開発や配備を規制する仕組みはいまだ実在しないのだ。

トランプ政権は18年、「核態勢の見直し（NPR）」を公表し、その中で低出力（low-yield）型の核弾頭を今後SLBMに搭載する方針を明示、海洋発射巡航ミサイル（SLCM）にも同様の核装備を施す選択肢の検討に着手した。トランプ政権は前任のオバマ大統領が提唱した「核兵器の役割低減」には熱心な姿勢を示しておらず、トランプ大統領自身がツイッターなどを通じて核戦力の拡充路線を繰り返し表明している。自身の核戦略指針であるNPRにおいてもトランプ政権は、包括的核実験禁止条約（CTBT）の批准を目指さない方針を明確にし、オバマ政権の唱えた「核兵器の役割低減」路線を踏襲する気配も全く見ら

れない（U. S. Department of Defense 2018）。

　そんな「トランプNPR」が公表された直後の18年2月、河野太郎外相は「［今NPRは］北朝鮮による核・ミサイル開発の進展等、安全保障環境が急速に悪化していることを受け、米国による抑止力の実効性の確保と我が国を含む同盟国に対する拡大抑止へのコミットメントを明確にしています。我が国は、このような厳しい安全保障認識を共有するとともに、米国のこのような方針を示した今回のNPRを高く評価します」との談話を出した（日本外務省 2018）。その企図するところは、前項で触れた日米間の拡大抑止協議（EDD）を通じて「核の傘」の強化を求め続けた日本側の要望が相当程度、トランプ政権のNPRに反映されたことへの謝意表明であった（Ota 2018）。

　この外相談話が力説するように、北朝鮮の核ミサイルの脅威増大がNPRへの高い評価につながっているわけだが、米ロ中の3カ国間に核軍備管理を行う制度的枠組みが存在しない以上、トランプ政権が核戦力の新たな質的増強に動けば、それぞれが構築してきた対米抑止力の弱体化を恐れるロシアと中国が反作用的な動きに出る可能性が十分考えられる。つまり、米国の新たな核戦力態勢に呼応した核戦力の増強に乗り出しかねないのだ。そうなれば、アジア太平洋地域が米ロ中の核軍拡競争の舞台と化すリスクは否定し得ない。ここに現実的な「安全保障のジレンマ」が招来する危険性があり、米国に「核の傘」の強化をことさら求め続けてきた日本の安全保障環境が、逆に一層の核リスクにさらされる事態となる。

　また次なる陥穽として危惧すべきは、上記の動きに付随した国際的な核不拡散秩序の腐食化だ。日本など同盟国に対する抑止力増強を目的に、核拡散防止条約（NPT）で核保有を認められた米国が質的な垂直核拡散に走り、ロシアと中国がこれに同じ手段をもって対抗することは、NPT第6条が定めた核軍縮義務に背理する行為と断ぜざるを得ない。北朝鮮のNPT脱退表明やかつてウラン濃縮にまい進したイランの動き、インドとパキスタンの漸進的な核軍拡競争、さらにNPT上の核軍縮義務の不履行に強烈な不満を覚え核兵器禁止条約を採択した非核保有国の外交活動などを踏まえると、20年に発効から半世紀を迎えるNPT体制は近年かつてなく脆弱な状態に置かれている。

そうした中、NPT体制の強化へ向け非核保有国と連携するなどして独自外交を展開してきた日本[9]が政策的熟慮と自己批判のないまま、「核の傘」の強化を内外に喧伝することの政治的コストは小さくない。それは、日本の軍縮外交と被爆国の「非核アイデンティティー」を掘り崩す帰結につながるからだ。日本の安保政策決定者はそんな深遠なる政策的含意を肝に銘じた上で、核戦力一辺倒に陥りがちな「拡大抑止力信仰」からの脱却を志向した外交・安全保障政策を今こそ構想していく必要がある。

【参考文献】
1．太田昌克（2004）『盟約の闇――「核の傘」と日米同盟』日本評論社
2．太田昌克（2011）『日米「核密約」の全貌』筑摩選書
3．太田昌克（2017）『偽装の被爆国　核を捨てられない日本』岩波書店
4．外務省有識者委員会（2010）「いわゆる『密約』問題に関する有識者委員会報告書」
5．楠田實（2000）『楠田實日記――佐藤栄作総理首席秘書官の二〇〇〇日』中央公論社
6．佐藤栄作（1998）『佐藤栄作日記　第二巻』朝日新聞社
7．日本外務省「日米共同声明」（2017年2月）http://www.mofa.go.jp/mofaj/files/000227766.pdf（2018年4月22日アクセス）
8．日本外務省「米国の『核態勢の見直し（NPR）』の公表について」（外務大臣談話）（2018年2月3日）www.mofa.go.jp/mofaj/press/danwa/page4_003718.html（2018年5月6日アクセス）
9．日本政府「昭和52年度以降に係る防衛計画の大綱」（1976年12月）http://www.kantei.go.jp/jp/singi/anzenhosyoukaigi/52boueikeikaku_taikou.pdf（2018年4月22日アクセス）
10．日本政府「平成26年度以降に係る防衛計画の大綱」（2013年12月）http://www.mod.go.jp/j/approach/agenda/guideline/2014/pdf/20131217.pdf（2018年4月22日アクセス）
11．波多野澄雄（2010）『歴史としての日米安保条約――機密外交記録が明かす「密約」の虚実』岩波書店
12．等雄一郎（2007）「非核三原則の今日的視点――『核の傘』・核不拡散条約・核武装論――」『レファレンス』第679号（2007年8月）
13．防衛省、防衛大臣記者会見概要（2017年11月21日）www.mod.go.jp/j/press/kisha/2017/11/21.html（2018年7月7日アクセス）
14．Burr, William edited (2006) "How Many and Where Were the Nukes? What the U.S. Government No Longer Wants You to Know about Nuclear Weapons During the Cold War," National Security Archive Electronic Briefing Book No. 197, August 2006, NSA website.
15．Norris, Robert and Arkin, William and Burr, William (1999) "Where they were: Between 1945 and 1977, the United States based thousands of nuclear weapons abroad," *Bulletin of Atomic the Scientists*, Vol. 55, No. 6 (November/December 1999).
16．Kile, Shannon and Kristensen, Hans (2018) "World nuclear forces," SIPRI Yearbook 2018, https://www.sipri.org/sites/default/files/SIPRIYB18c06.pdf, last visited, 7 July 2018.
17．Kristensen, Hans and Norris, Robert (2018) "NUCLEAR NOTEBOOK United States nuclear forces, 2018," *Bulletin of the Atomic Scientists*, 2018 Vol. 74, No. 2, 120-131.
18．Ota, Masakatsu (2018) "Japan, U. S. enhanced 'nuclear bond' via under-the-table discussions," *Kyodo News*, 30 March 2018, https://english.kyodonews.net/news/2018/03/9cbb30e-a7c89-corrected-japan-us-enhanced-nuclear-bond-via-under-the-table-discussions.html, last visited, 6 May 2018.

19. U. S. Department of State (1996) *Foreign Relations of the United States: 1961-1963, Vol. XXII, Northeast Asia,* Washington D. C.: U. S. Government Printing Office, 1996.
20. The US Naval Institute (1973) *The Reminiscences of Admiral Charles Donald Griffin, U. S. Navy (Retired),* Volume I, The US Naval Institute, Annapolis, Maryland, 1973.
21. The US Naval Institute (1999) *The Reminiscences of Rear Admiral James D. Ramage, U. S. Navy (Retired),* The US Naval Institute, Annapolis, Maryland, 1999.
22. U.S. Department of Defense (DOD), Nuclear Posture Review Report (April, 2010).
23. U.S. Department of Defense (DOD), Nuclear Posture Review Report (February, 2018), DOD website.
24. The White House, "Joint Statement of President Donald J. Trump of the United States of America and Chairman Kim Jong Un of the Democratic People's Republic of Korea at the Singapore Summit," June 12, 2018, White House website, https://www.whitehouse.gov/briefings-statements/joint-statement-president-donald-j-trump-united-states-america-chairman-kim-jong-un-democratic-peoples-republic-korea-singapore-summit/, last visited, 7 July 2018.

【関係重要資料】
① 日本政府「昭和52年度以降に係る防衛計画の大綱」(1976年12月) http://www.kantei.go.jp/jp/singi/anzenhosyoukaigi/52boueikeikaku_taikou.pdf
② 日本政府「平成26年度以降に係る防衛計画の大綱」(2013年12月) http://www.mod.go.jp/j/approach/agenda/guideline/2014/pdf/20131217.pdf
③ 三木・フォード共同新聞発表 (1975年8月6日)
④ 日本外務省「日米共同声明」(2017年2月) http://www.mofa.go.jp/mofaj/files/000227766.pdf
⑤ 日本外務省「米国の『核態勢の見直し (NPR)』の公表について (外務大臣談話)」(2018年2月3日) www.mofa.go.jp/mofaj/press/danwa/page4_003718.html

1) Log Books of the USS Oriskany, from 1 August to 31 August and from 1 September to 30 September 1953, National Archives in College Park (NACP).
2) Memorandum for the Record, "Presidential Conference on the Transit of U. S. Nuclear Armed War Ship through Japan Ports," March 26, 1963, Top Secret. この資料は米歴史家カイ・バードが駐ソ大使や極東担当国務次官補などを務めたアベレル・ハリマンの個人所蔵文書群から発見した。バードはハリマン本人の許可を得て文書群の多数をコピーし2000年2月に筆者に閲覧、複写を認めた。
3) Cable 1915 from Reischauer to Secretary of State, 15 February 1963, Confidential, Central Foreign Policy Files, Def Japan 1963, Box3729, RG59, NACP.
4) Memorandum from the Deputy Secretary of Defense (Gilpatric) to President Kennedy, Washington, 8 February 1963.
5) 「第1回ジョンソン大統領、佐藤首相会談要旨」、1965年1月12日、極秘。筆者の情報公開法に基づく開示請求を受け外務省が2002年に開示。
6) Department of State, Memorandum of Conversation, "Current U.S.-Japanese and World Problems," January 12, 1965, Office of the President, The White House Time: 11: 30, Secret, NSF Country File Japan, Box 253①, the L. B. Johnson Library.
7) 「佐藤総理、マクナマラ長官会談」(1965年1月13日、外務省開示文書)。
8) 「三木・フォード共同新聞発表」(1975年8月6日)。
9) 日本は民主党時代の2010年にオーストラリアと協働しながら、非核保有国の新たな多国間フォーラムである「軍縮・不拡散イニシアティブ (NPDI、計12カ国)」を創設し、外相会合や担局長会合を毎年開催するなどしてNPT強化策を提言してきた。その取り組みは安倍政権にも引き継がれている。

第2部
核兵器の開発と国際関係

「水爆」の形状をした物体を視察する北朝鮮の金正恩朝鮮労働党委員長（中央）。朝鮮中央通信が2017年9月3日に配信した（朝鮮通信＝共同）

第5章 世界の核と非核政策の現状

世界の核と非核政策の現状

共同通信社編集委員　共同通信社ウィーン支局長
太田昌克　　土屋豪志

1　はじめに

　史上初の核兵器保有国となった米国が1945年8月6日、9日に広島と長崎への原子爆弾投下に踏み切ると、この動きを猛追したソ連が49年に、そして「マンハッタン計画」にも参画した英国が52年にそれぞれ初の核実験を行った。さらにフランス（60年）と中国（64年）がこれに続き、核拡散防止条約（NPT）が発効する70年までにこれら計五つの国が核兵器を保有、NPT体制下での「核兵器国（nuclear weapon state）」となった。

　しかし、核を「持つ者」と「持たざる者」に峻別したNPTの不平等性を問題視するインドはNPTに加盟することなく74年、平和利用名目で初の核爆発を強行した。これに脅威を覚えた隣国のパキスタンもNPT体制の枠外にとどまりながら核開発計画を加速化させ、98年には最初の核実験を実施し、核兵器保有国として名乗りを上げた。またインド、パキスタン同様、NPT未加盟国のイスラエルも近隣の中東諸国との軍事的緊張関係を背景に50年代後半以降、核兵器開発計画をひそかに進め、核兵器を保有するに至ったとみられる。

　85年にNPTに加盟した朝鮮民主主義人民共和国（北朝鮮）は90年代に入り寧辺を舞台とした核開発疑惑が表面化し、国際原子力機関（IAEA）の特別査察要求を拒否した直後の93年3月にはNPT脱退を宣言した。以降、第1次朝

鮮半島核危機が発生し極度に緊張が高まる中、94年6月のジミー・カーター元米大統領訪朝を経て米朝間で核計画凍結を目的とした「枠組み合意」が同年10月に成立、危機はいったん収束する。しかし2002年秋に北朝鮮が極秘に進めていたウラン濃縮計画の存在が発覚すると枠組み合意は崩壊、北朝鮮が再度NPT脱退を表明すると第2次核危機が発生した。その後、米朝に加え中国、韓国、ロシア、日本を含めた「6者協議」での問題解決が模索されるが、北朝鮮は06年10月に初の核実験を強行し、その後も核実験とミサイル開発を繰り返しながら、9番目の核保有国となった（オーバードーファー／カーリン 2015：11〜19章；磯崎／澤田 2017：298-305）。

こうしてみると、現在、NPTで「核兵器国」と認定された5カ国に加え、NPT体制に背を向ける形で4カ国が核兵器を保有する状況にある。2018年初頭段階で世界に点在する核兵器の総数は1万4465発、うち3750が配備・展開中の核兵器で、その国別内訳は米国が1750、ロシアが1600、英国が120、フランスが280である。この数字から、二つの核超大国のシェアが圧倒的であることが分かる（Kile and Kristensen 2018）。なお北朝鮮、中国、インド、パキスタンの核開発状況については次節以降、詳説していく。

長年、国際的な核秩序の「礎石」と見なされてきたNPT体制だが、近年その脆弱性が顕在化している。NPT加盟国だった北朝鮮の動向は既に概説したが、オバマ政権下の米国と英国、フランス、ドイツなどの外交努力で封じ込められてきたイランの核問題が再燃しつつある。これは18年5月にトランプ政権が「包括的共同作業計画（JCPOA）」と呼ばれる国際合意（いわゆる「イラン核合意」）からの離脱を決定したためで、イランが軍事転用も可能なウラン濃縮を商業規模で再開する恐れも出てきた。

JCPOAの当事者である英仏独と中ロ、さらに欧州連合（EU）はイランをこの合意枠組みに何とかとどめたい意向だが、仮にイランがウラン濃縮のスケールを将来拡大すれば、イスラム教シーア派のイランと反目するスンニ派のサウジアラビアがこれに追随する危険性もある。サウジはかねて米国との間で原子力協定の締結を目指し、イランに極端な敵対姿勢を取るトランプ政権がこれに好意的なことから、比較的近い将来、米サウジ原子力協定が発効する可能性も

ある。そうなると、中東における「核ドミノ」倒壊のシナリオが一気に現実味を帯びかねない。

またバラク・オバマ大統領が09年4月、プラハでの演説で「核兵器のない世界の平和と安全を追求する」と宣言した後、米ロ間で新たな核軍縮条約が結ばれるなど、10年代前半には核軍縮機運が大きく盛り上がったが、プーチン政権下のロシアが14年にウクライナ領クリミアを併合し、米ロ関係が極度に険悪化すると事態は暗転、18年末の時点において、米ロ間の核軍縮交渉には明るい展望が見られない。18年秋には、ドナルド・トランプ大統領が中距離核戦力(INF)全廃条約を破棄する方針すら示している。

さらに、多国間の核軍縮交渉においても具体的な進展が何ら観察できない状況が近年続いている。1996年に採択された包括的核実験禁止条約(CTBT)は米中など八つの発効要件国が批准していないことから、20年以上が経過した今も発効しないままの状態にある。CTBT の次の多国間核軍縮条約と目されてきた兵器用核分裂性物質生産禁止条約(カットオフ条約、FMCT)についても、ジュネーブ軍縮会議(CD)での交渉が足踏みする状態が長年続いている。CTBT と FMCT は NPT を補完する核軍縮条約の性格を併せ持っているため、両者の停滞は NPT 体制の弱体化をさらに推し進めるマイナス要因になっていると言える。

核軍縮・不拡散分野でこうした逆風が吹く状況下で、米ロの二大核大国は核兵器の「近代化計画」にまい進しており、中国やインド、パキスタンも核攻撃能力の増強に余念がない。そして、このような核軍縮に否定的な動きを「NPT 第6条違反」と見なす非核保有国は2010年の NPT 再検討会議(運用検討会議)の決裂を契機に、核兵器廃絶国際キャンペーン(ICAN)に代表される非政府組織(NGO)と連携、「核兵器の非人道性」に焦点を当てながら、17年には国連での核兵器禁止条約の採択にまでこぎ着けた。そしてその後景には、核保有国ならびにその拡大抑止力に依存する「傘国」と、そうした安全保障観を受け付けない非核保有国の深刻な分断状況が浮かび上がる。

本稿では、まず米ロ二大核大国の近年の核開発動向や核ドクトリンを概観した上で、上述した近年の核軍縮・不拡散状況も検証しながら、核を取り巻く世

界的な情勢を詳述し、その未来図を考究してみたい。

2　米国の核戦力と核ドクトリン

　世界最強の軍事大国であると同時に核超大国である米国は2018年1月現在、3800発の核弾頭を保有している。16年の段階から約700発が減少しており、米ロが配備戦略核を1550発に削減することで合意した11年発効の新戦略兵器削減条約（新START）の早期完全履行を目指したオバマ政権と後継のトランプ政権の下、漸進的ながら一定程度の核削減が進められたことを物語っている（Kile and Kristensen 2018；Kristensen and Norris 2018）。

　この3800発のうち1750発が実戦配備用で、さらにこの中の1600発が大陸間弾道ミサイル（ICBM）、潜水艦発射弾道ミサイル（SLBM）、そしてB2やB52といった戦略爆撃機に搭載される「戦略核」である。残りの150発はいずれも戦略核ではない戦術核爆弾で、北大西洋条約機構（NATO）同盟国であるドイツ、イタリア、オランダ、ベルギー、トルコの5カ国に配備されている。実戦配備されている1750発を差し引いた残りの2050発は米国本土に貯蔵されている予備用の核弾頭であり、配備中の弾頭に技術的問題が見つかったり、地政学上の脅威が突如出現したりする場合に備えたヘッジ用のスペアと考えてよい。また米国にはこの3800発以外に、既に退役した約2650発の核弾頭があり、エネルギー省の管理下に置かれいずれ解体される予定だ。従って米国は、配備中の戦略・戦術核とヘッジ用の貯蔵核弾頭、解体待ちのものを合わせると計6450発を保有していることになる（Kile and Kristensen 2018）。

　米国の核戦力は、自国と同盟国の防衛を目的とした抑止力の創出にその主眼を置いており、その屋台骨は「トライアッド（TRIAD）」と呼ばれる戦略核の3本柱、つまり①北西部5州に点在する400基のICBM「ミニットマン3」②太平洋と大西洋に配備された計12隻の弾道ミサイル搭載原子力潜水艦（SSBN）に搭載された計240機のSLBM③交戦時に核攻撃を主任務とする60機の戦略爆撃機（B2、B52）―によって支えられている（Kristensen and Norris 2018）。

　なお米国とロシアは18年2月、配備中の戦略核弾頭と運搬手段の数をそれぞ

れ1550発と700基にまで削減することを米ロ双方に求めた新STARTの履行を達成し、同年2月22日の米国務省の発表によると、米国の配備戦略核弾頭数は計1350発、これに対しロシアは1444発、配備運搬手段は米国が652基、ロシアが527基となっている。新STARTは核弾頭数を計算するに当たり、戦略爆撃機1機には1発の核爆弾しか搭載されていないとみなすことで両国が同意しており、この計算上の技術的問題から米国の配備核弾頭数は1350発と勘定されている。そのため、核専門家のハンス・クリステンセンらが実際の配備核弾頭数と分析する1600発よりも低い数字となっている（State Department 2018）。

　こうした米国の核戦力は今後20〜30年代にかけ、その多くが退役を迎えることになり、これに合わせてオバマ政権時代から核兵器の近代化が進められてきたが、18年2月に新たな核戦略指針「核態勢の見直し（NPR）」を公表したトランプ政権は今後、総額1兆数千億ドル規模に上る近代化計画を長期的に実施する方向性を示している。そんなトランプ政権の核ドクトリン、すなわち「トランプNPR」の大きな特徴は、オバマ政権が最後まで堅持し続けた「核兵器の役割低減」や「新型核開発の放棄」といった路線から決別し、核戦力への依存を強めたことだ。

　例えば「トランプNPR」は、敵の「非核戦略攻撃」を抑止する上での核戦力の役割を力説しており、この「非核戦略攻撃」の範疇には米軍の指揮・統制・警戒システムへのサイバー攻撃が含まれるとの見解を表明している（Defense Department 2018：30-31, 34）。これは、オバマ政権が主に敵の核攻撃を想定した「極限の状況」に限って核兵器を使う態度を示し、核保有の唯一の役割を他国の核使用を抑止することのみに限定した「唯一の目的（sole purpose）」を志向した政策路線を大きく転換するものだ（Defense Department 2010：16-17）。

　また「トランプNPR」は、TNT火薬換算で爆発力が数キロトン程度の低出力（low-yield）型の核弾頭、いわゆる「小型核」をSLBMに新たに搭載する新方針を策定、ロシアが欧州で小型核使用に踏み切るシナリオを封じる新たな核軍事戦略を打ち出した。さらに、INF全廃条約違反を繰り返すロシアへの対抗措置も兼ねて、同条約の禁じていない海洋発射巡航ミサイル（SLCM）を新

規導入し、これに小型核を搭載する選択肢にも触れている（Defense Department 2018：53-55）。

　米国は冷戦終結以降、小型核の新規開発・配備を自己規制してきたが、核兵器運用の柔軟性確保と核戦力の質的増強に強くこだわる「トランプNPR」は、こうした冷戦後の潮流から大きく逸脱した内容と言える。また、トランプ政権は核軍備管理・軍縮に極めて後向きであり、そうした政策態度を投影したNPR に対しては批判の声が専門家らから上がっている（Narang 2018；Acton 2018；Kristensen 2018；太田 2018）。

　一方、安倍晋三政権はトランプ政権がNPR を公表した翌日に河野太郎外相の談話を出し、拡大抑止のコミットメント強化を明確にしたトランプ政権の新たな核指針を「高く評価」する公式見解を示した（外務省 2018）。しかし、被爆国政府のこうした態度に対しては、被爆地の広島、長崎を中心に強い反発の声が上がっており、「唯一の戦争被爆国」の立場から軍縮・不拡散を推奨してきた日本外交の根源的な価値を損ないかねない。また、こうした日本政府の姿勢は、「核兵器の非人道性」をキーワードに核兵器禁止条約の採択に結実した近年の核軍縮動向にあらがう動きとも言え、被爆国の「非核ブランド」をも毀損する恐れがある。

3　ロシアの核戦力と核ドクトリン

　冷戦終結後のソビエト連邦崩壊で軍事力と経済力に著しい陰りが見られたロシアは、強権的とも言える国内支配体制を確立したウラジーミル・プーチン大統領の下、ソ連時代の核戦力を大幅に刷新する近代化計画を進めている。その背景には、①2001年に弾道弾迎撃ミサイル（ABM）制限条約を脱退した米国がミサイル防衛（MD）網の本格構築を進めたこと②NATO の東方拡大③米国と比べ通常戦力の能力が相対的に低下したこと—が主に挙げられよう。

　また現在のプーチン政権は、オバマ大統領が13年にベルリンで提唱した配備戦略核を1000発程度にまで下げる新軍縮提案を事実上無視、トランプ政権との間でも新たな核軍縮交渉の機運は高まっていない。21年に期限を迎える新

START条約が失効し、約半世紀ぶりに二大核大国の間に何ら核軍備管理の体系的枠組みが存在しない〝異常事態〟が出現する可能性もゼロではない。さらにロシアは10年代に入り、射程500〜5500キロの陸上発射型の弾道・巡航ミサイルの全廃を決めたINF全廃条約に背馳する形で、陸上発射型の中距離巡航ミサイルの開発・配備に動いており、米国務省も14年、ロシアが条約違反状態にあると公式に認定した（State Department 2014：8-10）。トランプ大統領も18年10月、同条約からの離脱方針を表明した。

　このように国家安全保障戦略上、核戦力への比重を高めるロシアだが、18年初頭段階で約4350発の核弾頭が運用可能となっている。そのうち、およそ1600発の戦略核弾頭がICBM、SLBM、戦略爆撃機によって作戦運用され、920発がスペア用の戦略核として貯蔵されている。また対米本土攻撃を目的としない短距離型の戦術核が1830発ある。これらとは別に約2500発の核弾頭が解体待ちの状態で、運用可能な4350発と合計すると総計6850、ないしはそれ以上の核弾頭をロシアが保有していると推計されている（Kristensen and Norris 2018-2）。

　クリステンセンらが見積もる配備戦略核の実数は上述したように約1600発だが、ロシアは18年2月、戦略核弾頭1444発が527の運搬手段に配備されていると公表、自らが新START条約を履行する状態に入ったと宣言した（Russian Federation Foreign Affairs Ministry 2018）。なお、クリステンセンらが掲げる実数とロシアが宣言した数字に乖離があるのは、米国同様、戦略爆撃機のベアーHやブラックジャックに搭載される核爆弾を「1機＝1発」とカウントする条約の積算ルールのためだ。

　ロシアも新START条約の規定に従い数字の上では核削減に動いてきたかに見えるが、米国と同じように核戦力の質的な拡充にまい進している。そのことを端的に示すのが、18年3月1日、再選直前のプーチン大統領が行った演説だ。プーチンはこの中で、米国のMDシステムを突破するための次世代重量級ICBM「サルマト」、核搭載可能でマッハ10の速度で飛行する極超音速ミサイル「キンジャル」、超長射程の原子力巡航ミサイル「ブレベスニク」、原子力魚雷「ポセイドン」など6種類の新型核兵器を公表した。その実現性を巡って専門家からは疑問の声も出ているが、サルマトについては既に発射実験も行わ

れており、事実上の長期独裁体制を敷くプーチン政権は今後、中長期的に核戦力の刷新と新型核導入を順次進め、米国との核戦力上のパリティ（均衡）を堅持していく方針とみられる（小泉 2018；MacFarquhar and Sanger 2018）。

　こうしたプーチン大統領の新たな核政策は、米国の MD 網を無力化することで米国の戦略的脆弱性を最大化し、米ロ間の戦略的均衡を図ると同時に、核超大国としてのかつての名声を復活させることを狙ったものだが、その核運用政策を巡っては専門家の間においても論争がある。

　ロシアの核兵器運用を規定しているのは、14年に修正された軍事ドクトリンだ。そこでは10年のドクトリン同様、「ロシアは、自国と同盟国に対する核やその他の大量破壊兵器の使用への対応として、また通常兵器を用いた、国家の存立そのものを脅かす侵略時において核使用の権利を保持する」としており、核使用にはそれなりに高いハードルを設けている（Russian Federation 2014）。

　しかし、14年のウクライナ政変時に核戦力を使用準備態勢に置いていたとプーチン大統領が後に回顧したり、ロシア政府高官が米国の MD システム導入を進める欧州諸国に核使用の威嚇メッセージを発信したりするなど、ロシアの安全保障エリートの間には核依存への極端な傾斜が見られる。また抑制的な軍事ドクトリン、つまり表向きの宣言政策とは裏腹に、機密扱いの運用政策が核使用に対しより柔軟な立場を取っている可能性もある（Kristensen and Norris 2018-2）。

　そのことは原子力を推進力とする核魚雷の開発計画にもうかがえ、ロシアが冷戦初期さながらに、核兵器の役割を抑止力のみならず、実戦での戦闘行為にも見いだしている可能性が捨てきれない。こうした不安が、トランプ政権が公表した NPR の次の記述にも表れている。「モスクワは強制的な核の脅しや限定的な核の先行使用が米国と NATO を無力化し、自分たちに好都合な条件で紛争を終結できるとの間違った期待感に依拠しながら、限定的な先行核使用の威嚇を行い、その訓練も実施している。米国の中には、これを『紛争緩和のためのエスカレーション（escalate to de-escalate）』ドクトリンと呼ぶ者もいる」（Defense Department 2018：30）。

4　NPT体制と核兵器禁止条約の誕生

　核兵器の拡散防止と非核化へ向けた国際社会の取り組みの礎となっているのは、NPTだ。米国による広島、長崎への原爆投下から25年後の1970年に発効したNPTは、米国、ロシア（旧ソ連）、英国、フランス、中国の5カ国を例外として核兵器保有を認めて核軍縮義務を課す一方、その他の核兵器を保有しない国々には、IAEAの包括的な保障措置（査察）の受け入れを義務として軍事転用がないよう監視体制を敷いた上で、原子力の平和利用を保証する内容となっている。①核軍縮②核不拡散③原子力の平和利用―の3本を主柱として成り立つNPTだが、核軍縮の停滞が続き、発効50年となる2020年のNPT再検討会議を前に条約の存在意義が問われる大きな岐路にさしかかっている。

　NPTは「核拡散を最小限に抑えてきた」（核軍縮外交筋）と評価もされるが、5カ国だけに核保有を認める不平等条約である上、核軍縮義務に逆行する形で核兵器保有国は核戦力増強、近代化を進めており非核保有国の不満が高まってきた。こうした状況を背景に、17年7月7日、ニューヨークの国連本部で122カ国・地域の賛同を得て採択されたのが核兵器禁止条約だ。メキシコ、オーストリアなど核廃絶に積極的な非核保有国や赤十字国際委員会（ICRC）、世界各地の市民団体が核兵器の使用や偶発的爆発がもたらす被害の甚大性と非人道性を強調、核兵器を違法化し、使用、保有、使用の威嚇などを全面的に禁止する条約制定を求め推進した運動が原動力となった。そして、15年のNPT再検討会議の決裂後に国連での議論を加速させ、一気に条約採択までこぎ着けた（川崎 2018）。

　17年12月には、広島、長崎の被爆者らとともに核兵器禁止条約の制定に尽力したICANにノーベル平和賞が贈られるなど、核軍縮の進展と廃絶を望む国際世論の期待の強さも示された。核兵器禁止条約の発効要件は50カ国の批准である。署名国は既に50を超えており、批准を完了する国も徐々に増えており、条約採択から1年3カ月後の18年10月の段階で19カ国が批准済みだ。

　一方、核兵器禁止条約の採択当日、米英仏は「核兵器禁止条約は、ただ1発の核弾頭の削減にもつながらない」とする共同声明を発表、同条約は米英仏や

その同盟国の安全保障の強化にもつながらず、慣習国際法としての効力を得ることもないと一方的に宣言するなど、極めて強硬な反対姿勢を取っている。米国の「核の傘」の下にある日本やNATO諸国などもこれに同調して条約反対の立場を取り、CTBTの発効促進や、FMCTの交渉推進などを通じて核軍縮を進める方が現実的だとして、核兵器禁止条約推進派とは一線を画し続けている。だが、核兵器禁止条約制定の動きの背景には、CTBTとFMCTに20年以上にわたって進展が見られないという重い現実があり、核兵器禁止条約への賛否と非核化を巡る国際社会の分断の解消は困難を極めている。

15年のNPT再検討会議に続き、20年の再検討会議も決裂する事態となれば「各国がNPTを無視するようになる恐れがある」（核軍縮外交筋）との声も出ている。シリア内戦やクリミア半島併合などを巡る米欧とロシアの対立は続き、JCPOAからの米国の一方的離脱により核合意維持を望む欧州と米国の足並みも乱れだした。18年6月に行われた史上初の米朝首脳会談後における北朝鮮の非核化の具体的な先行きはいまだ見通せないが、NPT体制の揺らぎが拡大する中で、最大の課題といえるイランと北朝鮮の核問題が二つ同時に動きだし、核軍縮と非核化を巡る国際情勢は劇的で複雑な変化の局面に突入しようとしている。

5　NPTの「宿痾」

（1）核軍縮義務

現下のNPT体制には二つの「宿痾」がある。まず取り上げたいのは、核兵器保有国による核軍縮義務の遂行に関する第6条の位置付けだ。条約の根幹にかかわる6条を巡る議論は交渉初期から未解決のままで、核兵器保有国と非核保有国の緊張や対立を長年生んできた。

NPT制定の交渉本格化の機運は、欧州への米核兵器配備など核兵器拡散の懸念の深刻化を背景に1961年に国連総会で採択された「アイルランド決議」を受けて高まった。核軍縮の規定導入を求める非核保有国とのせめぎ合いの中、67年には米ソが共同条約案を提出するが、核軍縮に関する条項は含まれていな

いなど、核軍縮の規定を盛り込むことに対する核兵器保有国の反対は一貫していた。一方、米ロ（当時はソ連）英仏中の5カ国だけに核兵器の保有を法的に認める「不平等性」に対する非核保有国の反発も強く、「グランドバーゲン」と呼ばれる双方の妥協の結果、核軍縮の「誠実交渉義務」を定めた第6条が盛り込まれることになった（秋山 2015：第1、3章）。

NPTの無期限延長を決めた95年の再検討会議で核兵器保有国は「核兵器廃絶を究極的目標として断固とした決意をもって核軍縮を進めること」に合意した。また国際司法裁判所（ICJ）は96年、誠実交渉義務には交渉を完結

2009年4月、チェコの首都プラハで、核政策について演説するオバマ米大統領（ロイター＝共同）

させる義務も含むとした勧告的意見を出し、2000年のNPT再検討会議で核兵器保有国は「核兵器廃絶の明確な約束」にも同意した。「核なき世界」の実現を掲げたオバマ米大統領のプラハ演説（09年）を受けた10年の再検討会議では「核なき世界の追求」が最終文書に盛り込まれるなど、核軍縮義務はこれまで繰り返し確認されてきている。

しかし、核兵器保有国が核軍縮義務をなおざりにする状況も続いている。20年のNPT再検討会議に向けた第2回準備委員会が開かれていたジュネーブの国連欧州本部で18年4月に記者会見したクリストファー・フォード米国務次官補（国際安全保障・不拡散担当）は、「1960年代初めに予想されていた雪だるま式の核拡散の連鎖は起きなかった」と述べ、拡散防止に果たしたNPTの役割を強調した。さらにトランプ米政権のNPR策定を担ったフォードはこの会見で、NPTの規定する核軍縮義務について「（核）軍縮には広範に取り組んでいる。安全保障環境が世界的に悪化する中で困難ではあるが、NPT第6条の義

務に従って、（核）武装のない世界が将来的に実現に近づくようにしている」と語り、核軍縮義務を二義的に位置付ける立場を隠さなかった。

　また、在ウィーン国際機関ロシア政府代表部のミハイル・ウリヤノフ大使もNPTについて2018年3月に開かれたパネルディスカッションで、「核軍縮の法的義務はないが、ロシアは政治的にコミットしている」と明言した。こうした米ロの動きに加え、フランスもIAEAの場に核軍縮の議論が持ち込まれないよう事務局に圧力をかけているとの情報もある。

（2）中東非核化

　NPTの「宿痾」と呼べるもう一つの課題は、中東地域で唯一、NPT未加盟で、事実上の核兵器保有国であるイスラエルの問題だ。1995年のNPT再検討会議でイスラエルのNPT加盟と非核化を視野に入れた「中東決議」が採択されて以降、この問題では特にエジプトが非常に強硬な姿勢を取るため、2005年と15年の再検討会議決裂の原因となってきた。

　米国をはじめとする西側諸国は、イスラエルとかつて対立したイラクやリビアの核兵器開発計画に厳しく対処する半面、イスラエルの核兵器保有を黙認、IAEAによる核開発施設への査察も不十分な状態がまかり通ってきた。こうしたNPTの恣意的運用に対するエジプトなどアラブ諸国の抗議は正当ともいえ、「二重基準」はNPTの信頼性を損ねてきた。

　北朝鮮が6回目の核実験を強行した17年9月に開かれたIAEAの年次総会では北朝鮮への批判が相次ぎ、NPTの順守、IAEAの査察受け入れを各国が要求した。一方、事実上イスラエルのNPT加盟を促す内容の決議案に対してイスラエルは「アラブ諸国の一部はイスラエルを承認していない上、イランは公然と破壊を呼び掛けている」として、NPTは中東地域の安全保障問題の解決策にはならないと反発し、米国もこれに追随する姿勢を取った。これに対し、トランプ米大統領が同月の国連総会演説で北朝鮮を「完全に破壊する」と脅迫的言動をしていたことを念頭に、ロシアは「敵を地球から消し去るなどという脅しは、中東であっても北東アジアであっても非常に危険だ」と皮肉るなど、不毛とも呼べる批判合戦が繰り返され、中東非核化の解決へ向けた実質的進展

は期待できそうにない状況が続いている。
　なお、JCPOAの下では、イランのウラン濃縮活動の大幅制限と引き換えに米欧などの経済制裁が解除された。この合意によりイランはIAEAの追加議定書を暫定的に受け入れ、査察体制が「世界でももっとも厳格」（天野之弥IAEA事務局長）になったとされた。このJCPOA成立後、IAEAはイランによる合意順守を重ねて確認してきたが、トランプ政権は18年5月、この合意ではイランの核・ミサイル開発の野望を止められないとして合意離脱と制裁の再開を一方的に表明、同8月と11月に制裁を再発動した。
　トランプ政権のJCPOA離脱は、オバマ政権の「外交レガシー」を無実化することを狙った内政的動機が強いと考えられる。米国の一方的な動きに反発を強めたイランが今後ウラン濃縮活動を拡大し、イランと対立するサウジアラビアも濃縮・再処理の技術開発にかじを切るような事態になれば、中東情勢はますます混迷の一途をたどり、NPTを頂点とした核不拡秩序にも深刻な打撃となろう。

6　まとめ──「核なき世界」への協働と被爆国の責務と真価

　2014年のロシアのクリミア併合を境に米ロ関係がかつてなかったほど険悪な状態に陥り、米ロ間の核軍縮交渉や多国間核軍縮の機運が落ち込む中、これに危機感を募らせた非核保有国は17年に核兵器禁止条約を国連の場で採択した。核兵器の開発、製造、保有、移転、使用、さらに使用の威嚇をも全面的に非合法化した同条約採択の背景には、メキシコや南アフリカに代表される、「非核兵器地帯」を推進していた非核保有国の地道で主体的な取り組みがあった。
　これまで、①トラテロルコ（ラテンアメリカおよびカリブ）②ラロトンガ（南太平洋）③バンコク（東南アジア）④ペリンダバ（アフリカ）⑤中央アジア─の各非核地帯条約が発効してきたが、80年近い「核の歴史」において画期を成す核兵器禁止条約の成立は、こうした地域ごとに見られた非核政策の努力が結実した成果と見ることも可能だろう。
　しかし米ロ英仏を中心とした核兵器保有国は、核兵器禁止条約を機に核軍縮

機運を蘇生させようとする非核保有国の動きに極めて否定的な対応を示し、その結果、両者の分断状況が深刻化している。核兵器保有国と非核保有国の緊張関係が増幅する中、NPT は20年に発効から50周年を迎えるが、同年春の NPT 再検討会議で両者が合意や共通認識の形成に至らなければ、NPT を礎石とする核不拡散体制はさらなる危機的状況を迎えるだろう。

核兵器を「絶対悪」と位置付け、いかなる国の核兵器も認めない核兵器禁止条約は、一部の国の核保有を認めた NPT とは根本的に異なる着想に立脚している半面、核拡散防止と核軍縮推進という目標を NPT と共有しており、腐食が進む NPT 体制の弱点を補う性質がある点にも留意しなくてはならない（秋山 2015：第6章）。こうした観点から核兵器保有国と非核保有国は互いに協働する共通基盤の構築に努め、最悪の非人道兵器である核兵器のない世界の実現に向けて長期的に共闘していく真摯（しんし）な姿勢が求められている。

平和と安定に根ざした国際安全保障の構想に資するはずの核軍縮が歴史的に類を見ないほど停滞し、NPT に依拠した核不拡散体制のゆがみが顕在化する中、核を巡る世界情勢と国際的な非核政策の展望は決して明るくない。一方で18年6月にはシンガポールで史上初の米朝首脳会談が開かれ、トランプ大統領と金正恩・朝鮮労働党委員長が米朝共同声明の中で朝鮮半島における「完全な非核化」を目指すことで一致した。

不確実性の高い政治家として知られるトランプと、独裁体制の死守を最優先させる閉ざされた政治空間に生きる金を領袖（りょうしゅう）とする米朝両国が今後描く交渉の軌跡は、全くもってして予断を許さない。過去に幾度か核放棄を約束する合意が結ばれたにもかかわらず、双方に信頼関係がないことから、それらがほごにされてきた過去を考えると、今後の非核化交渉の展望にも慎重を期さねばなるまい。それでも、米英に譲歩して検証措置を伴う不可逆的な完全非核化に至った「リビア方式」は非現実的にせよ、米欧などの財政的・技術的支援も仰ぎながら「安全の保証」をテコに核放棄を着実に実践し、西側社会との融合を図った「カザフスタン方式」による非核化実現に期待したい。

冷戦構造が今なお色濃く残る朝鮮半島と東アジアに地殻変動の兆しが見られる今日、日本が果たすべき役割も決して小さくない。特に恒久的な朝鮮半島の

非核化を模索する政治プロセスにおいて、人類で唯一、核の実戦使用の人間的悲惨を体験した被爆国はユニークな発言力と行動力を発揮できる立場にある。また政策面のみならず、モラルの視座からも「核なき世界」を国際社会で唱道しながら、東アジアの永続的な平和構築に尽力すべきだろう。

ノーベル経済学賞受賞者で著名な米戦略家として知られるトマス・シェリング博士は生前の06年、筆者（太田）とのインタビューの中で、国際的な核不拡散秩序を堅持・強化していくに当たり、日本には「特別の責務」があると力説した。東アジアが重大な岐路を迎え、核を巡る国際秩序が大きく揺らぐ18年の今、被爆国の真価が真正面から問われている。

【参考文献】
1. 礒崎敦仁、澤田克己（2017）『北朝鮮入門　金正恩体制の政治・経済・社会・国際経済』東洋経済
2. 太田昌克（2018）「新核戦略が開くパンドラの箱　トランプNPRと『偽装の被爆国』」『世界』2018年4月号
3. ドン・オーバードーファー、ロバート・カーリン（2015）『二つのコリア　国際政治の中の北朝鮮』共同通信社
4. 外務省「米国の『核態勢の見直し（NPR）』の公表について（外務大臣談話）」（2018年2月5日）http://www.mofa.go.jp/mofaj/press/danwa/page4_003718.html（2018年5月18日取得）
5. 川崎哲（2014）『新版　核兵器を禁止する　条約が世界を変える』岩波ブックレット
6. 小泉忠之（2018）「米MD突破へ新型兵器投入」共同通信配信記事、2018年5月16日
7. Acton, James M. (2018) "Command and Control in the Nuclear Posture Review: Right Problem, Wrong Solution," *War on the Rocks*, 5 February 2018.
8. The Department of Defense, *Nuclear Posture Review 2010*, April 2010, https://www.defense.gov/Portals/1/features/defenseReviews/NPR/2010_Nuclear_Posture_Review_Report.pdf, last visited, 18 May 2018.
9. The Department of Defense, *Nuclear Posture Review 2018*, February 2018, https://media.defense.gov/2018/Feb/02/2001872886/-1/-1/1/2018-NUCLEAR-POSTURE-REVIEW-FINAL-REPORT.PDF, last visited, 18 May 2018.
10. Kile, Shannon N. and Kristensen, Hans M. (2018) "World nuclear forces," SIPRI Yearbook 2018, https://www.sipri.org/sites/default/files/SIPRIYB18c06.pdf, last visited, 7 July 2018.
11. Kristensen, Hans M. (2018) "The Nuclear Posture Review and the US Nuclear arsenal," *Bulletin of the Atomic Scientists*, 2 February 2018, https://thebulletin.org/commentary/nuclear-posture-review-and-us-nuclear-arsenal11484, last visited, 18 May 2018.
12. Kristensen, Hans M. and Norris, Robert S. (2018) "NUCLEAR NOTEBOOK United States nuclear forces, 2018," *Bulletin of The Atomic Scientists*, Vol. 74, No. 2, 2018（Kristensen and Norris 2018-1）, https://www.nomorebombs.org/uploads/2/3/7/2/23729326/united_states_nuclear_forces_2018.pdf, last visited, 18 May 2018.
13. Kristensen, Hans M. and Norris, Robert S. (2018) "NUCLEAR NOTEBOOK Russian nuclear forces, 2018," *Bulletin of The Atomic Scientists*, Vol. 74, No. 3, 2018（Kristensen and Nor-

ris 2018-2), https://www.tandfonline.com/doi/pdf/10.1080/00963402.2018.1462912?needAccess=true, last visited, 19 May 2018.
14. MacFarquhar, Neil and Sanger, David E. (2018) "Putin's 'Invincible' Missiles Is Aimed at U.S. Vulnerability," *The New York Times*, 1 March 2018, https://www.nytimes.com/2018/03/01/world/europe/russia-putin-speech.html, last visited, 19 May 2018.
15. Narang, Vipin (2018) "The discrimination problem: Why putting low-yield nuclear weapons on submarines is so dangerous," *War on the Rocks*, 8 February 2018.
16. Russian Federation (2014) "Military Doctrine of the Russian Federation"
17. Russian Federation Foreign Affairs Ministry (2018) "Foreign Ministry Statement," February 5, 2018, http://www.mid.ru/foreign_policy/news/-/asset_publisher/cKNonkJE02Bw/content/id/3054864?p_p_id=101_INSTANCE_cKNonkJE02Bw&_101_INSTANCE_cKNonkJE02Bw_languageId=en_GB, last visited, 19 May 2018.
18. The State Department, Adherence to and Compliance with Arms Control, Nonproliferation, and Disarmament Agreements and Commitments (2014) https://www.state.gov/documents/organization/230108.pdf, last visited, 19 May 2018.
19. The State Department (2018) "New START Treaty Central Limits Take Effect," 5 February 2018, https://www.state.gov/r/pa/prs/ps/2018/02/277888.htm, last visited, 18 May, 2018.
20. The State Department (2018) "New START Treaty Aggregate Numbers of Strategic Offensive Arms," 22 Feburary 2018, https://www.state.gov/t/avc/newstart/278775.htm, last visited, 18 May 2018.

【関係重要資料】
① オバマ政権の「核態勢の見直し（NPR）」The Department of Defense, *Nuclear Posture Review 2010*, April 2010. https://www.defense.gov/Portals/1/features/defenseReviews/NPR/2010_Nuclear_Posture_Review_Report.pdf
② トランプ政権の「核態勢の見直し（NPR）」The Department of Defense, *Nuclear Posture Review 2018*, February 2018. https://media.defense.gov/2018/Feb/02/2001872886/-1/-1/1/2018-NUCLEAR-POSTURE-REVIEW-FINAL-REPORT.PDF
③ 核兵器禁止条約⇒〔資料１〕
④ ICJ の勧告的意見（INTERNATIONAL COURT OF JUSTICE REPORTS OF JUDGMENTS, ADVISORY OPINIONS AND ORDERS LEGALITY OF THE THREAT OR USE OF NUCLEAR WEAPONS ADVISORY OPINION OF 8 JULY 1996）http://www.icj-cij.org/files/case-related/95/095-19960708-ADV-01-00-BI.pdf
⑤ シンガポール米朝共同声明（2018年６月12日）、White House, "Joint Statement of President Donald J. Trump of the United States of America and Chairman Kim Jong Un of the Democratic People's Republic of Korea at the Singapore Summit," 12 June 2018. ⇒〔資料２〕

第6章 北朝鮮の核の現状と課題

広島市立大学 広島平和研究所准教授
孫　賢鎮

1　はじめに──核開発を取り巻く国際関係と国家体制

　北朝鮮の核開発問題をめぐる世界情勢が動き始めている。2017年9月、北朝鮮は6回目の核実験を断行し、同年11月29日には米国本土に到達可能な大陸間弾道ミサイル（ICBM「火星15号」）の発射実験を行った後、核開発の完成を宣言した。そのため2017年には朝鮮半島での戦争リスクが高まった時期もあったが、18年2月の平昌冬季オリンピックを契機に雰囲気が緊張緩和へと急転換した。

　平昌オリンピック直後の3月5日には韓国政府の特使団が訪朝し、金正恩朝鮮労働党委員長と非核化問題や、米朝関係正常化のための米朝および南北首脳会談の開催について協議を行った。そして、文在寅韓国大統領と金委員長は4月27日に11年ぶりとなる南北首脳会談を行い、「朝鮮半島の平和と繁栄、統一に向けた板門店宣言」（「板門店宣言」）に合意した。その後、ドナルド・トランプ米大統領と金委員長は6月12日、シンガポールで史上初となる米朝首脳会談を行い、朝鮮半島の完全非核化と平和体制構築を目指す「シンガポール米朝共同声明」に署名した。

　今回の「板門店宣言」を通じて南北両首脳は、朝鮮半島の完全な非核化の実現と、年内の終戦宣言、休戦協定の平和協定への転換などにより、南北関係を

画期的に改善させ、発展させる意思を示した。「シンガポール米朝共同声明」ではトランプ大統領が北朝鮮に「安全の保証」（security guarantees）を与えることを約束し、金委員長は朝鮮半島の完全非核化（complete denuclearization of the Korean Peninsula）への確固とした揺るぎのない約束を再確認した。何よりも「完全な非核化」により核のない朝鮮半島を実現する、という共同目標を確認したことは大きな意味を持つ。しかし、「完全な非核化」という表現が、国際社会が北朝鮮に求める「完全かつ検証可能で不可逆的な非核化」（Complete, Verifiable, Irreversible Denuclearization：CVID）を意味するのかについては、議論がある。

　金委員長が「板門店宣言」の中で「完全な非核化」という表現に同意したのは、あくまで「米国による北朝鮮への軍事的脅威の解消と体制保証」が前提となっている。しかし、北朝鮮の非核化における問題の核心は、「完全かつ検証可能で不可逆的な非核化」の実現の具体的な期限とその方法である。

　米国は、ジョン・ボルトン大統領補佐官（国家安全保障担当）を中心に「先に核放棄、後から体制保証」という「リビア・モデル」による解決を提示したのに対し、北朝鮮は「段階的かつ同時並行的」な非核化方式を主張している。北朝鮮にとっての「同時並行的」とは、体制保証や制裁解除といった「見返り」を米国から適宜獲得することを意味する。一方、韓国の文大統領は2017年7月にベルリンで行った演説で「北朝鮮の核問題と平和体制を巡る包括的なアプローチにより、完全な非核化と平和協定の締結を推進する」と述べ、段階的かつ包括的な非核化方式を提唱した。

　北朝鮮が主張する「非核化」とは、北朝鮮の核放棄に加え、朝鮮半島に米国の核兵器が展開せず北朝鮮に核の脅威を与えないことを含む「朝鮮半島全体の非核化」である。また「先に平和協定締結、後に非核化論議」というのが北朝鮮の基本的立場であり、自ら核保有国であると主張した上で、その地位を担保に米朝間の平和協定締結を求めている。

　今後、北朝鮮の完全な非核化を実現するためには、北朝鮮の核戦力と核開発能力に対する「査察」と「厳格な検証」作業が不可欠である。北朝鮮が現在保有している核兵器や核物質、核施設など全ての核関連プログラムの実態を調査

しなければならない。北朝鮮が今までどのように核開発を行ってきたのか、そして現在どのような核兵器や核物質を保有しているのか、徹底的に把握されなければならないのだ。

2　核保有の背景

　すでに述べたように北朝鮮は、2006年10月9日、1回目の核実験を行って以来、これまで計6回の核実験を強行した。そして、17年9月に行われた6回目の核実験直後の同11月には「ICBM搭載用の水爆実験に完全に成功した」と発表した。12年4月の金正恩体制の発足以降だけでも、北朝鮮は3回も核実験を行い、さまざまなミサイル発射実験を繰り返した。その結果、北朝鮮の核兵器と弾道ミサイル開発は完成段階に入ったとみられる。北朝鮮の核能力は確実に進展しており、北東アジアはじめ国際社会にとって現実的な脅威となっている。北朝鮮の政策決定者たちは、核が米国との交渉で主要な道具になるという前提に立脚し、過去20年間、その道具を最大限に活用してきたと言える（Lankov 2015：181）。

　北朝鮮の核計画には長い歴史がある。その背景として、ソ連との関係を考えなくてはならない。そもそも北朝鮮の政権の正統性はソ連に依存してきたと言っても過言ではなく、ソ連からのさまざまな支援を受け、その存立基盤を確かなものとしてきた経緯がある。金日成が北朝鮮の最高指導者の地位に就くことができたのも、ソ連という後見人がいたからである（平岩 2013：55-58）。

　北朝鮮は朝鮮戦争が休戦状態になる直前の1953年3月、ソ連と原子力平和利用協定を結び、核開発を本格化させた。その理由としては、朝鮮戦争中、国連軍トップのダグラス・マッカーサー元帥が原爆使用を検討していたことが挙げられる。北朝鮮はソ連の支援を受けて「放射化学研究所（使用済み核燃料の再処理施設）」や「寧辺原子炉」など核関連施設を建設し、核関連技術を向上させていった。ソ連も核拡散防止条約（NPT）への加盟など国際的な核不拡散体制への参加を条件に、北朝鮮に対する原子力協力を続けたため、北朝鮮は独自の原子力発電所を建設することができた。

しかし、冷戦終結に伴い共産主義圏が崩壊し、北朝鮮を経済的に支えた東側同盟体制が消滅したことから、北朝鮮の指導者は政権の安全保障についてより一層真剣に考える必要性に迫られた。言ってみれば、国際社会における孤立状態から生じた危機意識が北朝鮮の核開発を加速させていった。1989年の東欧諸国に広がった民主化革命、また91年のソ連崩壊などによってもたらされた国際社会の変化が北朝鮮の核開発に対する意志を強めたのだ。また共産主義市場が消滅したことにより、北朝鮮経済が危機的な状態に陥ったこと、および通常戦力が大幅に弱体化したことも、核兵器開発を促したと思われる。コストがかさむ最新兵器の開発や導入で通常戦力を増強するよりも、核兵器開発によって米韓に対する軍事バランスを取ろうとしたのだ。

　北朝鮮は核兵器保有により軍事バランスが自国に有利になれば、核兵器を使用すると威嚇することで抑止力が保持でき、さらには核兵器を実際に使用することで韓国との戦争に勝利できると信じている。韓国経済の発展で経済格差が拡大し、体制競争に敗北した北朝鮮は、生き残りをかけて核兵器開発に着手したとみられる。イデオロギーや経済の競争に敗れた北朝鮮は、核兵器の保有が国内体制を引き締め、外部からの脅威に打ち勝つ唯一の手段だと確信している。つまり、北朝鮮にとって核兵器やミサイルは体制維持と不可分の関係にある（吉川・水本 2016：134）。

　金正恩体制はその誕生以来、核開発と経済発展を並行させる「並進路線」を推進することによって体制を盤石なものにしようと努めてきた。核・ミサイル開発によって政権の正統性を強固にする必要性に加え、経済的にも通常戦力コストを削減する狙いもある。また、米国や日本などから大型の経済援助を獲得するためにも、核兵器は重要な交渉カードと位置付けられている（孫 2016：126）。

　北朝鮮の『労働新聞』や『朝鮮中央通信』などによると、北朝鮮にとって核は「朝鮮の尊敬と力の絶対的象徴であると同時に最高の利益」であり、「米国が対朝鮮敵視政策を放棄しない限り、核戦力を中枢とする朝鮮の自衛的な国防力強化措置は倍加される」という（『労働新聞』2017.5.15）。金委員長は2018年の年頭、「米国の敵視政策が続く限り核は絶対放棄できない」と発言している。

このような姿勢から見る限り、北朝鮮によって核は自衛手段として絶対に放棄できないものだと判断できる。

3　核保有の現状

（1）北朝鮮の核開発状況

　北朝鮮はこれまで計6回の核実験を行い、着実に「核能力の高度化」を進め、核兵器開発の最終段階に既に到達したとみられる。一般的に核兵器の開発過程は、起爆装置の完成、核弾頭の製造、核弾頭の戦力化（弾道ミサイルの配備）の各段階を踏むが、北朝鮮はこれらのステップを着実に踏んできたといえよう（孫 2017：3）。これまで小型化・軽量化・多種化された核弾頭を生産し、核弾頭の移動手段としてミサイル発射実験を頻繁に続けてきた。

　北朝鮮が核兵器の航空機搭載ではなくミサイル搭載を優先させてきた理由は、ミサイルという運搬手段が持つ優位性にある。つまり、長射程距離化や機密性、高速度、無人といったミサイルの特性は、航空機搭載の核爆弾に比べて戦略的にも戦術的にも大幅に有利である。ただ技術的に克服しなければならない点もあり、特に重要なのは核弾頭の小型化と長射程距離ミサイルへの搭載である。

　2017年9月3日、6回目の核実験の直後、北朝鮮の核兵器研究所の声明に記された実験目的は「ICBM 先頭部に装着する水爆の製作に新たに研究、導入した威力調整技術と内部構造設計方案の正確性と信頼性を検討、検証するため」だった（朝鮮中央通信 2017）。また、この実験を巡っては「以前に比べて前例のないほど大きな威力で行われたが、地表面への噴出や放射性物質の漏出は全くなく、周囲の生態環境にいかなる否定的影響も与えなかったということが証明された」との主張もなされた。

　核兵器研究所の声明は、こうも明言している。「ICBM 搭載用水爆実験の完全な成功はわれわれの主体的な核爆弾が高度に精密化されただけではなく、核先端部の動作の信頼性が確実に保証され、われわれの核兵器設計・製造技術が核弾頭の威力を攻撃対象や目的に応じて任意に調整することのできる高い水準に到達したことを明確に示している。それは、国家核武力完成の完結段階の目

標を達成する上で実に有意義な契機となる」(朝鮮民主主義人民共和国核兵器研究所声明 2017)。北朝鮮は、配備中ないしは開発中の、少なくとも10種類の短・中・長距離システムからなる弾道ミサイル軍の整備を進め、近代化に邁進している(SIPRI 2017 : 451)。

　米国のシンクタンクである科学国際安全保障研究所(ISIS)は、北朝鮮が13～30発の核兵器に加え、33キログラムのプルトニウムと175～645キログラムの兵器級高濃縮ウラン(HEU)を保有しているとの推定値を発表した。また、2020年までに核兵器を25～50発に増やす可能性があるとも分析している(Albright 2017)。

　さらに2015年5月には、北朝鮮の新浦(シンポ)から発射されたとみられる潜水艦発射弾道ミサイル(SLBM)「北極星1号」の打ち上げが、成功したと報じられた(朝鮮中央通信 2015)。北朝鮮は16年に5回の水中発射実験を行い、特に8月24日に発射したSLBMは新浦付近の海域から発射され、約500キロ飛行した上、日本の防空識別圏内の日本海に落下した。SLBMは隠れた場所から発射されるために監視や迎撃が難しく、国際社会の新たな脅威になると指摘されている。

(2) 北朝鮮の核・ミサイル能力

　北朝鮮の核開発は、戦力化の最終段階にあり、これまでに小型化・軽量化・多種化された核弾頭を生産し、核弾頭の移動手段としてミサイル発射実験を頻繁に続けてきた。

　米紙によると、米国防情報局(DIA)は北朝鮮がICBMに搭載可能な小型核弾頭の生産に成功したと見ている(*Washington Post*, August 8, 2017)。また、韓国国防部は、北朝鮮のHEUプログラムと核弾頭の小型化が相当なレベルにあると評価している(韓国国防部 2016 : 23)。北朝鮮が保有しているミサイルの弾頭重量は、これまでの小型化の努力により約1キログラム±0.2キログラムレベルだと推定されている。

　北朝鮮の核兵器開発は密かに進められてきたが、ミサイルの長射程化は宇宙開発を名目に公然と推進されることが多い。北朝鮮がこれまで、「発射したのはミサイルではなく、人工衛星打ち上げ用の運搬ロケットだ」と主張したのは

このためだ。ロケットの開発に成功しても、これを兵器化して長距離ミサイルの開発に役立てるためには、精密誘導や大気圏再突入などの関連技術をさらに進展させなければならない。北朝鮮は2017年、燃料エンジン実験などを目的に計10回以上、さまざまな中・長距

北朝鮮の労働新聞が2017年11月29日付で掲載した、大陸間弾道ミサイル「火星15」の発射実験の写真（コリアメディア提供・共同）

離ミサイルの発射実験を行った。同年3月から4月にかけては、4回続けて発射実験に失敗したものの、5月以降に発射したミサイルはすべて成功したと発表した。これを受け金委員長は、核兵器の多様化・高度化の観点から弾道ミサイルの実戦配備に向けた大量生産を指示したとされる（『労働新聞』2017.5.22）。

北朝鮮は、2017年11月29日に発射したミサイル「火星15号」を最大角度のロフテッド軌道で発射し、最高高度4475キロまで上昇させた。このミサイルは水平距離950キロを飛行し、日本の排他的経済水域（EEZ）内に着水した。韓国国防部によると「火星15号」の射程は1万3000キロ以上、日本側も新型ICBMの射程は1万キロ超と指摘しており、米国本土に到達する可能性がある。なお朝鮮中央通信は、重大報道の形で超大型重量級の核弾頭が装着可能な「火星15号」発射によって「核武力完成の歴史的大業」を実現したと発表した。

北朝鮮の弾道ミサイル能力の評価を巡り、注目すべきもう一つの点は、移動型ミサイル発射台（TEL）の保有数である。2015年の米国防総省の「北朝鮮の軍事および安全保障の進展に関する報告書」によると、北朝鮮は200基以上の移動式発射台を保有している。この報告書はスカッドB・D系列の短距離ミサイル用100基、スカッドER、ノドン、ムスダンなど中距離ミサイル用100基、さらに、ICBM用の6基とSLBM用の水中移動式発射台1基などを保有していると推定している。このように北朝鮮の核兵器の弾頭化、多様化、そして移

動手段まで考えると、その核・ミサイルの脅威は確実に高まっている。

4　非核化への道のり

(1) 北朝鮮核問題に対する国際的取り組み

　国際社会は北朝鮮の核実験やミサイル発射のたびに国連安保理決議を採択し、その挑発行為を非難してきた。特に、2017年9月に6回目となる核実験を強行した際には、国連安保理決議第2375号を全会一致で採択した。決議第2375号には、①北朝鮮への原油、石油精製品の輸出量の上限設定、②北朝鮮の主要輸出品目である繊維製品の各国による輸入の全面的禁止、③北朝鮮の海外派遣労働者への就労許可発給を原則禁止、④北朝鮮の団体・個人との合弁企業の開設、維持、運営の禁止、⑤既存の合弁企業の120日以内の閉鎖、⑥朴映式人民武力相と朝鮮労働党組織指導部、中央軍事委員会などの資産凍結対象への追加、などが盛り込まれた。この決議は、北朝鮮の核計画を「完全かつ検証可能で不可逆的な方法」で放棄させるとの目的を明記している。

　なお2003年8月から米国、中国、北朝鮮、韓国、日本、ロシアが参加する6者協議が断続的に開催されてきたが、その努力は道半ばだ。05年には「9.19共同声明」、07年には「2.13合意」と「10.3合意」が6者協議の場でまとまったが、これらの国際合意はいずれも完全には履行されず、非核化を巡る実質的な進展はなかった。北朝鮮も6者協議への不参加を宣言し、2009年以降繰り返されてきた核実験やミサイル発射を受け、6者協議は機能不全状態に陥った。6者協議に対する北朝鮮の姿勢の根本的な変化がない限り、その再開は困難な状況が続いている。

　しかし、2018年の南北首脳会談および米朝首脳会談を通じて、北朝鮮は「朝鮮半島の完全な非核化」に同意した。そして、核実験、中長距離ミサイルやICBMの発射も必要ないと表明し、これまで核実験が行われてきた北朝鮮北部の豊渓里核実験場を廃棄した。

　さらに4月20日、金委員長は朝鮮労働党中央委員会で、経済路線と核戦力建設の並進路線の成功を宣言し、社会主義経済建設に総力を集中するという新た

な決定を下した。北朝鮮の国民に対しても核開発の完成が公言されており、非核化という措置の一部が妥当であるとまで説明されている。このような前向きに見える北朝鮮の一連の非核化措置が、今後どこまで不可逆的に進められるのか、またいかにして持続的な実効性を確保していくのか、残された課題は少なくない。

（2）北朝鮮の非核化プロセス

今後、北朝鮮の完全な非核化を実現するまでには複雑なプロセスが予想される。特に、核・ミサイル能力が高度化し、核施設などが広範に点在しているため、申告、査察、検証などの非核化に必要なプロセスが長期化することが見込まれる。そして何より、これらの施設の多くが軍事施設であるため、北朝鮮当局の協力がなければ、査察が困難なことも厳然たる事実である。

完全な非核化の実現には、核開発の凍結、核計画の完全申告および査察・検証、核物質や核施設の封印・閉鎖といった核廃棄プロセスを経なければならない。ここで特に重要なのが査察と検証である。今まで北朝鮮の核問題を解決するために、米朝枠組み合意や9.19共同声明などが採択されたが、いずれも上手く履行されなかった。失敗の理由は、北朝鮮が毎回、査察および検証の段階で実施を拒否したことにある。

査察および検証は北朝鮮が自ら申告した内容に基づいて行われる。最大の問題は、北朝鮮の非核化の範囲やその実施期限など、具体的な非核化プロセスの詳細である。非核化の対象となるのは、北朝鮮がすでに保有している核兵器に加え、プルトニウムや濃縮ウランなどの核物質、そして北朝鮮国内の核施設および核に関連する全ての計画である。北朝鮮はすでに相当な数量の核・ミサイルを保有しており、核関連施設も北朝鮮全域に隠されているので、北朝鮮の積極的な協力がなければ全ての核施設を閉鎖することは現実的に難しい。さらに米国は、北朝鮮が保有している大量破壊兵器（WMD）、つまり生物・化学兵器と約3000～10000人といわれる核開発に従事した研究者や技術者などの人材までが、廃棄の対象に含まれるべきだと主張している。

具体的な非核化プロセスの第1段階は、まず保有している核兵器や核物質、

核施設などの正確な実態把握である。それを行うに当たり北朝鮮は、核兵器や再処理・濃縮施設、核技術に関する全ての核関連の活動を凍結し、全ての情報を申告しなければならない。

　第2段階は、北朝鮮の申告に基づく国際原子力機関（IAEA）の査察である。北朝鮮の核関連活動の停止、さらに申告の直後にIAEAを中心とした核査察団が現地に派遣され、重要情報の把握が迅速に進められる。核査察団の迅速な派遣および核物質と核関連情報の確保によって初めて、北朝鮮による証拠隠滅や外部への核物質や機微情報の流出などの事態を防ぐことができる。その際、求められるのは高度な透明性である。

　第3段階は、北朝鮮の核施設を完全に解体し、核関連物資の処分を進める廃棄措置だ。韓米情報当局は、現在、非核化の対象になる北朝鮮の核施設は寧辺の核施設を含めて、全国に100カ所以上あるとみている。北朝鮮が保有するプルトニウムは40〜50キログラム、濃縮ウランは600〜700キログラム以上と推定している。また、保有核弾頭数は20〜60で、その中には、広島に投下された原子爆弾とほぼ同じ威力（約15キロトン）のものが30〜40発程度あるとみなされている。さらに、核弾頭の運搬手段である中距離ミサイル、グアムや太平洋を越えて米国本土まで届く準中距離弾道ミサイル（MRBM）、ICBMも廃棄対象に含めなければならない。

　非核化のプロセスの最終段階は、核廃棄の不可逆性の確保である。つまり十分な検証措置を行うことで、核廃棄が後戻りできないことを担保する措置の実践である。核弾頭や核物質、関連施設の廃棄が行われた後も、再び核計画が蘇生しないよう、IAEAを中心とした恒久的な監視体制が必要になる。

　なお、このような非核化プロセスの実施に当たっては、タイムフレームが非常に重要となる。トランプ大統領の在任期間を見越した北朝鮮が非核化プロセスを途中でサボタージュし、トランプ政権後に登場する新政権との間でより有利な取引を行おうとする可能性も捨てきれないからだ。もし非核化の履行過程が長期化すれば、かつてのように失敗する可能性が高くなる。

　かといって、拙速に非核化を進めてもいけない。非核化のプロセスは、査察と検証、監視の中で、着実に相互点検しながら完遂しなければならない。そし

て、北朝鮮の非核化のプロセスの先が見えた段階で、平和協定締結や米朝国交正常化が議題として浮上してくるだろう。仮に北朝鮮が非核化プロセスを着実に履行すると仮定する場合、北朝鮮の体制保証は朝鮮戦争終戦宣言によって一定程度、確保され、それを土台にした平和協定締結や米朝国交正常化へと政治・外交プロセスが移行する。そしてこの動きに平行して、北朝鮮に対する経済制裁が順次緩和され、国際社会との経済協力を可能とする土壌が培われていくだろう。

5　今後の課題

　2018年、北朝鮮が南北首脳会談および米朝首脳会談を通じて非核化に同意した最大の動機は、対外的には、米国の敵視政策放棄による北朝鮮の体制保証、対内的には、社会主義経済建設に総力を集中し、北朝鮮経済を立て直すことにある。しかし、具体的な非核化プロセスを巡る米朝間の合意はいまだ結ばれず、非核化措置の着手にもまだまだ時間がかかるようだ。米国は北朝鮮の核兵器を含む全ての核能力の「完全かつ検証可能で不可逆的な非核化」を求めているのに対し、北朝鮮は米国の敵視政策の放棄とともに「確実で信頼できる体制保証措置」を要求している。確実な措置として平和協定締結と不可侵宣言、そして非核化措置の見返りとしての経済制裁の解除や経済協力を望んでいる。北朝鮮の立場からすると、体制保証と最大限の経済的利得が確実に得られなければ、完全非核化の実施は到底、不可能だ。

　北朝鮮の完全な非核化、ならびに朝鮮半島の持続的で強固な平和体制構築のための包括的な合意も重要だが、最も重要な課題は、米朝両国間の信頼回復である。これまでの米朝交渉が失敗した主な原因は、相互の根深い敵対意識と不信感であることは言うまでもない。さらに、北朝鮮の非核化に対する日米韓間の緊密な連携も大事である。

　日米韓は、2017年7月6日、ドイツ・ハンブルクで開かれた主要20カ国（G20）首脳会談で「朝鮮半島の完全かつ検証可能で、不可逆的な非核化を平和的方法で達成するための協力」と題する共同声明を発表した。この共同声明では、

北朝鮮核問題の解決へ向け、北朝鮮と国境を接した中国やロシアが北朝鮮の説得により積極的な努力を続けることを要求した。18年6月の米朝首脳会談は、新しい相互関係の樹立を目指し、両国の社会の間に信頼関係を構築する第一歩と言える。また会談の成果物であるシンガポール共同声明は、朝鮮半島の緊張緩和と平和定着への第一歩でもある。米朝相互の信頼醸成こそが北朝鮮の体制保証と朝鮮半島の完全非核化をもたらし、ひいては北東アジアの平和構築につながることが期待できる。

【参考文献】
1. 韓国国防部（2016）『2016国防白書』ソウル
2. 吉川元・水本和実編（2016）『なぜ核はなくならないのかⅡ』法律文化社
3. 孫賢鎮（2017）「朝鮮半島情勢──北朝鮮のミサイル開発」広島市立大学広島平和研究所 HPI 報告書
4. 『朝鮮中央通信』（2015）「潜水艦発射弾道弾の水中実験発射を成功」5月9日
5. 平岩俊司（2013）『北朝鮮は何を考えているのか』NHK 出版
6. 孫賢鎮（2016）「北朝鮮の核開発問題」広島市立大学広島平和研究所編『平和と安全保障を考える事典』法律文化社、126-128頁
7. 『労働新聞』（2017）「地上対地上中長距離戦略弾道ロケット『火星12』型実験発射成功」5月15日
8. 『労働新聞』（2017）「弾道弾《北極星-2》型実験発射再び成功──金正恩委員長視察」5月22日
9. 朝鮮民主主義人民共和国核兵器研究所声明（2017）「大陸間弾道ミサイル装着用水爆実験に完全に成功」9月3日発表
10. Albright, David（2017）North Korea's Nuclear Capabilities: A Fresh Look, Institute for Science and International Security, Report, 28 April 2017.
11. Lankov, Andrei（2015）*The Real North Korea-Life and Politics in the failed Stalinist Utopia*, Oxford: Oxford University Press.
12. SIPRI（2017）*SIPRI YEARBOOK 2017*, Oxford: Oxford University Press.
13. The Washington Post（2017）"North Korea now making missile-ready nuclear weapons," 8 August .

第7章

中国の核戦略

韓国世宗研究所研究員
李　成賢

1　はじめに——なぜ少数の核兵器を保有するのか

　中国は半世紀を超える長い核兵器開発の歴史や世界第2位の経済力に比べて、そして他の核兵器保有国に比べて、少ない数の核兵器を保有している。本稿ではその理由について新たな説明を試みてみたい。

　従来の説明は、中国が半世紀にわたって堅持してきた「核先制不使用」の原則にその理由を求めてきた。また、北朝鮮のように少数の核兵器でも相手に十分な脅威を与えられるという核兵器の特性に注目する中国の「戦略的思考」も取り上げられる。少ない数の核兵器を保有するだけで十分な「効果」が期待できるということである。

　ここで見落とされているのは中国の国内政治である。中国では文民の指導者が軍を掌握しているが、文民指導者にとって強力な利益集団である軍を「統制」することは非常に大きな悩みの種となる。しかも、中国のように広大な国土を有する国の場合、歴史的にみて中央指導者の影響力が地方まで及ばないことが多かった。万一、核兵器が政敵や反対派の手に渡れば一大事になるが、文化大革命による内部混乱を経験した中国の指導者層は、核兵器の「中央主権的管理」が肝心であると認識し、そこに重点を置いた。胡錦濤政権時に発生した「薄熙来事件」はこうした懸念を再び目覚めさせた。核兵器の特性上、もし薄

熙来が核兵器を一つや二つ手に入れていれば、中国指導部に致命的な挑戦になったであろう。第二に、小規模の核戦力は中国指導者にとってその統制・管理が容易である。このような中国の「国内的要因」は、これまでの中国核戦力分析において比較的軽視されてきた側面である。

中国軍の近代化を強調する指導者は、鄧小平をはじめ以前からいたが、「強軍夢」を政権のスローガンとして表立って掲げた指導者は、習近平が初めてである。習近平は「戦えば勝つ軍隊」というスローガンを公に掲げ、核兵器を担当する「第2砲兵部隊」を格上げして「ロケット軍」にした。ロケット軍は、習近平が主席を務める中央軍事委員会直属の命令系統に位置する。

習近平はまた、中国の「核心的利益においては譲歩しない」と何度も強調し、南シナ海の対立が激化した時点で中国を「海洋強国」として宣布し、航空母艦の建設に拍車をかけ（現在3番目）、先端科学兵器の開発と「軍・民」協力をことさら強調している。

注目すべきことは、習近平が共産党総書記になってから初めて視察した軍部隊が、核ミサイルを担当する第2砲兵部隊だったことである。第2砲兵部隊を「ロケット軍」に格上げした後、習近平は、ロケット軍は「中国の戦略的抑止の中心」であり、中国の「大国としての地位を戦略的に支援する役割」を担うとした。2017年7月30日、中国の建軍90周年記念式で披露した兵器のうち40%は中国がそれまで公開したことのない新たな武器であった。

憲法改正を通して長期執権の道を開いた習近平の攻勢的な軍事的拡大路線は、中国の核戦略にも影響を及ぼすものであり、このような特定指導者の性向に対する持続的な観察が必要であろう。

中国と北朝鮮は1961年から現在にいたるまで、公式的な同盟関係を依然として維持してきている。北朝鮮の挑発に対する中国の忍耐が限界に達したという諸々の報道にもかかわらず、中国が北朝鮮との同盟関係を調整したり廃止したりするという提案を公にしたことは一度もない。

中国は1978年の改革開放以降「独立自主外交」を唱え、その核心として「非同盟原則」を強調しているが、それが中朝関係に影響を及ぼすことはなかった。最近の「血盟」論議のようにマスコミが注目しない限り、北朝鮮との同盟条約

は依然として「静かに」持続するわけである。

　確かに、中国は北朝鮮の非核化を望んでいる。しかし、北朝鮮政権の崩壊を招くほどの圧力を加える気はない。中国は北朝鮮の「崩壊」を「非核化」よりも懸念する。中国は北朝鮮に対する米国主導の国連制裁を支持してはいるが、米国が要求する北朝鮮への原油供給の完全な中断についてはその可能性を否定した。米国の「単独制裁」の動きにも反対した（石油製品は制裁対象に含まれるが、中国が1年に約50万トンを北朝鮮に提供する原油は、米国の提案にもかかわらず、中国の反対で国連の制裁対象には含まれなかった）。

　中国は、対北朝鮮制裁が厳しすぎると、窮地に追い込まれた北朝鮮が反発して中国を「敵対視」するようになる状況を憂慮している。中国側の分析者らは、北朝鮮の核武装そのものが自動的に中国への脅威になるわけではないと見ている。米国の核兵器保有をカナダが懸念しないのは、カナダが米国と友好関係にあるからである。同様に中国は、自国周辺のもう一つの国家が核兵器を所有すること自体は本質的な問題にはならないと考えている。

　核・ミサイル実験など北朝鮮のあらゆる挑発行為は、実は、中国の対北朝鮮政策の変化にさほどの影響を及ぼさない。むしろ中国の対北朝鮮政策は、北朝鮮ではなく中国が感じている国際秩序の関数の中で決まる。中国は北朝鮮問題を米国との競争の構図の枠組みのなかで捉えているのである。

　米中両国は、表向きは相互協力を強調する外交的レトリックを駆使しているが、その中身を見れば葛藤の構造へと向かっている。このような状況において、米中関係が抜本的に改善されない限り、北朝鮮のあらゆる挑発行為にもかかわらず、中国が北朝鮮を「放棄」したり、または核を諦めさせるために北朝鮮が「崩壊」するほどの制裁圧力を加えたりすることはないであろう。すなわち、中国が北朝鮮の核保有を「黙認」する可能性がいたるところに存在する。

2　核兵器開発の現況

　毛沢東は核兵器を「張り子の虎（paper tiger）」と嘲笑ったことで有名であるが、実を言えば、中国の核兵器開発を主導したのは彼であった。未来の核脅

威と潜在的核戦争に備えるためであった。

中国の核実験は1964年に初めて行われ、67年には初の水爆実験に成功した。中国の公式的な核実験は96年に中国が包括的核実験禁止条約（CTBT）に署名するまで続いた。最後の核実験は22回目の地下実験であり、中国がそれまで行った核実験は合計45回に及んだ。

中国が保有する核兵器の数は国家機密となっており、その規模については意見が分かれる。米国科学者連盟（Federation of American Scientists）は2015年現在、計260基の核兵器を保有していると推定し、米国務省は17年現在その数を計270基であると推定した。

現代の中国で核兵器を担当するのは新設された「ロケット軍」である。これは上述の通り中国の極秘の軍部隊である「第2砲兵部隊」が、2016年1月1日、改名および格上げされた組織である。「ロケット軍」は陸軍・海軍・空軍の「3軍」に加えて「第4軍」になった。世界でこのように軍隊を「4軍」で編成するのも中国が初めてである。ロケット軍は中国核戦略の核心であり、習近平がどれほど核戦力を重視しているかを如実に示すものである。

3　核戦略

（1）中国の核開発の動機

朝鮮戦争で、核兵器を保有した米国のドワイト・アイゼンハワー政権はこれを有形無形の圧力手段として使用し、中国が妥協して休戦協定に応ずるようにした。1954年に第一次台湾海峡危機が発生すると、中国は米国の核脅威に対する自国の脆弱性を認識した。

中国の核兵器開発は多様で複合的な要因によって進められていった。1964年の核実験以降は中ソ紛争が激化したことから、核兵器を保有することで国家の安全保障を図ろうとした。当時、中国は総合的な国力と核戦力の技術的進歩水準を考慮して、米国とソ連に対して「最小限抑止戦略」を駆使しようとした。

意外にも、中国の核兵器の実態は中国外部の研究者の関心を集めなかった。その理由は、中国のもつ核弾頭の数が小規模に止まることにある。米国やソ連

に比べて中国の核保有量は未だに少ない。また核軍事力が小さければ小さいほど検証・査察も難しいため、相手国家を欺く可能性も高くなる。中国はまた、「核抑止」という表現は西側強大国が自国の持続的な軍備競争を合理化するためのごまかしにすぎないと考え、核兵器の数を増やすよりは必要最小限の抑制力を維持しようとしてきた。

　米国とソ連という核強大国に比べて核兵器の生産技術や施設などが全般的に立ち遅れていた中国に可能な戦略は、最小限の核兵器で国の生存を維持しつつ、国家の地位もある程度向上できる「最小限抑止戦略」以外になかった。中国は核兵器開発の初期にこの「防御的」核戦略を採択することで、米国やソ連など核大国の威嚇と牽制を避けつつ、核兵器を強化できた。

　一方、国内的にはこれら核大国による核脅威を「張り子の虎」という表現で意図的に軽視する態度を見せることで、自国民の動揺を防ぎ共産党政権の正当性を強化していくことができた。毛沢東は核兵器について、少ない原子爆弾だけでも相手を十分脅かすことができると信じ、「少しだけ作り、少しだけ維持し、水準は高く維持すべき」であるとした。

　文化大革命（1966～1976）がもたらした内部混乱は、中国の指導者層をして核兵器の中央集権的管理に過度な重要性を付加せしめた。また小規模の核戦力はその管理も容易になるという論理もある。

（2）中国の核ドクトリン

　核兵器開発の初期である毛沢東時代から、毛沢東自身、中国のもつ核兵器の数を明らかにしない曖昧な戦略をとった。彼の統治期間に、中国は核ドクトリンを文書化しなかった。中国の核兵器政策は、敵の攻撃から生き残りながら敵に十分な損傷を与えられる核の反撃能力をもつことを最優先に追求するものである。このような中国の立場は他の核保有国とはかなり異なるアプローチとして受け止められる。その結果、中国は冷戦中、米ソがそれぞれ1万発を超える核弾頭を開発して競争を繰り広げたのに比べて、非常に少ない約270基の核弾頭を保有するに止まっている。

　中国は公式的な「核兵器国（Nuclear Weapons State：NWS）」のなかで唯一、

「先制不使用」(No First Use) 原則を表明している。中国の指導者たちは、核兵器の先制不使用原則を継続的に表明することで核兵器開発の目的が中国本土の防衛にあることを強調し、中国の核保有に対する国際世論を友好的に醸成することに努力した。

4　核兵器開発の歴史

(1)　「張り子の虎」を本物の虎にした毛沢東

1949年の建国以来、毛沢東時代の中国は冷戦構造の下、内外で早急に解決すべき多くの問題に直面していた。国民党政府との政治・軍事的闘争はまだ終結しておらず、様々な安保脅威にも対処しなければならなかった。主要な安保脅威は米国とソ連からの軍事的脅威、特に核攻撃の脅威であった。

米国とソ連は互いに核開発競争を続ける一方、中国を大陸と海洋から包囲しながら圧迫していた。毛沢東時代の中国はこうした米・ソ両国からの強力な軍事脅威を認識し、その克服をはかる過程で積極的な軍事政策と核兵器開発に関心をもつようになった。毛沢東の強い意志と絶大な関心により中国は1964年に原爆を、3年後の67年には水爆を保有し、持続的な核兵器運搬手段の能力向上を通して米国とソ連の核の脅威から徐々に抜け出すことができた。

このような核兵器技術の開発は中国軍の軍事制度にも影響を及ぼし、1966年に中国は核兵器の専門部隊である第2砲兵部隊を誕生させるに至ったのである。

(2)　中国の核戦略を担当する第2砲兵部隊

中国は戦略ミサイル部隊である第2砲兵部隊を1966年7月1日に公式に編成した。第2砲兵司令部は北京西山自然公園の地下深部にあるとされ、陝西省の太白に予備指揮所が置かれている。第2砲兵部隊は中国に対する敵の核兵器使用を抑制し、敵が中国に向けて核攻撃を行う際、敵の重要戦略目標を攻撃することを主な任務としている。第2砲兵部隊は地対地戦略ミサイル兵器体系で武装し、中国に対する他国の核兵器の使用を抑止して、反撃および誘導弾による精密打撃の任務を遂行することになっている。

第 7 章　中国の核戦略

　1977年に鄧小平が権力に復帰した後、中央軍事委員会は初めて核戦略研究を奨励した。87年、第2砲兵部隊は包括的核戦略の草案を作成するための研究チームを構成した。その2年後に中央軍事委員会は草案の最終版を公式に採択した。草案は「最小限報復」に代わる「制限核報復」戦略を提示した。

1999年10月1日、中国建国50周年国慶節の閲兵式で、北京の天安門広場をパレードする大陸間核弾道ミサイルを装備した第2砲兵部隊（中国通信＝共同）

　2006年、中国の『防衛白書』は公式に核抑止力と戦略的抑止という用語を用いた。中国で「核抑止」の時代が始まったのである。（*「抑止」とは自国が望まない行動を相手国がしようとした時に、そのような行動をすれば耐えられない損失を負わせると威嚇することにより、その行動を止めさせることである）

　2015年12月31日、中国政府は21世紀を目指す軍の構造改革を発表しながら、翌日16年1月1日、それまで中国核戦力を担当してきた第2砲兵部隊をロケット部隊へと改名した。その結果、それまで地上軍の一付属部隊として運営されていた中国の核戦力が、人民解放軍の陸軍・海軍・空軍とならぶ第4の戦略軍として、新たな重要な任務と地位を与えられた。

　陸軍・海軍・空軍の「3軍」に加えて「第4軍」である「ロケット軍」が創設されたのである。これには米国も関心を有し、注視している。ロケット軍の規模は15万人である。香港のメディア『鳳凰衛視』は、ロケット軍が「中国の国際的地位を支え、さらには世界の局面を変えられる」とした（鳳凰衛視 2017a）。習近平は2016年12月31日のロケット軍建軍行事にて、これは中国の「強軍夢」、「中国の夢」実現において重要な決定である、と力説している（鳳凰衛視 2017b）。

（3）中国における核ミサイルの課題

　現代では、単に核兵器の保有の有無や、その威力のみが問題になるのではない。核兵器を敵国の目標に正確かつ迅速に到達させる能力、そして攻撃過程で敵軍のミサイルに追跡されるか、あるいは撃墜される確率をいかに減らすかが、ますます重要になりつつある。

　同時に、ステルス機能を備えたミサイルの開発、飛行する核ミサイルの温度を下げること（温度が高い場合、敵の赤外線レーダーに発見されやすい）、発射時に発見・撃墜される確率を下げるために発射時の速度を可能な限り速くすること、音速の10倍で飛ぶ超音速核ミサイル（1時間以内に世界中どこでも到達可能）の開発なども重要課題になっている。

　2017年7月30日、中国の建軍90周年記念式で公開されたもの以外に、中国政府からの関連情報が提供されていない新型のミサイルがある。西側はこれが「東風31AG」核ミサイルであると推測している。航続距離1万キロ以上の長距離ミサイルでありながら自動軌道修正能力を備え、目標物に到達する時には複数の小型弾頭により攻撃可能な複数目標弾頭（MIRV）化された多弾頭ミサイルである。これは中国が保有する大陸間弾道ミサイル（ICBM）のなかで、米国を直接の脅威とする最も恐るべき核ミサイルとされている。潜水艦発射弾道ミサイル（SLBM）の性能と正確度を向上させることも重要である。つまり、秘匿性を確保した海洋を基盤とした核戦力を確保することが鍵である。

　同時に北京の山中地下にある指揮所と遠方の海洋を航行する原子力潜水艦との交信に必要な超長波（Very low frequency：VLF）と超低周波（Extremely low frequency：ELF）を利用した通信技術能力も、中国の核能力を評価する上で重要視されている。

（4）米国による中国核戦力の評価

　2017年末に公表された米国の『国家安全保障戦略（NSS）』は、中国およびロシアを米国の秩序に挑戦する「修正主義（revisionist）」勢力と規定し、イラン・北朝鮮などをならず者国家と見なした（White House 2017）。このような挑戦勢力に対応するために、核戦力を含む軍事力の現代化と強化、同盟国との協

力強化が強調されている。「力による平和」(Peace through Strength) を維持するという意志を明らかにしたのである。

2018年2月初めに公表された『核態勢の見直し (NPR)』は、『国家安全保障戦略』と同じ脈絡で「力による平和」に基づく核戦略を提示している (Department of Defense 2018)。すなわち、国際安全保障環境を「強大国間の競争の復帰」と規定し、米国の軍縮努力とは逆にロシア、中国、北朝鮮が核能力を増強・現代化していると強調した。

中国との関係も否定的な方向へと進むことが予想されるが、『国家安全保障戦略』と『核態勢の見直し』は実質的にいかなる対中国戦略を打ち出すかに関する具体的な戦略は提示していない。米中間の軍事的な対立が核戦争に拡大する可能性もあると記述するなど、中国に対する軍事的な圧迫を強調している。今後、中国が南シナ海において人工島の規模を拡大するなどの動きを見せれば、米国が強硬な政策を展開する可能性が存在する。

中国外交部の耿爽報道官は、米国の『核態勢の見直し』が「米国の核戦力を強化するために中国の核政策を歪曲した」とし、「中国はこれまでもこれからも、いかなる形であれ核兵器競争に参加せず、国家安保のために必要最低限の核戦力を維持する」といい、「中国の核政策はこれまでと変わらず、米国が中国の核政策を歪曲したのは自国の核武力の強化と拡大のための口実だ」とした (中華人民共和国外交部 2018)。

5　アジア太平洋地域の安全保障に与える含意

(1) 変化する中国の核戦略？

共同通信は2013年4月23日、中国の『国防白書』から「核先制不使用」政策が削除されたと報道した。中国は最初、1998年版から「核先制不使用」政策について記述し、平和発展路線を指向する中国の象徴だと唱えてきた。しかし、『国防白書』で中国は初めて先制不使用政策を記述しなかっただけでなく、核攻撃について「中国もミサイル・核兵器を使用して敵に反撃する」と強調した (京華時報 2012)。

偶然かも知れないが、これは新しい指導者習近平副主席が権力を握って最初に公刊した『国防白書』である。習近平が共産党総書記になって初めて訪問した部隊は核兵器を管掌する「第2砲兵部隊」であった。当時の演説で習近平は、中国が大国としての地位を維持するに当たり、核兵器が「戦略的な支持」を提供すると言明した（京华时报 2012）。しかし、中国が半世紀、使ってきた「核先制不使用」という表現には触れなかった。

　公式には「核先制不使用」を固守しているが、中国の核戦略が局地戦における勝利を目指して徐々に攻撃的な方向へと変わりつつあるのではないか、という疑問が海外の専門家の間では提起されている。2018年1月30日、香港の『サウスチャイナモーニングポスト（South China Morning Post）』紙は中国の『解放日報』が「米国からの脅威に対抗するためにも、中国はさらに多くの核兵器を保有しなければならない」という論評を引用した。『解放日報』は、中国がより多くの核兵器を保有することによって「大国としての中国の地位を維持し、中国の国益を守護」できると主張した。

　中国は、これからも核戦力を改善・開発し続け、また戦略核兵器の数を増やすことが予想される。近年、戦略ロケット軍を新設して独自の核戦力を保有することにした中国の政策は、単なる兵器体系の現代化を越え、核戦力の運営と戦略に新たなアプローチを試みていることを意味する。

（2）習近平の強軍夢

　習近平は、政権発足と同時に行った初の部隊視察に際して「中国の夢」は「強国の夢」であり、軍においてはすなわち「強軍の夢」であると力説した。「中華民族の偉大な復興」という「中国の夢」を実現するためには強い軍隊の建設が不可欠ということである。習近平は執権以後、何度もそれを強調し、時間が経つにつれてより具体的な内容を提示した。

　習近平が最も強調する核心的な要素は「戦って勝つことができる」軍隊の建設であり、これこそが「強軍の核心」とみている。2012年12月5日、習近平は、中国の戦略ミサイル部隊である第2砲兵部隊を視察し「第2砲兵は中国がもつ戦略的脅威の核心戦力であり、大国の地位を支える戦略の軸で、国の安全を守

る重要な礎である」と明言した。これは、中国の最高指導者が公の場で中国の戦略核戦力の地位と使命について論じた初めての事例である。

歴代指導者たちが触れてきた国防・軍隊建設思想との最も大きな違いは、実際に戦闘で勝利できる軍隊を建設しようとする意志がより著しく現れているところにある。前述したように、習近平は「戦って勝つことができる」強軍の建設を持続的に強調し、それが今後の習近平時代における国防・軍隊建設思想の核心であることを示している。

中国が大国として頭角を現すことを意味する「大国崛起(くっき)」が歴史的な現実になりつつあるにつれ、中国の「軍事崛起」も可視化している。現在の中国軍の戦力は以前より強力になっており、中国軍の自信も高まった。憲法を改正して長期政権の道を切り開いた第2次習近平政権において、中国はさらに外交攻勢を展開すると予測される。中国の核戦略においても、習近平という指導者の役割については持続的な観察が必要であろう。

【参考文献】
1. Chan, Minnie (2018) "China needs more nuclear warheads to deter US threat, military says." South China Morning Post. 30 January. http://www.scmp.com/news/china/diplomacy-defence/article/2131261/china-needs-more-nuclear-warheads-deter-us-threat, last visited, 22 November 2018.
2. U. S. Department of Defense (2018) 2018 Nuclear Posture Review. https://dod.defense.gov/News/SpecialReports/2018NuclearPostureReview.aspx, last visited, 22 November 2018.
3. White House (2017) National Security Strategy of the United States of America. December 17. https://www.whitehouse.gov/wp-content/uploads/2017/12/NSS-Final-12-18-2017-0905.pdf, last visited, 22 November 2018.
4. 鳳凰衛視 (2017) 皇牌大放送 东风浩荡：解放军火箭军成长纪. https://www.bilibili.com/video/av32915576, last visited, 22 November 2018.
5. 新华社 (2017) 坚决贯彻党中央决策部署，奋力实现强军梦中国梦——军地各级坚决拥护贯彻党中央关于调整武警部队领导指挥体制的决定. 12月28日. http://www.xinhuanet.com/2017-12/28/c_1122181106.htm, last visited, 22 November 2018.
6. 中华人民共和国外交部 (2018) 2018年2月5日外交部发言人耿爽主持例行记者会. 2月5日. http://www.fmprc.gov.cn/web/fyrbt_673021/jzhsl_673025/t1531947.shtml, last visited, 22 November 2018.
7. 京华时报 (2012) 习近平对二炮提出要求：建设强大战略导弹部队. 京华时报. 12月6日. http://mil.sohu.com/20121206/n359634166.shtml, last visited, 22 November 2018.
8. 新华社 (2017) 坚决贯彻党中央决策部署，奋力实现强军梦中国梦——军地各级坚决拥护贯彻党中央关于调整武警部队领导指挥体制的决定. 12月28日. http://www.xinhuanet.com/2017-12/28/c_1122181106.htm, last visited, 22 November 2018.
9. 中华人民共和国中央人民政府 (2013)《中国武装力量的多样化运用》白皮书（全文）. 4月16日.

http://www.gov.cn/jrzg/2013-04/16/content_2379013.htm, last visited, 22 November 2018.

10. 中华人民共和国国务院新闻办公室（2015）《中国的军事战略》白皮书（全文）. 5月26日. http://www.scio.gov.cn/zfbps/ndhf/2015/Document/1435161/1435161.htm, last visited, 22 November 2018.

11. 中华人民共和国国防部（2017）中国的亚太安全合作政策（全文）. 1月11日. http://www.mod.gov.cn/regulatory/2017-01/11/content_4769725.htm, last visited, 22 November 2018.

12. 中华人民共和国外交部（2018）2018年2月5日外交部发言人耿爽主持例行记者会. 2月5日. http://www.fmprc.gov.cn/web/fyrbt_673021/jzhsl_673025/t1531947.shtml, last visited, 22 November 2018.

13. 中华人民共和国外交部（2018）.《不扩散核武器条约》. 4月3日. https://www.fmprc.gov.cn/web/wjb_673085/zzjg_673183/jks_674633/zclc_674645/hwt_674651/t320976.shtml, last visited, 22 November 2018.

（訳　広島平和研究所）

第8章

インド・パキスタンの核の現状と課題

広島市立大学 広島平和研究所准教授
福井康人

1 はじめに

インドとパキスタンは第二次世界大戦後ほとんどの時代において、緊張を伴って対峙しており、最近では2017年夏ごろから長年にわたるカシミール地方での紛争が再燃している。両国はともに大英帝国が植民地として統治していた英領インド（British India）から独立した国家であり、それ故に両国を巡る対立には近親憎悪的な側面も見られる。このカシミール地方は、元来現在のインド、パキスタンおよび中国の国境地帯にまたがって存在していたもので、現在でも国境未画定地域を有するインド、パキスタンおよび隣接する中国の勢力均衡する地域でもある。更に南方には近年の中国のインド洋進出もあり、両国の北方正面および南方正面において、中国はインド・パキスタン関係を考える上で重要な要素となっている。

両国の対立はカシミール地方以外にも見られる。例えば第1回軍縮特別総会最終文書により「唯一の多数国間軍縮交渉機関」とされている軍縮会議（CD）では、インド・パキスタンの対立により兵器用核分裂性物質生産禁止条約（FMCT）の交渉開始すら合意できない状況が続いており、その陰には中国がパキスタンによる条約交渉開始のブロックを暗黙裏に支持している構造がある。このように南西アジアという一地域をめぐる地域紛争が巡り巡って、最終的に

は軍縮会議という全世界的な多数国間外交の場においても、20年以上にわたり軍縮会議が停滞する結果となっている。
　今日のインド、パキスタンの両国関係は、英領インドから独立し新たに台頭するグローバル・パワーとしてのインドと、同時に分離独立したがインドの後塵を拝する複雑な心情のパキスタンと捉えることが出来る。先ず、インドについて見ると2015年度時点で7.6％の経済成長を達成する急速な経済成長によりアジア第3位の経済規模の大国となり、非同盟諸国の中心国として国際社会で発言力を有する国としても急成長している。また、世界第2位の人口を誇り、分厚い中間所得層を擁する巨大な人口・市場としても注目され、シーレーン上もユーラシア大陸の中央に位置する国として地政学的にも重要な地位を占めている。近年主要国の首脳がニューデリー詣でを重ねる中、フランスではインドと戦略協定も含めてエマニュエル・マクロン大統領が署名したと報じられた。この背景には、中国に対する包囲網形成のためにフランスとの軍事協力を促進するインドの狙いがあるとみられる。なお、中国のインド洋進出の懸念もあり、同協定はインドはインド海軍の艦船がインド洋に点在するフランス海軍基地を利用できるようになるのみならず、フランス海軍の艦船がインドの海軍基地を補給処として利用できるという物品役務相互提供協定（ACSA）の性格も兼ね備えている。更に、インドを見る上で無視できないのは世界の主要都市に散らばるインド華僑の存在であり、彼らは旧英連邦コモンウエルスとの関係も相俟ってインドの国際化に貢献している。
　このようにインドは安定した内政運営と独立以来軍事クーデターも発生していない確立された民主主義の国として注目されている一方で、パキスタンについては2007年に発生した元首相の暗殺事件に象徴されるように権力国家のイメージが足かせとなっている。07年12月27日にズルフィカル・アリ・ブット元大統領の娘であるベナジル・ブット元首相が暗殺された。総選挙を目前にしていた時期に、ペルベズ・ムシャラフ大統領（当時）率いる軍政に不満を持つ国民らの間でブットの人気があり、米英の後押しで8年ぶりに亡命先から帰国し、ムシャラフとの連携を模索したものの決裂した。このため選挙で政権奪還を目指したものの、選挙運動中に暗殺されるなど政治的にも不安定であった。今日、

パキスタンは世界第6位の人口を有するイスラム教・民主主義国であるものの、経済改革、インフラ整備が同国の急務であるなど低成長からの脱却が課題となっている。また、アフガニスタン等の紛争国に隣接していることもあり、国際テロ対策の最重要国として地政学的な重要性により注目されているものの、長年にわたる軍事政権の歴史が同国の対外イメージに影を落としている側面は否めない。

2　核保有の現状

　インドの原子力開発の歴史は、1947年の独立以前の45年にムンバイにおいてタータ基礎研究所（TIFR）が設立された時点に遡ることができ、他の核兵器保有国よりも長い核開発の歴史を持っているとの自負心につながっている。このような背景を有するインドは、62年の中印戦争以来インドの北方正面の脅威となり続けている中国が64年10月に核実験に成功すると、当時のシャストリ政権は翌年「地下核爆発計画」を承認し、具体的な核兵器開発に着手した（福井 2009：38-66）。

　その後、インドは核拡散防止条約（NPT）が成立した陰で密かに核兵器開発を継続し、第1回目の核実験を74年5月18日に実施した。同実験はコード名「微笑む仏陀（Smiling Buddha）」と名づけられ、インドは「平和的核爆発」の目的で実施したと発表した。当時、すでに存在した部分的核実験禁止条約（PTBT）は地下核実験以外を禁じていたが、インドの実験は地下核実験で法的には禁止されていない同条約の「抜け穴」を突く行為であった。核実験に使用されたプルトニウムはカナダからの技術協力によりCIRUS炉で製造されたものであり、供与のベースとなったカナダ・インド原子力協力協定はカナダが供給した施設が平和的目的のみに利用されるとの条件で合意されただけで、原子力資材の厳格な管理規定が置かれていなかった。このため、この核実験が「平和的目的である」と主張することにより、同協定違反であるとの批判に反駁することが可能であった。こうした「2重の盲点」が、後の原子力供給国グループ（NSG）設立へと繋がる結果を導いた。

その後1998年3月に強硬な安全保障政策を取るバジパイ政権が成立する一方でパキスタンが弾道ミサイル発射実験を行うなどインド・パキスタン間の緊張が高まるなか、インドは同年5月11日および同13日に合計5個の核爆発装置による実験を実施した。同11日には、核分裂装置、低爆発力装置、熱核反応（水爆）装置を使用した3回の核実験が実施された。2回目となった同13日にはコンピューター模擬実験や未臨界実験実施に必要なデータ収集のために低出力核装置による2回の実験を実施したとされる。核実験場で実際に事前準備を行った工兵部隊は、夜間に作業を行い、掘削等に使用する重機は同じ場所に戻す、ケーブルは埋設し自然の植生に戻すなど監視衛星の察知を防ぐ措置を取ったため、米国等も事前に察知出来なかった。このためその後の核実験監視の教訓になるとともに、逆にその後核開発を試みた北朝鮮はこのような衛星監視対策を講じて核実験の準備をしてきた。

　他方で、パキスタンの核開発は、56年にパキスタン原子力委員会が設立されて開始されたが、インドの核武装への対抗が主たる動機となり今日に至っている。特に、第3次インド・パキスタン戦争に敗北を喫し、バングラデシュの独立で東パキスタンを失った上に、上述の74年のインドによる「平和的核爆発」と称する核実験の実施もあり、当時のブット大統領は核兵器開発の加速化を指示した。パキスタンの核開発に際しては、オランダのウレンコ社に勤務して核兵器関連技術を取得、北朝鮮等への不法技術移転も行ったアブドルカディル・カーン博士による「核の闇市場」問題も核不拡散の観点から重要な教訓をもたらした。その後、インドの核実験に対抗する形で、98年5月18日に5個の核爆発装置（4個のサブキロトン級および水爆）を使用して第1回の核実験を実施し、更に30日にも12キロトンの核爆発を実施した。なお、パキスタンはインドに対抗し得る信頼性のある最小限の抑止力が必要であるとして、これらの核実験を正当化する声明を発表している（Charkma 2008：39-56）。

　このようなインド、パキスタン両国の核不拡散上の問題点について見ると、核兵器に使用されるプルトニウムや高濃縮ウランが原子力の平和利用のみに使用されて核兵器等に転用されないよう保障措置が適用されることが不可欠だが、両国とも必ずしも「抜け穴」がないと言えない現状がある。まずインドの場合

はインド・国際原子力機関（IAEA）原子力協力協定（INFCIRC/754）がフルスコープの包括的保障措置ではなく INFCIRC/66/Rev.2をベースに作成された「インド特有（India-specific）」の協定であることである。同協定ではインドが指定した原子力施設のみが保障措置の対象で、未申告の施設での兵器用核分裂性物質の生産は不可能ではない。この協定では各国の懸念を払しょくするために追加議定書も INFCIRC/754/Add.6として IAEA との間で締結され、申告施設も追加されているものの、一部施設は適用除外が可能となっている。他方、パキスタンの場合も二国間で移転された核物質または原子力資機材のみを対象とした最低限の66協定レベルの保障措置しか適用されておらず、インドの74年の核実験の例に見るような「抜け穴」となりうるため、両国の核不拡散上の懸念を払しょくし切れない状況にある。

　パキスタンの核戦力がインドよりも大きいことについては、例えば米国情報機関筋のデータが基になっており、米国の対インド原子力協力政策を正当化するために意図的に過小評価したものであるとするもの、パキスタンが安全保障上の懸念から核戦力増強策を取った結果である等の見方がある。ただ、いずれも憶測の域を出ないのが現状であり、後述のストックホルム国際平和研究所（SIPRI）の推定値はあくまで、とりあえずのデータとして見る必要がある。もっとも、本年9月にストックホルムにて SIPRI でインド・パキスタン専門家と意見交換を行う機会があったが、両国ともさらに核弾頭を製造するだけの兵器用核分裂性物質を既に保有しているものの、最小限の抑止力をする観点から「政策的に」現有の核兵器保有数に限定しており、実際にはさらに多くの核弾頭を製造可能としていた。このため、今後とも両国および主要国のインテリジェンス機関が公表するデータ等を注意深く見守る必要があるだろう。

3　軍拡・軍縮の動向

　両国の軍事費についても SIPRI によれば、ドルベースに換算した場合、インドの2017年軍事費は639億2400万ドル、他方パキスタンは107億7400万ドルとなっており（パキスタンの軍事費については軍人年金予算を含まないとしているも

のの、詳細は不明)、インドはパキスタンのほぼ6倍の軍事費支出を記録している。特にインドはドルベース換算で03年から17年にかけて5.47倍の伸びであり、軍事費は確実に増加していることが窺える（SIPRI 2017)。

これらの詳細な内訳は示されていないが、上記データだけでもインドの軍事費はパキスタンを圧倒的に凌駕しており、上述の核戦力評価との関連も明らかにされていないのが実情である。また、軍事費支出についてルーマニアおよびドイツが主導国となり隔年で国連総会に提出される第一委員会決議に基づき提出が求められる軍事費支出データも、インドのみが応じており（陸軍114,571.09百万ルピー、海軍35,948.53百万ルピー、空軍52,537.48百万ルピー、その他15,648.21百万ルピー、総計218,705.31百万ルピーとして国連総会決議に基づき申告)、武器貿易条約については両国とも未締結であり両国ともデータ申告さえもなされていない。

また、兵力については、ミリタリーバランスは2015年段階でインドが陸軍115万人、海軍5.8万人、空軍13万人の合計133.8万人、パキスタンが陸軍55万人、海軍2万3800人、空軍7万人の合計64万3800人とされていることから、インド軍の兵力は2倍程度であることが分かる。もっともパラミリタリーと見なされる警察、海上保安職員等のデータが不明であるが、上述の予算・兵員の規模からインドの優勢は明らかであり、パキスタンがこれまで特に通常兵器関連の軍縮フォーラムで神経質な行動を取るのも理解しうるものである。今日の軍事作戦においてミサイルは戦略上重要な位置を占める中、インド、パキスタンの両国ともミサイル実験についてはNOTAMと言った航空運行情報による通報は行っているものの、ミサイル戦力の詳細については公表してないなど更なる透明化措置が必要とされている。

特に大量破壊兵器の運搬手段として使用されるミサイルとしては、インドの配備済み大陸間弾道ミサイル（ICBM)としてアグニV型ミサイルが挙げられる。同ミサイルはこれまでのアグニ型ミサイルと異なりキャニスタ型であるため潜水艦からの発射が可能であるとともにまた核弾頭も搭載可能である。その射程は5000キロを優に超えることから仮想敵国である中国の首都北京も射程内であるものの、米国本土に到達するミサイルはインドの有するミサイル技術を

もってすれば開発は不可能ではないと言われているが、対米関係を考慮して意図的に開発を自制している。他方で、パキスタンの代表的なミサイルはシャヒーン1A（ハトフ4）である。同ミサイルは射程750キロの短距離弾道ミサイルのシャヒーン1改良型の中距離弾道ミサイルであり、射程は2500〜3000キロと見なされており、インドに対抗してインドの国内の軍事目標を射程に収めている。

　ちなみに潜水艦については、パキスタンはフランスから調達したアゴスタ級等の通常潜水艦しか保有していないものの、17年に入ってから潜水艦から発射可能なミサイル実験に成功するなど海軍力の強化を進めている。同ミサイルはバブール3型潜水艦発射型巡航ミサイルであり、射程は推定450キロと短いものの核弾頭搭載可能とされており、インドを牽制することが主要目的である。他方で、インドは既に11年の段階で原子力潜水艦アリハントを建造した上で16年から就役させており、既に2番艦も試験運転中であるうえに、ロシアからアクラⅡ級原潜をリース調達しており、現在、原子力潜水艦を保有するのはNPT上の核兵器国以外ではインドのみとなっている。

　では、以上のような戦力を有するインドおよびパキスタンの軍縮条約の締結現状はどのようになっているであろうか。まず、核兵器関連では両国ともNPT、包括的核実験禁止条約（CTBT）および17年に新たに合意された核兵器禁止条約は未締結であるが、パキスタンはCTBT機関・準備委員会にオブザーバー参加している。また、通常兵器については、特定通常兵器使用禁止制限条約は両国とも締結済みである一方、冷戦終結後に作成された対人地雷禁止条約、クラスター弾条約および武器貿易条約は未締結である。このように見ると、核兵器関連条約については両国ともに頑なに拒んでいるだけでなく、両国間の長年の係争案件であるのみならず実際に幾度も紛争の発生しているカシミール問題で不利益を被らないよう、戦闘に使用される可能性が高い通常兵器関連条約についても未締結のものがほとんどである。なお、BC（生物・化学）兵器については生物兵器禁止条約および化学兵器禁止条約の双方を締結している。

4　近年の安全保障政策の展開

　冒頭に述べたように、従来からインド、パキスタン両国には埋めがたい相互不信の溝がある。特にパキスタンにとっては、インドの核武装により同国の安全保障上の脅威が増した上に、後述の輸出管理レジームへのインドの加入が比較的順調に認められているのを目の当たりにして、「インドのみが国際社会から厚遇されるのか」との強い反駁の思いがある。そのような両国の政策当局者の心理的状況を推察しつつ、両国を取り巻く国際安全保障環境を踏まえ、インド、パキスタンの国家安全保障政策を見る必要がある。

　まず、インドが公表した安全保障政策を示す事例として2004年にシン政権が公表した「国家共通最小計画」が挙げられる。同計画では軍装備の近代化に向けた努力と信頼しうる核兵器計画の維持および、近隣核保有国との間で実施可能かつ検証可能な信頼醸成措置を発展させることへのコミットメント、世界的な核軍縮を推進し、核兵器のない世界に向けて主導的役割を果たすことが言及されている。その後、14年の総選挙の際も、インド人民党（BJP）が10年経過した核ドクトリンの見直しを選挙綱領に明記したほか、パキスタンが対インド攻撃用の戦術核を取得したことを理由に改めて見直しの必要性が唱えられた経緯がある。このような見解に対し、「インドの核ドクトリンは戦略核・戦術核の双方に耐えうるものである」として実際の変更には至らず、その骨格は概ね一貫していると言える。

　他方で、パキスタンの安全保障政策を体現する声明の例としては、1998年5月の核実験後に発表したものがある。同声明は「インドに対抗し得る信頼性のある最小限の抑止力が必要である」として、自国の核実験を正当化する内容となっている。さらにその後、パキスタン軍関係者が、①パキスタンの政策は信頼性のある最小限の抑止力となる、②インドとの戦略兵器軍拡競争に巻き込まれない、③非差別的な国際軍備管理への支持、④核政策は責任ありかつ制限の効いたものとするべき、⑤FMCT交渉には参加する、⑥核実験は実施しない、⑦核関連技術の輸出管理体制を強化するとの7点を例示している（Salik 1998：1-5）。

しかしながら、国連など国際場裏でのパキスタンの動きを観察していると、FMCT に関連した、近年の国連総会第一委員会決議に基づく政府専門家会合のみならず、ハイレベルパネル会合や軍縮会議においても、同条約交渉のためのアドホック委員会の設置を含む作業計画の採択には一貫して反対している。核開発分野でインドに遅れを取っているため、核分裂性物質の生産禁止措置をパキスタンが強く懸念していることが、その背景に窺える。このため、度重なるカシミール紛争や逆に両国関係の緊張緩和等があっても、上記の安全保障政策はほぼ維持されてきた。両国間の信頼醸成措置の必要性に異を唱える者は少ないが、このように南西アジアという特定地域の緊張状態が軍縮会議等の多国間軍縮にも深刻な影響を与え続けている。

5　おわりに

　以上、インド、パキスタンの核の現状と課題を明らかにするために、両国の政治状況、核開発の歴史、軍拡・軍縮の状況、近年の安全保障政策の展開を中心に見てきたが、核・軍縮の課題を明らかにするため、最後に核・軍縮関連の輸出管理レジームへの参加状況を概観してみたい。これらの輸出管理レジームは条約に基づいておらず、賛同する参加国がいわば紳士協定のような法的拘束力を有さないソフト・ロー文書に則り運営される国際協力の枠組みであり、参加のためには一定の義務を果たす遵守義務などの要件を満たす必要がある。対外的印象の好転を狙うインドは近年、こうした輸出管理レジームに参加する加入努力を必死に行っており、それをパキスタンが後追いする状況にある。

　インドの輸出管理レジームへの加入状況を見ると、まずミサイル技術統制レジーム（MTCR）に2016年6月に加入し、更に通常兵器の輸出管理レジームであるワッセナー・アレンジメントに17年12月に加入した。さらに、BC 兵器関連の輸出管理レジームであるオーストラリア・グループ（AG）には18年1月に加入したが、インドの悲願であった原子力関連資材の輸出管理レジームである NSG への加入については中国が16年6月総会の際に加入を拒否したため実現していない。このため、今後の NSG 総会においても NPT 非締約国である

インドがメンバーになることの是非について引き続き議論となる可能性が高く、その動向を注視する必要がある。

その一方で、パキスタンはこのような一連の輸出管理レジームに未加入であり、最後の関門である NSG を残すインドと、これらの輸出管理レジームに加入できていないパキスタンとの差は大きく広がっており、常にインドの存在を意識して国際場裏で行動するパキスタンの扱いをどうするかといった問題がある。もっともインドの NSG 加入を中国がブロックし続ける背景には、インドが「平和的核爆発」と称して核実験を行った前科があることに加え、NPT 非締約国の加入を認めるべきではないという核不拡散政策上の考慮に加え、中国を北方の仮想敵国とみなすインドへの戦略的な牽制、親中国であるパキスタンへの対抗といった要素がある。

さらに、NSG は意思決定がコンセンサス方式で行われるため、インドが NSG 加入を果たすためには中国のみならず残りのメンバー国の同意を取り付ける必要がある。だが現実には、例えばシリア問題やロシアによる英国での化学剤使用事件などで英国・米国・ロシア間でも政策協調が困難であり、中国以外の不確定要因も排除しえない。将来的には、パキスタンもこれらの輸出管理レジームに取り込みながら、インドと合わせて NPT 等に加入させるのか、包括的な戦略を検討する必要あるが、その実現は容易ではない。

ちなみに NPT プロセスにおいて地域問題は、核軍縮、不拡散、原子力の平和的利用の三つのうち、不拡散の一部で扱われるべき課題だが、近年はイラン、北朝鮮、中東問題に時間が割かれることが多く、南西アジア問題は相対的に比重が低くなりつつある。このため NPT プロセスなど条約の意思決定機関での議論よりも、こうした輸出管理レジームにおいて正確に不拡散義務等の履行状況が監視された上で評価されることが重要である。特に先般、日本はインドとの原子力協定を締結したことで、世界でも北海道・室蘭の日本製鋼所でしか製造できない大型出力原子炉圧力容器について、日本からの直接の輸出のみならず、既にインドとの原子力協定を締結済みの米国やフランスを経由してのインドへの納入が可能となった。こうしたインドとの原子力協力が核兵器開発に絶対に繋がらないように注意深く見守る必要がある。

2018年はインド、パキスタンが相次いで核実験を強行してから20周年になる。当時は歴史的な合意が達成とされたCTBTの採択・署名開放から間もない時期であったこともあり、両国の核実験は国際的にも安保理決議、G7外相会合等において強く非難された。しかしながら、01年に発生した9.11米同時多発テロ事件の影響で国際社会はテロ対策の観点からインド、パキスタンに対する従来政策を見直さざるを得なくなり、経済制裁解除を経て両国をいかにして世界的な核・軍縮・不拡散体制に散り込んでいくか、政策課題の重心がシフトしてきた。こうした中でSIPRIが2018年6月18日に公表した世界の核戦力ではインド、パキスタンおよび中国の3カ国の保有核弾頭数のみが10発ずつ増加しており、アジアの核軍拡が目立つ状況にある。このためインド、パキスタン両国が特にNSGといった輸出管理レジームに加入しようとする機会を捉えて、核・軍縮条約を遵守することを強く求め、核軍縮・不拡散体制に取り込むことが極めて重要である。

【参考文献】
1. 外務省南西アジア課作成資料（2018）「最近のインド情勢とインド関係」、「最近のパキスタン情勢と日パキスタン関係」
2. 福井康人（2009）「米印合意の功罪」『外務省調査月報』2009年4号、38-66頁
3. Chakma, Bhumitra（2008）*Pakistan's Nuclear Weapons*（Routledge Security in Asia Pacific）, London: Routledge.
4. Kerr, Paul K.（2009）U. S. Nuclear Cooperation with India, Congressional Research Service
5. L'Inde compte sur l'aide de Macron pour contenir la Chine, Le monde, edition electronique, 9 mars 2018, http://www.lemonde.fr/asie-pacifique/article/2018/03/09/l-inde-compte-sur-l-aide-de-macron-pour-contenir-la-chine_5268147_3216.html, last visit, 4 May 2018.
6. IAEA Doc. INFCIRC/754, 29 May 2009, pp. 1-22.
7. Perkovich, George（1999）*India's Nuclear Bomb, The impact on Global Proliferation Updated Edition with a New Afterword*, Oakland :University of California Press.
8. Rosar, Baskar（2006）Le deuxième âge nucléaire indien. Portée et limites de la diplomatie nucléaire d'une puissance pivotale, AFRI 2006, volume VII. pp. 264-284.
9. Brigadier General (Ret) Salik, Naeem, *The Evolution of Pakistan's Nuclear Doctrine*, Naval post graduate school.
10. *SIPRI Yearbook 2018*: Armaments, Disarmament and International Security, p. 236.
11. SIPRI Military Expenditure Database, Data for all countries from 1988-2017 in constant (2016) USD.
12. news24-web 国際・防衛ニュース「インド海軍、アリハント級原子力潜水艦、2番艦進水か」https://news24-web.com/india-nu-submarine2/, last visit, 4 May 2018.
13. WhatsApp warriors on the new frontline of Kashmir's conflict, *The Guardian*, 8 July 2017, https://www.theguardian.com/world/2017/jul/08/kashmir-whatsapp-warriors-frontline-conflict-india, last visit, 4 May 2018.

第9章

中東の核の現状と課題

共同通信社テヘラン支局長 　　共同通信社原子力報道室次長
小玉原一郎　　　　岡田隆司

1　はじめに

　本稿では、中東の核兵器開発の現状を歴史的経緯も踏まえながら論じていきたい。サダム・フセイン政権下のイラクや、2000年代に北朝鮮との原子力協力疑惑が浮上したシリアもかつては核開発が疑われたが、本稿の主要なターゲットは、事実上の核兵器保有国と国際社会がみなしているイスラエル、そしてウラン濃縮の技術開発を進めてきたイランである。

　両者は近年、互いに対し抜き難い不信感と敵愾心を抱いており、核能力に執着する姿勢の根底にもそうした地政学上の戦略的要因がある。米国のトランプ政権は18年、イランと欧米など6カ国が結んだ核合意（JCPOA＝包括的共同作業計画）からの離脱を表明した。JCPOAはイランのウラン濃縮活動を大幅に制限する内容だっただけに、仮にこの合意が完全崩壊すれば、中東全域の戦略的安定にも重大な影響を与える恐れがある。

2　イスラエルの核

（1）概要

　イスラエルは国際的に広く核兵器保有国と信じられているが、核兵器を持っ

ているかどうかは明言せず、「曖昧で不透明な政策」を続けている。スウェーデンのストックホルム国際平和研究所（SIPRI）によると、イスラエルは推定約80発の核兵器を保有する。うち30発ほどは航空機で運搬するタイプ、残り50発ほどが弾道ミサイルで運搬するタイプである。潜水艦に海洋発射巡航ミサイルを装備しているとの指摘もあるが、イスラエル側は否定している。

　イスラエルは1960年代に核爆弾を獲得したと考えられている。86年には南部ディモナ原子力センターで勤務していたモルデハイ・バヌヌが、英紙『サンデー・タイムズ』に核兵器製造の実態を暴露。バヌヌはその後、イスラエル対外特務機関モサドに拘束された。この対応からも、イスラエルにとって治安上極めて機密性の高い重要情報だったことがうかがえる。イスラエルが核保有に至った背景には、地理的、歴史的な要因があったとみられる。必要な技術の獲得に当たっては、フランスが大きな役割を果たした。当初は原子炉開発を秘密裏に進めた。事実上の核兵器保有国とみなされた後も、「肯定も否定もしない」独自の政策を堅持している。

　一方でイスラエルは、中東における他国の核開発を容認しない姿勢を鮮明にしてきた。81年には、完成したばかりのイラクのオシラク原子炉を空爆、2007年にはシリア東部デリゾール近郊で建設中の原子炉とみられる施設を攻撃した。イスラエルは18年になってようやくシリアへの攻撃を認めたが、これは敵対するイランに対し、核開発を阻止するためには、武力行使に踏み切ることも辞さない姿勢を改めて鮮明にする狙いがあったとみられる。

（2）建国と決断

　現在のイスラエルは、一方的に併合を宣言した東エルサレムやゴラン高原を含む２万2072平方キロを治めている。さらにヨルダン川西岸を占領しており、南北に長く、東西に狭い国家だ。西方には地中海を臨み、北方から時計回りにレバノン、シリア、ヨルダン、エジプトに囲まれており、1948年の「ユダヤ人国家」建国以来、周囲の「アラブ人国家」と緊張関係にあった。79年にエジプトと、94年にはヨルダンとそれぞれ平和条約を締結したが、現在もレバノンやシリアとは国交がない。数年おきに戦闘を繰り返しているイスラム組織ハマス

が実効支配するパレスチナ自治区ガザとも境界を接する。

　「中東最強の軍事力」を誇るイスラエルだが、建国当初は敵国に囲まれた小国だった。48年5月14日の建国宣言の翌15日には、アラブ諸国が攻め込み第1次中東戦争が起きた。この際、イスラエルは圧勝したが、その後も脆弱な安全保障環境はさほど変わらない。国土の狭いイスラエルにとって、周辺アラブ諸国から一斉に攻め込まれることは、国家の破綻に直結しかねないからだ。建国当時は、ユダヤ人ら約600万人が犠牲になった第二次世界大戦中のナチス・ドイツによるホロコースト（ユダヤ人大量虐殺）の直後であり、こうした悲劇的な歴史が、イスラエルを周辺国からの脅威に一層敏感にさせた。初代首相も務めたダビド・ベングリオンは、国家を守るために二つの可能性を探った。一つは西側諸国との連携で、もう一つは核兵器開発。ベングリオンは米国と安全保障条約を結んで「核の傘」に入る努力も重ねたが、うまくいかず、わが身を守るのは自分だけとの考えに傾倒、ホロコーストを繰り返させないために、治安面で絶対に負けない軍事態勢づくりにまい進するようになった。

　56年には第2次中東戦争が勃発した。スエズ戦争とも呼ばれ、エジプトのガマール・アブドゥル・ナセル大統領がスエズ運河の国有化を発表したことが引き金となった。ナセルの決定に反発した英国とフランスは軍事作戦を計画し、フランスはイスラエルに軍事作戦への参加を呼び掛けた。これに対しイスラエルは、パリ郊外サクレーに建設された原子炉と同等の小規模の研究炉を供与するよう求めた。両国はイスラエルの軍事作戦への参加とフランスからの研究炉の供与で合意し、イスラエル軍はエジプト軍を圧倒、シナイ半島全域を占領した。この戦争には英国とフランスも参戦したが、米国など国際社会はこれを非難し、ソ連も強く警告した。

　こうした状況を受け、イスラエルはフランスと対応を協議、フランスはイスラエルに撤退を求めた。これに対しイスラエルは、シナイ半島からの撤退の見返りとして核開発への支援を要求、協議の中でフランス南部マルクールに建設中の大規模なプルトニウム生産炉と同等の施設と再処理施設を求めた。そして両国は最終的に57年10月3日、プルトニウム生産炉と再処理施設の建設計画についての文書を交わすに至った。

第9章　中東の核の現状と課題

イスラエルは南部ベエルシェバに近いディモナを大型原子炉の建設用地に選定、その作業の中心となったのがベングリオンの右腕、シモン・ペレスだった。後に首相や大統領を歴任し、93年のパレスチナ暫定自治宣言（オスロ合意）調印を実現させ94年ノーベル平和賞を受賞した人物だ。ディ

エルサレムの大統領府で、インタビューに答えるイスラエルのシモン・ペレス大統領＝2008年12月25日（共同）

モナでの核施設建設は58年に始まり、数千トンの機械などとともに数百人の技術者らがフランスから到着、ネゲブ砂漠にフランス人街が生まれた。フランスの全面支援を受けて建設された原子炉は63年半ばに稼働開始したとみられている。

（3）第3次中東戦争と核保有

　イスエラルが核爆発能力を獲得した時期について、イスラエルの核問題に詳しいアブナー・コーエンは著書 *Israel and the Bomb* で、1966年末までに最初の爆発装置の全ての部品の開発と実験をほぼ終えたとの見解を示している。その根拠としているのは、当時の兵器開発庁（RAFAEL）長官の次の発言だ。「66年11月2日、特別重要な実験が行われた。RAFAELが取り組む兵器システムの開発と生産が最終段階に達することを意味するものだ。実験は完全に成功した。RAFAELで開発したシステムが適切だと証明された。長年期待してきた成果だった」（Cohen 1998：232）。

　66年ごろには、イスラエルで核使用の「レッドライン」を巡る議論も行われた。国の存亡に関わる脅威で、核兵器で国家防衛に当たる必要があると考えられたのは①49年時の国境線内の人口密集地にまでアラブ諸国が軍事侵入②空軍

119

の壊滅③都市が大規模な空爆、化学・生物兵器攻撃を受ける④イスラエル領土への核攻撃―の四つのケースだった（Cohen 1998：237）。

67年5月、エジプトがアカバ湾のティラン海峡封鎖を宣言すると、イスラエル軍は6月、エジプトを空爆し第3次中東戦争（6日戦争）が勃発した。コーエンは「6日戦争の少し前にはイスラエルは核能力を保有していたが、核爆弾は持っていなかった。しかし緊迫した混乱の日々の中、核能力は急遽、運用可能になった。信頼できる報告によれば、イスラエルは6日戦争の前に2個の運搬可能な核爆発装置（two deliverable nuclear explosive devices）をつくった」と指摘している（Cohen 1998：274）。

第3次中東戦争はイスラエルの圧勝に終わり、核兵器の使用を真剣に検討するような事態には至らなかった。なおイスラエルはこの戦争でエジプトからシナイ半島とガザ地区、ヨルダンから東エルサレムとヨルダン川西岸、シリアからゴラン高原を占領し、東エルサレムを直ちに併合した。

（4）核査察と曖昧政策

米国では1961年、同盟国の核保有に比較的寛容だった共和党のアイゼンハワー政権が核不拡散を重視する民主党のケネディ政権に交代した。ジョン・F・ケネディは歴代米大統領の中でも、核拡散問題をとりわけ深刻視した大統領の一人だ。米国では政権移行前の60年12月にはイスラエルが核開発を進めているのではないかとの疑念が高まった。

62年10月、ケネディは、キューバでソ連の進めるミサイル基地の撤去を求めてキューバを海上封鎖、核戦争を招来しかねない危機に陥った。核の脅威を強く再認識したケネディは63年、ソ連と英国との間で、地下以外での核実験を禁止する「部分的核実験禁止条約」に調印した。さらに、米国の影響力が及ぶ国から新たな核保有国を出すことを避けたいケネディは63年4月、ワシントンを訪問したペレスと会談した。会談の席上、ペレスは「われわれは中東に核兵器を導入（introduce）しない」と説明した（ハーシュ 1992：145、Cohen 1998：119）。ケネディはまた、63年5～6月にイスラエル首相のベングリオンに親書を送り、年2回のディモナへの査察を求めた。ベングリオンは6月に辞任する

が、後任のレビ・エシュコルは米国の要請を受け入れる姿勢を示した。ただケネディは63年11月に暗殺されたため、査察はジョンソン政権に引き継がれることになった。

ディモナへの査察は64年から69年まで行われたが、イスラエル側は米国の査察をごまかしたようだ。イスラエルの核開発を調査報道によって掘り起こしたセイモア・ハーシュは著作の中で「ディモナにまがいものの制御室を作る」「再処理施設はないし、建設することもできないと査察団に思わせるのが目的であった」と指摘している（ハーシュ 1992）。米国が送り込んだ査察団は結局、何も発見できないまま帰国することを繰り返し、イスラエルの核開発が白日の下に出されることはなかった。

68年、米ソ英仏中の5カ国だけに核保有を認める核拡散防止条約（NPT）が制定された。これはジョンソン政権にとって大きな外交上の成果であり、米国はイスラエルにもNPT加盟を求めた。こうした中で68年11月、米国防省次官補（国際安全保障担当）とイスラエルのイツハク・ラビン駐米大使が「中東に初めて核兵器を導入する国にはならない」という言葉の解釈について協議したが、ラビンは、イスラエルが核実験をしない限り導入したことにはならない、という趣旨の説明に徹した（Cohen 1998：316-318）。

イスラエルが核保有について不透明で曖昧な立場を取り続けた背景には、中東での核開発競争を避けたいとの考えがあるとみられる。保有が明らかになれば、アラブ諸国が核開発に突き進む恐れがあるとの判断からだ。また米国が核不拡散に取り組む中、米イスラエル関係を政治的に複雑化させたくないとの考えもあったとみられる。イスラエルは周辺アラブ諸国と比べ通常兵器でも高い戦闘能力を持つ。核保有を明言しないことは、米国から通常兵器や最新軍事技術を入手する際にも、イスラエルに有利に働いているとみられる。

（5）見えない安定

1969年1月、米国でニクソン共和党政権が誕生する一方、イスラエルでは同じ年の2月にエシュコルが死去した。後任のゴルダ・メイアは9月に訪米しリチャード・ニクソンと会談した。詳細は不明だが、メイアは米国に「ディモナ

の真実」を伝えるべきだとの考えを持っており、米国に核開発について説明した可能性がある。

　73年10月6日、ユダヤ教で最も神聖とされる贖罪の日「ヨムキプール」に、エジプト軍とシリア軍がイスラエルを奇襲攻撃し、第4次中東戦争が始まった。8日にはメイアら首脳が集まり、①崩壊を続ける軍を再結集して大規模反撃を組織②核兵器を装備し照準を定める③米国に核攻撃の意図を伝え、核攻撃による被害を避けたいのであれば兵器と弾薬の補給のためにすぐに緊急空輸を開始するように要求する―の3点について決定した。73年時点で、ディモナで製造した核弾頭は20発以上だったとされ、当初の攻撃目標はカイロ近郊のエジプト軍司令部やダマスカス近郊のシリア軍司令部などだった（ハーシュ 1992：272-273）。

　駐米イスラエル大使がヘンリー・キッシンジャー国務長官に、戦車と戦闘機の緊急援助がなければ核兵器を使用するとの意向を伝えると、ソ連もイスラエルの核攻撃準備の情報をエジプト政府に伝えた。キッシンジャーはイスラエルへの軍事援助を主張し、米国から武器供与を受けたイスラエルは反撃に成功、10月14日に核攻撃態勢は解除された（北野 2016：65-66）。

　イスラエルが核開発を目指した一義的な理由は国家の存続にあり、ユダヤ人の生存権が脅かされるような大規模な戦闘に巻き込まれないようにする抑止力の構築に主眼があった。イスラエルにとって核兵器は本来、安定した治安の確保に資するはずだが、事実上の核保有国となった後も、第4次中東戦争を避けられなかったし、91年の湾岸戦争ではイラクのフセイン政権からミサイルを撃ち込まれた。そのことは、核保有によって必ずしも抑止力が担保されなかったことを示唆する。またガザを実効支配するハマスとの戦闘や、占領地やイスラエル国内におけるパレスチナ人の蜂起に対しても核は解決策となっておらず、安定した社会の確立には至っていない。

3　イランの核開発計画と核合意

（1）核開発の源流

　政情が安定せずに紛争の危機に常にさらされている中東で、唯一の核保有国とされているイスラエルに対抗して核兵器を持つ国が現れる可能性はあるのか。この問いに答える鍵は、人口8千万人を抱える地域大国、イランの動向に懸かっている。

　イランが核開発に乗り出した歴史をひもとくと、原子力を巡る米国の世界戦略にたどり着く。ドワイト・アイゼンハワー米大統領は1953年12月8日、国連総会での演説で、「平和のための原子力（アトムズ・フォー・ピース）」構想を提唱した。広島と長崎に投下された原爆の開発に用いられた原子力エネルギーを発電や医療といった非軍事・商業分野で活用することを目的に、米国は①濃縮ウランの貸与②研究炉の輸出③科学者の研修受け入れ—などを柱とした新たな原子力政策を打ち出した。脱イスラム化を進めた親米のパーレビ国王の統治下にあったイランもその対象国の一つになった。米国がイランの核開発にお墨付きを与えたことで、イランは58年に国際原子力機関（IAEA）に加盟した。

　パーレビ国王は63年、近代化と本格的な脱イスラム化の推進を狙った「白色革命」に着手した。米国が提供したイラン初の原子炉（5メガワット）は67年、初臨界に達した。この原子炉は首都にあるテヘラン大学のキャンパス内にあり、燃料も米国が提供していた。核兵器の製造にも適した濃度90％超の高濃縮ウランが使われていたとされる。

　イランは70年、NPTに加入した。パーレビ国王は74年、「今後20年間で、23基の原子力発電所を建設し、核燃料サイクルの開発を目指す」との方針を表明し、原子力エネルギーを積極的に活用する方針を鮮明にした。また70年代には米国、西ドイツ、フランスと相次いで原子力協定を締結した。

　原発推進の流れをいったん断ち切ったのが79年のイラン革命だった。パーレビ王制が打倒され、イスラム教シーア派の指導者ホメイニ師が亡命先のフランスから帰国し、宗教指導者を権力の頂点とするイラン独自のイスラム共和国体制が誕生した。ホメイニ体制は西洋文明を「害毒」と位置付けて徹底的な排除

を図り、原子力の活用についても当初は「西洋に押し付けられた割高な代物」として等閑に付していた。

　しかし、80年に開戦し約8年の長期に及んだイラン・イラク戦争において、イランは深刻な電力不足に苦しんだ。この苦い経験から、イランは原子力を活用する方向へ徐々にかじを切っていった。そして80年後半には、パキスタンの科学者、アブドルカディル・カーン博士の「核の闇市場」を通じて、ウラン濃縮のための遠心分離技術を獲得していったとみられる。

　89年に建国の父であるホメイニ師が死去すると、ハメネイ師が最高指導者の地位を継いだ。ハメネイ体制はホメイニ体制の路線を踏襲して、ひそかに核開発を進めた。2010年の米国防総省の報告書によると、イランは当時、核兵器製造の可能性も視野に入れていた。それは、中東情勢が安定しない中、イスラム体制の護持というイランの最優先目標を達成するため、周辺国からの攻撃を未然に阻止する核抑止戦略の一環とみられていた。さらにイランは8年間の戦火を交えた隣国イラクや、建国以来の長年のライバルであるスンニ派の大国サウジアラビアなどのペルシャ湾岸諸国と比較して、軍事予算が限られており、通常戦力も見劣りしているとされる。そのため核兵器保有で通常戦力面での軍事的劣勢を一気に挽回して、中東地域での影響力を堅持するため、核オプションを一時模索したと指摘されている。

（2）暴露、強硬路線へ

　秘密裏に進んでいた核開発計画が白日の下にさらされたのは2002年8月だった。在米の反体制派「イラン国民抵抗評議会」が18年間にわたって進められてきた核開発計画を記者会見で暴露し、世界の目が一斉にイランに注がれることになった。中部のナタンズ、アラクで核関連施設を建造していたことが判明し、IAEAに未申告のまま極秘で核開発を進めていたことが明らかになったからだ。

　衝撃を受けた欧米諸国はイランにウラン濃縮を断念させるため圧力をかけることで一致結束した。欧米の意を受けたIAEA理事会も03年9月の決議で、イランに対してウラン濃縮の凍結とIAEA査察の受け入れを要求した。これに対しイランは同10月、IAEAの要求に応じることで欧州側といったんは合意

した。

　しかし、05年の大統領選挙で反米強硬路線の旗印を掲げるマフムード・アハマディネジャドが勝利すると、風向きは一気に変わった。アハマディネジャド大統領が06年2月、ウラン濃縮活動を再開すると、国連安全保障理事会は同12月、イランにウラン濃縮の全面停止を義務付け、核関連物質のイランへの移転を禁じる制裁決議を採択した。そして07年3月には2度目、08年3月には3度目の制裁決議を可決、イランに対する圧力を次第に強めていった。

　そうした中、米国、英国、フランスの3カ国首脳は09年9月25日、イランが中部フォルドゥで極秘裏に2カ所目のウラン濃縮施設を建造していると発表した。イランはこれに先立つ同21日にIAEAに施設の存在を通知していたが、これは、米情報当局に秘密施設の存在を探知されたことをイラン側が察知し、米側に暴露される前にIAEAに形式的に連絡した結果と考えられている。

　その後、10年2月にイランは濃縮度を約20％にまで高めた濃縮ウランの製造に着手、13年11月までに41キロ余りを製造し、フォルドゥの遠心分離機も2976台まで増大した。こうした濃縮活動の再開と進展を受け、安保理は10年6月、4度目の制裁決議を可決した。またバラク・オバマ米大統領は11年12月、イラン産原油の輸入国の金融機関に独自制裁を科す法案に署名した。欧州連合（EU）は12年1月、既存契約も含むイラン産原油の輸入の完全禁止を決め、7月から実施した。

　事態が緊迫の一途をたどる中、13年に転機が訪れる。イラン大統領選で穏健派のハサン・ロウハニが当選し、核問題の解決へ向けて欧米との間で外交交渉に乗り出したからだ。そして11月には、米国、英国、フランス、ドイツ、ロシア、中国の6カ国との間で、6カ月間にわたる「第1段階の措置（共同行動計画）」として、ウラン濃縮活動を制限し、その見返りに欧米側が経済制裁の一部を緩和することで合意した。イランは14年1月に合意履行を開始、濃縮度約20％の濃縮ウランを核兵器製造に使えない形に加工する作業を開始すると、米国とEUは制裁を緩和した。

(3) イラン核合意（JCPOA）

　2015年4月、米英仏露独中の6カ国とイランは核問題解決に向けた政治的な枠組みに合意、7月にはウィーンで最終合意に至り、JCPOA（包括的共同作業計画）が10月に発効した。

　イラン核合意の眼目は何か。まずイランは核関連活動を制限し、一定の条件下でIAEAの監視を受け入れて核関連活動が平和目的であると国際社会に確認させることを認めた。その見返りとして、イランに科されていた国際社会の経済制裁を段階的に解除することが盛り込まれている。

　この合意によってイランが履行すべき事項としては、①濃縮ウランの濃縮度、貯蔵量の制限と遠心分離機の数量削減②アラク重水炉の設計変更、兵器級プルトニウム製造の禁止③研究開発の制限④IAEAの査察受け入れ—などが盛り込まれた。①については具体的には、ナタンズの核施設の遠心分離機の数を約1万9千台から3分の1に縮小し10年間はこのうちの5060台のみを濃縮に使用すること、ウラン濃縮度は少なくとも15年間は3.67％を超えないこと、低濃縮ウラン保有貯蔵量を現有の10トンから15年間は300キロ以内に減らすこと、フォルドゥの核施設では濃縮を15年間停止した上で遠心分離機の3分の2近くを撤去し研究センターとして使うこと、アラクの重水炉は原子炉容器を除去し新設計の炉心に交換することで兵器級プルトニウムを生産しないこと、使用済み燃料は国外に輸送すること、15年間は重水炉を建設しないこと、無期限に再処理を行わないことなどが記された。

　IAEAの査察に関しては、25年間にわたってイラン国内のウラン鉱山へのアクセスやウラン精鉱に対する監視、20年間の遠心分離器部品の監視、未申告の核物質や活動の疑いがある場所・施設へのアクセスが可能となっている。一方、イランが合意を履行しない事態に備えて、国連安保理決議などに基づく制裁が復活する「スナップバック条項」が設けられた。また、イランはじめ当事者が合意不履行を審議する場を求めれば、関係国が加わる合同委員会が設置されることになっている。

　この核合意によると、IAEAが査察を要求した場合、査察に関するイランとの協議期間は14日間と規定されている。この期間内に合意できなければ、合同

委員会が査察の是非を話し合う。7日間のうちに5カ国・組織（EUのことを念頭に置いている）以上が査察の必要性を認めれば、イランは3日間以内にその決定に従わなければならない。仮にイランが従わなければ、制裁再開の可能性が出てくる。つまり、イランにはIAEAの査察要求から24日の猶予期間が設けられている。なお対イラン制裁に関して核合意は、国連安保理決議に基づく制裁の解除、米国とEUなどによる独自制裁の停止を盛り込んでおり、IAEAが16年1月にイランの核開発制限を確認したことを受け、制裁が解除された。

（4）米国の核合意離脱の衝撃

米国のオバマ政権は、イランが核兵器1発を造るのに必要な高濃縮ウランの製造には2〜3カ月かかると分析していた。そのためオバマ政権は、この核合意が成立したことで少なくとも今後10年間は、この製造期間を1年にまで延長することができる、とその成果を強調した。

しかし核開発の権利を巡っては、双方の解釈に違いが残ったままとなった。NPTは、核兵器の獲得を目指さないことの見返りに、原子力の平和目的を「奪い得ない権利」として認めている。ただNPTは、ウラン濃縮や再処理といった原子力機微技術の扱いについて明確に規定していない。イランはNPT体制下ではウラン濃縮の権利は認められているとしており、核合意でもこの権利は尊重されているとの立場を取る。これに対して米国は核不拡散上、核開発につながるウラン濃縮技術の活用を制限する政策を堅持し続けてきた。

2017年のトランプ政権の誕生に伴い、特にイランのような敵対視する国に対して米国はウラン濃縮活動そのものを認めない政策路線を強めており、イランとの見解の相違はますます広がっている。

ドナルド・トランプ米大統領は16年の大統領選挙戦中から、オバマ政権の「レガシー（遺産）」と評価されてきた核合意を「最悪の合意」と繰り返し批判してきた。就任後の17年10月13日の演説では、核合意の実効性を認めない考えを明言した。トランプ政権は、合意の「深刻な欠陥」として、①核開発を制限する期間が25年に終了する②ミサイル開発の制限が含まれていない③査察体制

が不十分—などの点を挙げ、合意が見直されなければ米国は離脱すると警告を続けてきた。

これに対し、フランスやドイツなどは核合意堅持の必要性を訴え、合意見直しの可能性も探ったが、トランプ政権は18年5月8日、核合意からの離脱と核関連の対イラン制裁を再発動する方針を表明した。対イラン強硬派として知られるマイク・ポンペオ国務長官は同月21日、イランが政策転換するまで「史上最強」の制裁を続けると明言、イランに対してウラン濃縮の完全停止や弾道ミサイル開発の中止、中東各地のテロ組織への支援停止など12項目を要求した。

こうした流れの中でトランプ政権は同8月7日、対イラン制裁復活の第1弾として自動車部門、貴金属、鉄鋼、石炭などの取引やイラン政府による米ドル現金取引を禁止した。日本を含む第三国の企業も違反すれば対象になるため、その影響は極めて大きい。イランは当面、核合意にとどまる構えだが、トランプ政権は制裁復活の第2段としてイランと各国の原油取引を全面停止に追い込みたい考えとみられ、イランの核問題再燃の恐れはぬぐえない。

またそのことは、イスラエルを敵視するアラブ諸国が長年求め続けた中東非核化に関する国際会議がいまだ開かれていない問題や、イランと対立するサウジアラビアがウラン濃縮に関心を示している事実を鑑みると、中東における核秩序のさらなる混迷を示唆している。

【参考文献】
1．北野充（2016）『核拡散防止の比較政治——核保有に至った国、断念した国』ミネルヴァ書房
2．一般社団法人共同通信社編著（2018）『世界年鑑2018』株式会社共同通信社
3．ハーシュ、セイモア・M（山岡洋一訳）（1992）『サムソン・オプション』文芸春秋
4．Arms Control Association (2015) "Solving the Iranian Nuclear Puzzle: The Joint Comprehensive Plan of Action" 2015 August.
5．Cohen, Avner (1998) *Israel and the Bomb*, New York: Columbia University Press.
6．Eisenhower, Dwight (1953) "Atoms for Peace Speech," address to the 470th Plenary Meeting of the United Nations General Assembly, 8 December 1953.
7．Inskeep, Steve (2015) "Born in the USA: How America Created Iran's Nuclear Program," 18 September 2015, NPR website, https://www.npr.org/sections/parallels/2015/09/18/440567960/born-in-the-u-s-a-how-america-created-irans-nuclear-program, last visited, 14 August 2018.
8．Katzman, Kenneth and Kerr Paul (2017) "Iran Nuclear Agreement," 15 September 2017, Congressional Research Service report.
9．SIPRI (2017) *SIPRI Yearbook 2017: Armaments, Disarmament and International Securi-*

ty, Oxford: Oxford University Press.

第3部
人間の安全保障とガバナンス

トランプ米大統領の核合意離脱の決定に抗議し、米国旗を燃やすデモ参加者＝2018年5月11日、テヘラン（ロイター＝共同）

第10章

民主主義による平和

広島市立大学 広島平和研究所所長
吉川　元

1　はじめに

　第二次世界大戦後の「長い平和」を論じたハーバード大学の心理学者スティーブン・ピンカーは自著『暴力の人類史』の中で、長い平和の論拠として次のような要因を挙げている。第二次世界大戦以降、核兵器は使用されていない。大国間の戦争、西欧諸国間の戦争、先進諸国間の戦争は発生していない。1948年以降、他国を永続的に征服した国はなく、また国際的に承認されていた国が他国の征服によって消滅した例もない（20世紀前半には22カ国が占領または併合によって消滅した）（ピンカー 2015：443-446）。

　20世紀を通して国家間の戦争（国際戦争）、なかでも侵略戦争は確かに減少した。帝国主義戦争も植民地戦争も過去のものとなった。ところがアジア・中東に目を転じると、この地域は「長い平和」とは程遠いことがわかる。数次にわたる中東戦争を始め、朝鮮戦争、印パ紛争、ベトナム戦争、イラン・イラク戦争、中越戦争、湾岸戦争、米国の対アフガニスタン戦争など、戦争が多発している。それに加えて中国やカンボジアの内戦と民衆殺戮（政府権力による一般市民の殺戮）、インドネシアや北朝鮮の民衆殺戮、ミャンマーのカレン族やロヒンギャの民族迫害（浄化）など、内戦や民衆殺戮に伴う人道的危機も頻発しており、人間の安全保障の視点からみればアジアはけっして自由で安全な地域

ではなかった。

　ヨーロッパおよび先進諸国間の「長い平和」と、血に染まったアジア・中東。この彼我の差の原因は何であろうか。この点を考える上で、国際政治システムと国家の統治システム（ガバナンス・システム）の関係を軸に地帯（地域）を「平和地帯」、「戦争地帯」、「戦争のない地帯」に分類し、それぞれの地帯の特色を論じた国際政治学者カレヴィ・ホルスティの平和地帯論が参考になる（Holsti 1996：141-149）。平和地帯の西欧、北欧、北米は、政治的に安定した自由・民主主義の国から構成されており、同地帯内では文化的共通性があり、経済的相互依存関係が進展し、国際社会化が進んでいる。各国の軍事力は同地帯内の特定国に対しては向けられておらず、しかも地帯内には地域機構が重層的に存在し、安全保障共同体が形成されている。

　一方、戦争も内戦も頻発する傾向にあるアフリカ、南アジア、中東は戦争地帯である。同地帯内には文化的共通性が希薄で、経済的相互依存関係は進まず、地域機構は存在してもそれが紛争予防に果たす役割は小さい。ガバナンス・システムが脆弱な国（脆弱国家）、または領域一体性が脆弱な国では、著しい人権侵害、さらには民衆殺戮など脆弱国家特有の人道的危機がしばしば発生する。

　平和地帯と戦争地帯の間に位置するのが戦争のない地帯である。東アジアや東南アジアは戦争のない地帯であり、かつての南アメリカもそうであった。地帯内のガバナンス様式は多様で、権威主義国家や独裁国家では著しい人権侵害や民衆殺戮が発生する。同地帯内では、経済的相互依存関係は一定程度、進展している。しかし、そもそも国際政治システムが国家間の軍事力が同等であるような状態をもたらすことで国家の安全を保障しようとする勢力均衡システムであることから、軍拡競争が展開され軍事的な緊張関係が慢性的に続く傾向にある。地域全体にまたがる平和・安全保障機構は発展していないものの、戦争が発生することはまれである。

　それではアジアを平和地帯に向かわせるには、どのような取り組みが必要とされるのであろうか。特に東アジアで軍事的緊張がなく、国際平和と人間の安全保障を両立させる地域平和と地域ガバナンスを実現するには、どのような手立てが必要であろうか。以下において、まず平和地帯の構成要素であると考え

られる民主主義（民主制）を軸とするガバナンス、経済的相互依存関係、および国際機構の三者間の相関関係を検討する。その上で、冷戦の終結を機に国連が主導したグッドガバナンスに基づく平和・安全保障パラダイム転換を概説する。次いで欧州において欧州安全保障協力機構（OSCE）が主導してきた民主国家共同体の建設の現状と課題を概観する。最後にアジア特有の国際政治システムと多様なガバナンス様式に焦点を当てつつ、平和地帯の創造に向けてアジアの現状と課題を検討する。

2　国際平和創造の条件

（1）民主主義による平和

　冷戦の終結を機に民主主義による平和論が甦る。共産党一党独裁体制の国から構成されていた東側（社会主義）陣営が消滅したことで東西イデオロギー対立の冷戦は終結したが、それは自由・民主主義を標榜した西側の勝利であると一般に考えられた。20世紀に起こった三度の民主化の波およびその揺り戻しを論じたサミュエル・ハンチントンの『民主化の第三の波』（Huntington 1991）、自由・民主主義の勝利は歴史的必然であると論じたフランシス・フクヤマの『歴史の終焉』（Fukuyama 1992）が広く読まれ、これらの学術書が自由・民主主義の勝利を理論づけることに貢献した。なかでも安定した民主国家間では武力紛争が起こる可能性は低く、例え国際紛争が発生しても、それが武力紛争に発展する可能性は極めて低いことを制度論と文化論の視点から論じたブルース・ラセット著『パクス・デモクラティア』（Russet 1993）は、民主主義による平和の思想を国際政治学の世界のみならず欧米の政界に普及させることに貢献した。

　民主主義による平和論は、今から230年近くも前の1795年にイマヌエル・カントが著した『永遠平和のために』をもって嚆矢とする。カントはその中で、平和は自然状態ではなく、むしろ戦争状態こそ自然状態であると説き、したがって平和状態は創りださねばならない、と説いた。カントが構想した永遠平和の思想は、国家体制としての代議制民主主義、国際条約によって設立される

「平和連盟」、国家間の通商の発展による経済的相互依存関係の三つの柱を要諦とする。ラセットの上述の書物は、カント的な民主主義による平和論を歴史的に検証し、現代版の平和創造の思想に甦らせたのである。

では、なぜ民主主義、国際機構、および通商の発達が平和を創造すると考えられるのであろうか。民主主義（民主制）というものは多元主義的で開かれた制度であり、民主制の下ではヒト、カネ、モノの移動の自由が保障される。通商が発達し経済的相互依存関係が進むと、その過程で利害対立や国際紛争が発生することから国際機構の役割が必要とされる。というのも、国際機構には一般的に次の六つの主要な機能、すなわち、①規範逸脱国家の規範矯正、②紛争の調停、③情報共有による不確実性の低減、④国際問題の解決、⑤国際社会化および規範形成、⑥共通アイデンティティの醸成、の各種機能が備わっているからである（Russet and Oneal 2001：163-167）。民主国家は、主権の制限と引き換えに国際平和、国家安全保障、および経済繁栄を手にしようとすることから、国際機構に加盟する傾向にある。つまり国際機構には特定地域を共同体（community）へ、さらには連合（union）へと発展させて、平和地帯を創造する役割が備わっていると言える。

（2）国連の安全保障パラダイムの転換

冷戦の終結により国際政治の勢力図が一変したことに伴い民主主義による平和の思想が力を持つようになり、それが国連および欧米の伝統的な平和・安全保障パラダイムの転換をもたらすことになった。ソ連崩壊の翌月の1992年1月に開催された国連安全保障理事会初の首脳会議は、その声明において経済、社会、人道、および環境の各領域の「非軍事的な不安定要因」が平和と安全を脅かすようになったとの認識を示し、こうした非軍事的な脅威を低減することを最優先するように国連加盟国に訴えた（安全保障理事会決議 S/23500 31 January 1992）。

同首脳会議の指示の下に作成されたのがブトロス・ブトロス・ガリ国連事務総長（当時）の報告書「平和への課題」（1992年6月）である。同報告書には次のような注目すべき一節がある。「絶対的かつ排他的な主権の時代は過ぎ去っ

た」。そうした主権論は決して現実とは一致していなかった。よって各国の指導者はこのことを理解し、「国家のグッドガバナンス（good internal governance）の必要性」を心がけるよう訴えた。さらに同報告書は、予防外交、平和創造、平和維持、および紛争後平和構築といった国連の平和・安全保障活動の新たな取り組みについても提言している[1]。主権尊重、内政不干渉、人民の自決権といった規範で国際関係を律することで国際平和の維持、および国家の安全を保障しようとしてきた従来の国連の平和・安全保障政策に鑑みれば、脅威の源泉を非軍事的な要因にも見出し、またグッドガバナンスを問うようになったこと自体、国連の平和・安全保障パラダイムの転換を意味する。

　平和・安全保障パラダイムの転換に伴い、人権、少数民族の権利、民主主義および法の支配を柱にするグッドガバナンスのグローバル化が始まると、それに伴い国際援助の様式も変容した。かつてのような米ソ両超大国からの仲間作りを目的とする戦略的援助が激減し、それに代わって欧米先進国からの自由化と民主化を目的とする民主化支援が始まる（吉川 2015：249-252, 288-289）。東中欧の旧社会主義諸国に対しては、後述するように欧州安全保障協力会議（CSCE）——その後、OSCEへと改称——を中心に選挙支援を含む民主化支援が始まり、アジア・アフリカの途上国に対しては国連が選挙支援を請け負うようになる。1989年に行われたナミビア選挙支援を起源とする国連の選挙支援は、2017年末までに100カ国以上で実施されてきた（*Basic Facts about the United Nations* 2017：66-67）。こうして国連はグッドガバナンスの国際認定の役目を担うようになったのである。

　次に民主主義による平和の建設がもっとも実践的に進められている欧州の事例をもとに、民主国家共同体の建設の理念と手法および共同体建設における地域機構の役割とその課題を検討してみよう。

3　「民主国家共同体」の建設

（1）国際機構が進める平和地帯創造

　第二次世界大戦後、西欧では西ドイツとフランスの政治家主導による国際統

合の実験が始まった。それは石炭、鉄鋼など戦略物資を共同で管理し、また共通市場を創ることによって侵略戦争を予防しようとする目的で始められた国際統合の試みである。石炭・鉄鋼共同体（ECSC）、欧州経済共同体（EEC）、欧州原子力共同体（EURATOM）が設立され、これらの三つの機構が欧州共同体（EC）へと発展し、冷戦の終結後には通貨統合、外交・安全保障の領域を統合した欧州連合（EU）へと発展し、その結果、EUは平和地帯に発展していったのである。

冷戦の終結を機に世界各地で地域機構を中心に平和・安全保障活動が活発になった（吉川 2015：366-403）。特に欧州・大西洋地域にかけてCSCE/OSCEを中心にカント的な民主主義による平和の建設が始まっている。東欧の民主革命の翌年1990年11月、CSCEパリ首脳会議で採択されたパリ憲章において、欧州の「唯一の統治システム」としての「民主主義」を構築し、根付かせ、強化すること、および市場経済に基づく経済協力関係を発展させることが欧州の統一に重要な鍵を握ることを確認した[2]。さらに2年後の92年7月、CSCEヘルシンキ首脳会議で採択された「新ヘルシンキ宣言」において、欧州・北大西洋地域からユーラシア大陸全域にまたがる広大な地域に「民主国家共同体」を建設することを宣言した[3]。

民主国家共同体の建設の指針となるのがOSCEで確立された共通・包括的安全保障概念である。同概念は一国の安全は他国の安全と不可分に結びついているという「安全保障の不可分性」概念に基づく共通の安全保障概念と、安全保障の三つの次元、すなわち軍事的次元、経済的次元、および人間的次元における包括的な安全保障取り組み（包括的安全保障）を合体させたものである。なかでも人権と基本的自由、人の移動・情報の自由・民主主義、法の支配、および少数民族の権利などガバナンスに関する領域を安全保障の人間的次元と規定したことは、安全保障パラダイム転換の画期をなすもので、これがOSCEグッドガバナンス基準となった。こうしてグッドガバナンスと共通の安全保障の双方を追求する共通・包括的安全保障概念が民主国家共同体の建設の指針となったのである（吉川 2007：294-296）。

民主国家共同体の建設において中心的な役割を担うOSCEの具体的活動を

見てみよう。OSCE の役割には、共同体の共通規範の確立およびその普及の他に、危機管理、予防外交（紛争予防）、および紛争後平和構築の役割もある。しかも予防外交に取り組むために次の三つの専門機関、すなわち①民主化支援プロジェクトの実施、人権規範の形成とその普及、および選挙支援・監視を担う民主制度・人権事務所（ODIHR、所在地ワルシャワ）、②ジャーナリストの活動の自由に対する国家統制・規制の動きの監視を担うメディア自由代表（ウィーン）、③少数民族の保護制度の運用と管理を担う少数民族高等弁務官事務所（HCNM、ハーグ）が設置されている。民主化支援は主として旧社会主義諸国に対して行われ、また紛争地域には紛争予防目的の長期滞在型ミッションが派遣されてきた。2018年5月現在、ウクライナ・ミッションを含め18ヵ所にミッションが派遣されており、これまですでに18のミッションが終了している。各専門機関の代表およびミッション代表はウィーンで毎週開催される OSCE 常設理事会で活動報告を行う。OSCE からは独立した機構で、OSCE 加盟国の議会代表者から構成される OSCE 議員会議（コペンハーゲン）は OSCE 共通規範の参加国の受容動向に関して協議し、共通規範の普及と拡大に努めている。

（2）国際機構の民主化支援パワー

OSCE 主導の民主国家共同体の建設に補完的役割を演じているのが欧州審議会（CoE）、EU などの地域機構である。冷戦期の欧州審議会は、その加盟資格に加盟基準の事前達成を求めていたが、冷戦の終結を機に事後達成を条件に加盟が認められるようになる。加盟国を増加させて機構内部から自由化および民主化を支援するよう方針転換がはかられたからである。原加盟国10ヵ国で始まった欧州審議会は、冷戦末期の1989年に23ヵ国体制になり、冷戦後には旧社会主義国の24ヵ国が加盟し、2017年末現在、47ヵ国体制となった。こうしてベラルーシ、バチカン、コソボ、および中央アジア諸国を除くすべての OSCE 加盟国が欧州審議会に加盟した。一方、EU は、その加盟条件として市場経済が機能していることに加え、民主主義、法の支配、人権の尊重、および少数民族の権利の尊重の四つの価値を中心にした安定した国家機構や諸制度の確立の事前達成を加盟条件（コペンハーゲン基準）に東方拡大をはかり、2017年末現在、

28カ国体制が実現している。

　軍事力も経済力も有しないOSCEが民主国家共同体建設の指導的な役割を演じることができたのは、EUや北大西洋条約機構（NATO）といった地域機構への民主化移行期国側の加盟動機にある。民主化移行期国は自国の経済発展のためにEU加盟を望み、また自国の安全保障の強化のためにNATO加盟を望む。EUおよびNATOの有力国はOSCE理事会の有力国でもあり、しかも、OSCEの民主化支援の査定と評価、およびOSCEの選挙監視の評価が欧州審議会、EU、NATOなど他の地域機構のガバナンス評価に反映される仕組みがあるだけに、OSCEのグッドガバナンス基準を受け入れざるを得ない。こうして地域機構への加盟動機が加盟候補国に民主制度改革を促す原動力となったのだ。

4　欧州の揺り戻しとアジアの停滞

（1）不自由な民主国家の増殖

　ところで国連やOSCEの努力にもかかわらず、21世紀に入ると全世界的な傾向として人権も政治的自由も保障されない不自由な国が増殖している。フリーダムハウスの最近の調査結果（Freedom in the World 2018）によれば、世界の自由化の動きは2017年まで12年連続して後退し、しかも2017年は過去最悪の評価を記録している。2017年には調査対象の195カ国中、113カ国で政治的権利と市民的自由の後退がみられる。「自由な国」は87カ国（45％）であり、59カ国が「限定的自由な国」（30％）、49カ国が「不自由な国」（25％）である。

　世界的に自由化の動きが後退する背景には旧社会主義諸国の自由・民主化の揺り戻し、およびアジア各地での民主化の停滞が指摘できよう。欧州で揺り戻しが生じているのは、EUおよびNATOへの加盟展望が開けぬ旧ソ連の独立国家共同体（CIS）諸国がOSCEの干渉を嫌うようになり、権威主義体制に後戻りしているのが一因である。それに加えて2008年に発生したロシア・グルジア戦争、14年のロシアによるクリミア併合によってロシア脅威論に火がつき、自由・民主化の先陣を切ったチェコ、ハンガリー、ポーランドなど東中欧諸国

が限定的自由な国へ後退し始めたことも、その一因である。

　なかでもマケドニアの民主化の停滞は、領土的一体性も国民的一体性も確立されていない脆弱国家の民主化がいかに困難であるかを示す典型的な事例である。マケドニアは、2001年8月、EUと米国の介入によって、同国内のマケドニア人とアルバニア人の積年の民族対立の事実上の停戦協定を意味するオフリッド枠組み合意に調印した。同枠組み合意において民族共生に向けたマケドニア国家の法的・政治的枠組みが定められ、これに基づき非中央集権化法が採択された。文化、初等・中等教育、警察などの権限を地方自治体へ委譲することを取り決めた同法は、事実上、アルバニア人の自治権強化を意味した。アルバニア人の自治権の強化は人口の60％を占める多数派マケドニア人の側からすれば、マケドニアの領土的一体性を脅かす内部脅威に他ならない。EU加盟の見通しもNATO加盟の見通しも立たなくなったマケドニア政府は、再びマケドニア民族主義を煽り始め、その結果、マケドニア人と国内アルバニア人との民族対立が再燃し、ジャーナリストの活動の自由、結社の自由をはじめ政治的自由が規制され始めたのである。少数民族の権利の尊重と民主主義を両立させることは容易なことではない。少数民族の権利を尊重すれば民族自治、さらには民族自決への道へ誘うことになり、それが国民統合の障害となるからである。

（2）アジアの自由・民主化の停滞

　冷戦の終結前も終結後も、アジアの自由・民主化は停滞している。脱植民地化後のアジアの多くの国は、フィリピンの民主化と韓国の民主化を除き、自由主義も民主主義も制度として定着しないままに権威主義体制（開発独裁体制）に止まっていた。それでも東欧の民主革命から遅れること10年余、インドネシア、ミャンマーが徐々に民主化への道を歩み始めた。一方、外部から武力によって国家体制が崩壊させられたイラクとアフガニスタンでは、その後の平和構築は進まず、復興は足踏み状態である。一時、日仏両国主導でグッドガバナンス構築に一定の成果を上げていたカンボジアは、グッドガバナンスを条件としない中国の経済支援を受けるに従い、次第に不自由な国へ後退を始めている。2017年現在、39カ国中、「自由な国」は17カ国（44％）であり、他のアジア諸

国は依然として「不自由な国」(8カ国、20%)、または「限定的自由な国」(14カ国、36%)である[4]。中央アジア5カ国はすべて「不自由な国」に位置付けられている。東アジアに限れば、中国の民主化は進まず、北朝鮮は歴史上、まれにみる全体主義国家になった。

　ところで東アジアで経済相互依存関係は比較的に進展しているにもかかわらず、自由化も民主化も停滞し、カント的な民主主義による平和が実現しないのはなぜであろうか。アジアには平和・安全保障機構が設立されず、共同体創造の動きが芽生えないのはなぜであろうか。それにはいくつかの原因が考えられる。第一に、アジアには社会主義体制、民主主義体制、権威主義体制、全体主義体制が混在し、こうしたガバナンス様式の多様性が地域機構の発展の妨げとなっているからだ。第二に、ガバナンスの脆弱性である。植民地支配から独立して間もないころのアジア諸国は国民統合が未発達で、領域的一体性も確立されず、しかもガバナンスの枠組みも未発達で政治的に不安定な脆弱国家であった。それ故にアジア諸国は国家の独立と存続のために主権尊重と内政不干渉を国際規範として重視する平和秩序を渇仰してきたのである。第三に、第二次世界大戦中、アジアは広域にわたって日本の軍政下にあったことから地域協力の制度化が日本や大国の支配につながりかねないことを警戒し、地域協力の枠組み作りに消極的だからである。第四に、アジアに大きな影響力を持つ超大国米国がアジアにおける多国間安全保障制度の発展を望まず、米国中心のハブ・アンド・スポークスの2国間関係を維持しようとしてきたことが共同体の発展を阻む一因である。さらに第五に、国際政治システム要因も指摘できよう。アジアの国際政治システムは勢力均衡システムのままである。しかも東アジアの経済成長が著しいことから同地域は世界で有数の武器市場に成長し、そこに軍事グローバル化が軍拡競争に拍車をかける構造が出来上がり、ここにアジアが戦争のない地帯から抜け切れない要因が潜んでいる。

(3) 軍事グローバル化とアジア

　軍事グローバル化とは戦争の世界大戦規模への拡大（戦争のグローバル化）、武器生産システムと武器貿易の世界大規模への拡大（武器貿易のグローバル化）、

武力行使の世界規模の管理・規制（安全保障のグローバル化）を意味する（ヘルド 2005：137-233）。なかでも武器貿易のグローバル化がアジアの軍拡に深刻な影響を与えている。

　第二次世界大戦後、武器生産システムと武器貿易のグローバル化は航空機産業や自動車産業などの基幹産業を取り込んだ軍産複合体を有する工業先進国によって進められてきた。一方、近代兵器の開発・製造能力のない中小国は武器輸出国の顧客にならざるを得ず、その結果、武器輸出国と輸入国との間に武器移転および軍事援助で結ばれる主従関係が形成されていく。こうして第二次世界大戦後、米ソ両軍事超大国を頂点とする二つの軍事同盟網を軸に覇権的な国際秩序が形成されていった。冷戦の終結後には米国の一極化が進んだものの、戦争地帯や戦争のない地帯における軍事グローバル化がもたらす覇権的な国際秩序の基本構造に変わりはない。それどころか勢力均衡システムを基調とするアジアの国際政治システムには軍拡のメカニズムが埋め込まれており、武器市場が拡大され続けている。しかも、軍事大国としての中国の台頭が著しく、米ロ2大核大国との対立が始まったことから、アジアには安全保障の地域ガバナンス・システムが確立されないままに、深刻な軍事対立が根を下ろしている。

　冷戦後の地域別軍事費の増減傾向をみてみれば、アジアの軍事グローバル化と国際政治システムとの関連がより明らかになる。世界の軍事費は1987年を頂点に減少傾向に入る。特に冷戦の終結後の91年から2000年にかけての10年間は減少傾向にあり、2000年の世界全体の軍事費総額は1987年比で40％減を記録している（1975年度比でも少ない）（SIPRI 2001：224-225）。ところが2000年代に入って世界全体の軍事費は再び増加傾向を示すようになり、過去10年間（2008－17年）に世界全体で14％増を記録し、特に2017年は冷戦の終結後、最高を記録している（SIPRI 2018：151-157）。

　冷戦の終結後の地域別軍事費をみてみよう。北米、中南米の平和地帯では過去10年間（2008－17年）に減少傾向にある。欧州全体において対2008年度比でわずか1.4％増であり、西欧は対2008年度比で－5.7％を記録しているが、特にウクライナ危機を反映して東欧諸国は2014年から増加傾向に転じ、2008年度比で33％増を記録している。一方、北アフリカの105％増に続き、東アジア

(68％増)、中央アジア・南アジア（47％増）、東南アジア（39％増）、とアジア各地の軍事費増加が著しい。アジア・オセアニア地域全体では2008年度比で軍事費伸び率は実に59％増を記録している。

　国別の軍事費の傾向をみてみると、2017年度の軍事費上位15カ国は、米国、中国、サウジアラビア、ロシア、インド、フランス、イギリス、日本、ドイツ、韓国、ブラジル、イタリア、オーストラリア、カナダ、トルコの順である。米国（全世界の軍事費の中の占有率35％）、中国（同13％）の上位2カ国の軍事大国が突出しており、これら上位15カ国で世界の軍事費の80％を占め、しかも上位10位内にアジア5カ国（中国、ロシア、インド、日本、韓国）が入っている。

　アジアの軍事費の増加傾向のけん引役は中国であり、中国の軍事費は過去10年間に110％増を記録し、アジア・オセアニア地域全体のおよそ半分を占めている。中国の軍事大国化と海洋侵出、それがもたらす南シナ海の海洋安全保障問題、北朝鮮の核開発によってもたらされた朝鮮半島の軍事的緊張が、アジア・オセアニアの軍事費の増加の背景にある。韓国は10年間で29％増であり、日本は東アジアの軍事的緊張および北朝鮮の核開発の脅威を受けて2014年に初めて前年度比増加をみており、過去10年間に4.4％増であった。しかも、東アジアには中国、北朝鮮のほか東アジアの安全保障に深く軍事的関与する米国、ロシアの4カ国の核保有国が存在している（SIPRI 2018：157-161）。

　アジアで共通・包括的安全保障観が芽生えず、地域機構が発達しないのは領土紛争が頻発する国際政治構造にも原因がある。第二次世界大戦後、2000年までの間に領土紛争の結果、領土変更が行われた事例はアジアだけで11件に上るが、アジア以外の全地域では合計6件に過ぎない（Zacher 2001：232-234）。日ロの北方領土問題、日中の尖閣諸島問題、日韓の竹島（独島）問題など関係国のナショナリズムを称揚させ軍事的緊張関係を下支えする領土紛争が発生するのは、欧州、南アメリカ、アフリカの各地域にみられるような領土保全、および国境不可侵に関する国際規範がアジアには確立されていないことも、その一因である（吉川 2007：181, 292）。

5　民主化へのアジアの課題

　ガバナンスが多様なアジアにおいて、はたして民主主義による平和が実現するであろうか。アジアは平和地帯へ移行することができるであろうか。今一度、自由で民主的で安定した「強い国」になった欧州の国家建設の歴史を振り返ることでアジアの課題が見えてくるであろう。

　主権国家、領域国家および国民国家の三つの属性をもつ近代国家を主たるアクターとする西欧的国際政治システムの発展には、ウェストファリア条約以来370年の歴史がある。なかでも国民国家の建設の道は、「国民」にとって険しいものであった。その過程で同化政策があり、民族浄化、ジェノサイドがあり、国によっては人種隔離制度まで存在した。また大きな戦争後には少数民族の一方的な追放があり、「住民交換」と呼ばれる二国間で双方向の民族交換も繰り返し行われてきた。つまり政治的にも領域的にも安定した欧州の国民国家の建設の歴史は、今日の基準からすれば実に非人道的な民族浄化の歴史でもあった。その間、西欧の帝国主義諸国はアジア・アフリカへ侵略し、これらの地域を長きにわたって植民地支配下に置いたのである。

　アジアが西欧的国際政治システムに参入するのは20世紀後半になってのことである。脱植民地化後のアジア各国は、独立した時点から主権国家、領域国家および人民主権の国民国家の枠組みが保障され、しかも侵略戦争が激減したおかげで国家の安全は少なくとも外部脅威からは一定程度、保障されてきた。しかし、多くのアジア諸国は実際にはいまだに国家建設および国民統合の途上にあり、統治正当性においても領域正当性においても脆弱な国である。それを所与にアジア各国政府は近代国家の建設に取り組まねばならなかった。

　ところが権力者側からすれば、人権と基本的自由の尊重、ジェノサイド禁止条約、女性差別撤廃条約、子供の権利条約など、第二次世界大戦後に国際社会で確立された人権規範が国民統合の障害として立ちはだかっている。特に、多文化主義、あるいは少数民族の権利といった近年の国際社会で力をもつようになった民族共生のための枠組みや条件は、先述のマケドニアの事例が示唆するように、国家の領土的一体性を脅かすことになるため、国民統合が進んでいな

い国には到底受け入れることの出来ない相談であろう。それだけにアジアの多くの国が権力者の意のままに国家を統治することを認める人民の自決権、外部干渉を認めない内政不干渉原則、分離独立を認めない領土保全原則、主権平等原則といった脆弱国家の現存のガバナンス・システムの安全を保障するはずの国際規範に固執するのは当然な成り行きであろう。

アジアではカント的な平和の一つの柱である経済的相互依存関係は進展している。しかし、アジアの勢力均衡システムには軍拡構造が埋め込まれており、軍事的緊張が絶えない。またガバナンス・システムが多様であることから、平和・安全保障目的の地域機構が設立される動きはいまだに見えず、民主主義による平和の実現の目途はたたない。アジアに人間の安全を保障する自由で安定した民主国家からなる国際平和の創造の最大の障害は勢力均衡システムそのものにある。武器貿易のグローバル化のメカニズムが存続する限り、勢力均衡システムから抜け出さない限り、アジアに恒久平和が訪れることはないであろう。

アジアが勢力均衡システムから脱却し、平和地帯に向かうにはアジア独自の平和・安全保障機構の創設が不可欠であろう。今ではアジアに東南アジア諸国連合（ASEAN）、ASEAN地域フォーラム（ARF）、上海協力機構（SCO）といった地域機構が存在するが、これらの機構は概してその制度は緩やかで、しかも脆弱国家の安全を保障する人民の自決権や内政不干渉規範といった国際規範の維持と保守に汲々としているのが現状である。

【参考文献】
1. 吉川元（2007）『国際安全保障論――戦争と平和、そして人間の安全保障の軌跡』有斐閣
2. 吉川元（2015）『国際平和とは何か――人間の安全を脅かす平和秩序の逆説』中央公論新社
3. ピンカー、スティーブン（2015）『暴力の人類史』青土社（Pinker, Steven (2011) *The Better Angles of Our Nature: Why Violence has Declined?* New York, NY: Viking.）
4. ヘルド、デイヴィッド、アンソニー・マグルー、デイヴィッド・ゴールドブラッド、ジョナサン・ペラトン（2005）（古城利明・臼井久和・滝田賢治・星野智訳）『グローバル・トランスフォーメーションズ――政治・経済・文化』中央大学出版会（Held, David, McGrew Anthony, David Goldblatt, and Jonathan Perraton (1999) *Global Transformations —— Politics, Economics, and Culture*, London: Polity Press）
5. *Basic Facts about the United Nations* (2017), 42nd Edition, New York: United Nations Department of Public Information.
6. Fukuyama, Francis (1992) *The End of History and the Last Man*, London: Hamish Hamilton（フクヤマ、フランシス（1992）（渡部昇一訳）『歴史の終わり』（全2巻）三笠書房

7. Holsti, Kalevi J. (1996) *The State, War, and the State of War*, Cambridge: Cambridge University Press.
 8. Huntington, Samuel P. (1991) *The Third Wave: Democratization in the Late Twentieth Century*, Norman: University of Oklahoma Press（ハンチントン、S. P.（藪野祐三・中道寿一・坪郷實訳）『第三の波――20世紀後半の民主化』三嶺書房、1995）
 9. Russet, Bruce (1993) *Grasping the Democratic Peace: Principles for a Post-Cold War World*, Princeton: Princeton University Press（ラセット、ブルース（鴨武彦訳）『パクス・デモクラティア』東京大学出版会、1996.）
10. Russet, Bruce and John R. Oneal, eds. (2001) *Triangulating Peace: Democracy, Interdependence, and International Organizations*, New York: Norton & Company.
11. SIPRI (2001) *SIPRI Yearbook: Armaments, Disarmements and International Security*, Oxford University Press.
12. SIPRI (2018) *SIPRI Yearbook: Armaments, Disarmements and International Security*, Oxford University Press.
13. Zacher, Mark W. (2001) "The Territorial Integrity Norm: International Boundaries and the Use of Force," *International Organizations* 55, 2 spring 2001.

【関係重要資料】
1) Boutros Boutros-Ghali (1992) *An Agenda for Peace: Preventive Diplomacy, Peacemaking and Peace-Keeping*, United Nations, 抜粋（特に、14節、15節、16節、17節）。http://www.un-documents.net/a47-277.htm, last visited, 6 August 2018. ⇒〔資料 4〕
2) Charter of Paris for a New Europe, https://www.osce.org/mc/39516?download=true, last visited, 10 July 2018. ⇒〔資料 5〕
3) CSCE Helsinki Document: The Challenges of Change https://www.osce.org/mc/39530?download=true, last visited, 10 July 2018.
4) http://www.freedomhouse.org/report-world/freedom-world-2017, last visited, 22 February 2018.

第11章
北朝鮮のガバナンス

広島市立大学 広島平和研究所准教授
孫　賢鎮

1　はじめに

　1948年4月29日、北朝鮮人民委員会は特別会議において朝鮮民主主義人民共和国の憲法草案を承認し、同年9月8日に採択した。これにより、金日成を内閣の首相にする朝鮮民主主義人民共和国（以下、北朝鮮）が樹立された。北朝鮮は、初期のソ連式社会主義国家体制を導入し、次第に朝鮮式社会主義体制の金日成主体思想を理念の柱とする一党支配の独裁体制へと進化していった。
　北朝鮮の統治体制（ガバナンス）は、朝鮮労働党、立法・行政・司法を包括する国家機構、軍隊の三つの組織で構成されている。朝鮮労働党は、最高の地位と権限を持った権力の源泉で他の組織より上位に位置する権力機構である。北朝鮮のすべての政策は労働党の指導と統制の下で行われる。党が政策決定機能を総括的に管理し、立法、行政（国務委員会および内閣）、司法（司法検察機関）は、それぞれ法制定と解釈の機能を実行している。このような権力の分立が確立されているにもかかわらず、労働党の一党独裁の北朝鮮では権力分立や抑制と均衡は機能していない（統一部 2016：43）。
　金正日国防委員長の急逝後、党政治局会議が開催され、金正恩が朝鮮人民軍最高司令官に推戴された。その後、2012年4月、党代表者会議および最高人民会議によって金正恩が北朝鮮の国防委員長に就き、金正恩体制が正式に発足し

た。3代世襲体制を構築した金正恩政権は、"金日成 - 金正日主義を唯一の指導思想として、全社会を金日成 - 金正日主義化とする"という内容で党規約を改定し、指導理念とした。このように、北朝鮮では社会主義国家には例のない3代にわたる権力の世襲が続いている。北朝鮮の権力世襲体制は北朝鮮政権の正当性および体制の安定化の基礎になっていると考えられる。

2　統治機構

(1) 朝鮮労働党

　朝鮮労働党の組織と運営は、社会主義統治構造の基本原理である「民主主義中央集権制の原則」に基づいている。朝鮮労働党は、人民大衆のすべての政治組織の中で最も高位に位置する政治組織であり、すべての活動は朝鮮労働党の指導の下で行うことになっている。朝鮮労働党の公式的な最高意思決定機関は党大会である。党規約では党大会が党の路線と政策および戦略・戦術に関する基本問題を決定するように規定されている。党大会は党中央委員会が招集し、党規約の採択または修正補充、党の路線と政策などを決定する。党中央委員会は、最高指導機関の役割を行い、すべての党事業の組織・指導、党の財政管理などを主管する。党中央軍事委員会は、軍事分野に関連するすべての事業を組織し指導する。また党の軍事路線と政策を貫徹するための対策を討議・検討し、革命武力を強化して軍需工業を発展させるための事業をはじめ、国防事業全般を指導する。党規約に朝鮮労働党委員長が党中央軍事委員会委員長を兼任することが明記されており、金正恩が2012年4月、党第一秘書に就任することによって党中央軍事委員長となった。

(2) 中央機関

　北朝鮮の中央機関は、最高政策指導機関である国務委員会、立法機関としての最高人民会議、国家主権の実行機関である内閣、そして司法機関の司法検察機関などで構成されている。北朝鮮は、2016年6月、憲法改正を通じて、国防委員会を国務委員会に拡大・改編し、金正恩を国務委員長に推戴した。国務委

員会は、国防建設事業をはじめ国家の重要政策を討議決定し、国務委員長の命令や国務委員会の決定・指示に反する国家機関の決定・指示を廃止するなどの任務と権限を有する。

　最高人民会議は、朝鮮民主主義人民共和国の最高主権機関として、行政部・司法部などすべての国家機関を組織する権限を有する。すなわち、国防委員長、最高人民会議の常任委員会委員長、内閣総理、最高裁判所所長を選出する権限を有する。

　内閣は、全般的な国家管理と行政機関である。北朝鮮の内閣は、国防分野を除いたほとんどの行政と経済関連事業を管轄する。内閣総理は、最高人民会議で選出され、内閣事業を組織・指導し、政府を代表する。

　司法機関として中央裁判所、中央検察所がある。中央裁判所の下に、都・地方人民裁判所が置かれ、特別裁判所として軍事・鉄道裁判所が置かれている。北朝鮮の裁判機関は完全に党に隷属しているので、自律的かつ中立的な司法判断を期待するのは難しい。特に、軍・保衛部の判断に基づいて行われる特別裁判は一審制で迅速に行われる。張成沢[1]は労働党政治局拡大会議において粛清が決定されてから特別軍事裁判で「国家転覆陰謀罪行為」で死刑判決を受けて、すぐに処刑が執行されている。

3　ガバナンスの特徴

（1）首領独裁体制

　北朝鮮のガバナンスは、①首領独裁体制、②中央集権的計画経済体制、③社会主義的家族体制の3本の柱から成る。北朝鮮の政治体制は、朝鮮労働党によって支配されている一党独裁体制であり、政治的には主体思想を統治理念とした「首領独裁体制」である。首領は、党と国防委員長の地位を通して権力を行使するほか、自立した政策決定機関としても行動する。首領は憲法により命令を発する権限を与えられている。その命令は、他のすべての国家機関の決定に優先し、それらの決定を無効にすることもできる（北朝鮮憲法第103条）。2016年憲法改定では、金日成・金正日を「主体朝鮮の永遠の首領」として表記し、

同年5月に開催された朝鮮労働党第7次大会では、金正恩に「偉大なる領導者」の呼称をあてるなど、金日成・金正日と同じ首領の地位が与えられた。金一家は、この権限を利用して国家安全保衛部、人民保安省、朝鮮人民軍など国家主要機関の指導的立場にある人々を交代させ、金一家が個人的に信頼し信用する人々のみが権力の主要ポストを占めるようにした。

(2) 中央集権的計画経済体制

　北朝鮮体制の経済的な特徴は、すべての生産手段を国家が所有する社会主義的所有制度と資源の配分を国が独占する計画経済にある。社会主義的所有とは、「社会主義的の生産関係の基礎になる生産手段と生産物の全社会的また集団的所有」と定式化されている（白科辞典 1983：530）。それは、国家の計画通りに運営されている「中央集権的命令経済体制」とも呼ばれている。中央集権的計画経済の樹立と執行および監督は「国家計画委員会」を中心に都・市・郡および工場・企業所に至るまで一元的統制下に置かれている。2002年7月1日、経済管理改善措置（7・1措置）[2]以降、北朝鮮式の計画経済の核心である国家配給制度を縮小し、住民が市場や商店などで生活必要品を独自購入することになった。この措置は、食料や消費物資を生産供給できる見込みのないまま商行為の取り締り、闇市場の強制閉鎖、貨幣改革を断行したことから、取り引きが水面下に潜ることになり、混乱を招くことになった。

(3) 偉大なる社会主義の家族体制

　北朝鮮のガバナンスの特徴は、集団主義の原則に基づいて築かれた全体主義社会であり、首領を中心とする社会主義の家族体制である。社会主義の「家族体制」とは、北朝鮮社会全体を一つの家とし、首領・党・人民の関係を父と母、子供の関係と同じとみる概念である。これは、伝統的な家族を国家社会的関係に拡大することで、政権の安定と体制の正当性の強化をはかろうとするものである（北韓知識辞典 2016：360-361）。これらは、他の社会主義国家ではみられない北朝鮮独自のものであり、首領崇拝と無条件の忠誠を強要する理論として使用されてきた。

北朝鮮の住民は、この社会主義の家族体制によって政治学習、「生活総和」など政治思想教育を実施している。生活総和とは、北朝鮮の住民が党や労働団体などの所属組織を媒介として週、月、分期、年別に各自の業務と公・私生活を反省し相互批判する集会で、子供の頃から洗脳させるために行われる。また、表面的にはすべてが平等な家と言うが、実際には党員と非党員、上級幹部と下級幹部との間で社会的な待遇、配給量および賃金などで実質的な差別が存在している。

4　自由度・民主化度

（1）政治的権利に関する事項

　北朝鮮の憲法第63条に、「公民の権利および義務は『一人は全体のために、全体は一人のために』という集団主義原則に基づく」と明記され、集団主義を重視している。実際には、それは個人としての人間そのものを抹殺し、一人の独裁者のために人民が犠牲になり、人間性が破壊されることを意味する。独裁者は一部の特権階層しか享受できない利益に関しても、必ず全体の利益が図られているかのごとく偽装し、国民を教化しようとする。北朝鮮が長期的に独裁政権を維持できた理由の一つは、国民を抑圧しつつ、長期にわたって国民を巧みに統制したからである。

　現在、韓国国内には3万人を超える脱北者が定住している。北朝鮮の深刻な人権状況については脱北者の証言によって国外に知られてきた。そして、国連人権理事会、フリーダムハウス、ヒューマン・ライツ・ウオッチ、アムネスティ・インターナショナルなど様々な国際NGOが北朝鮮の深刻な人権侵害に対する声明を出している。現在、北朝鮮にはどのような民主化の動きがあるのであろうか、住民に対するどのような人権侵害が行われているのであろうか。

　2018年1月、フリーダムハウスが発表した「世界の民主主義に関するレポート」（Freedom in the World 2018）は、国民に自由が保障されており、公正な選挙、少数派の権利の保障、報道の自由、適切な法制度がある国家などの指標に基づいて自由度を総合的に評価している。同報告書で北朝鮮は、シリア、南ス

ーダンとともに最も「自由でない」国家として位置付けられた。北朝鮮は、すべての指標で最低の評価にランクされている。以下に、北朝鮮の政治的・社会的・市民的自由に関する特徴と問題についてみる。

　①北朝鮮の選挙制度　　北朝鮮は、法制度上は人民の民主的な参政権を保証している。憲法では「人民は、自らの代表機関である最高人民会議および地方各級人民会議を通じて主権を行使し、一般的、平等的、直接的原則によって秘密投票で選挙する」と規定されている。しかし、党がすべての国家機関を統制する一党独裁体制の下では、公正な選挙と住民の自由民主主義参政権の行使には限界がある。

　北朝鮮は選挙を金正恩と労働党に対する住民の絶対的な忠誠を確認する手段として利用してきた。そして、政権樹立以来、今まで党の候補者の100％の支持率を住民の絶対的支持の証として宣伝してきた（朝鮮中央通信 2014.3.10）。しかし、脱北者の証言によると、当局は既に決められた候補者に対して無条件に賛成票を投じなければならず、実質的に反対することは不可能である。監視下で反対票を投じることなど考えることすらできないと証言している（北朝鮮人権白書 2017：188）。実際のところ選挙は次のように行われる。投票所で公民証また身分証明書を見せて確認を受けると、候補者名が印刷された投票用紙を渡される。その後、賛成なら表記をせず、反対なら候補者名に線を引く。徹底的な監視の中、候補者名に線を引いて反対票を入れる住民は現実的には一人もいない。このように、北朝鮮で選挙は住民統制の機能を果たしているのである（磯崎・澤田 2017：145）。

　②社会統制　　北朝鮮の社会統制は、思想的、政治的、経済的・社会的、および法的統制の方式で行われている。北朝鮮で3代にわたって権力の世襲が行われている間に、政治思想教育を通じて、思想・理念の統制を続けてきた。特に、初等教育の段階での思想的な統制は偶像化教育を通じて行われている。偶像化教育では、幼稚園から大学に至るまで金父子（金日成・金正日）の「革命活動」について徹底的に教育が行われ、体制に対する絶対的なプライドや体制守護精神を基本的に注入される。学校卒業後は、毎週1回の政治思想学習、毎月2回の講演会へ参加することで社会生活過程での思想的統制が続けられてい

2018年8月15日、日本植民地からの朝鮮半島解放73周年に際して平壌・万寿台丘に立つ金日成主席と金正日総書記の銅像を訪問する北朝鮮市民（朝鮮通信＝共同）

る。これによって金日成・金正日主義の統治理念の正当性や「党の唯一的領導体系確立の10大原則」の遵守などを刻印させ、価値観と意識構造を指導者と体制に合わせて変形させるようにしている。唯一的領導体系とは、領導（金日成・金正日・金正恩）の思想を絶対的な指導的指針とし、その命令、指示に従って「すべての党・軍・人民が一つになって動く体系である。北朝鮮の人々にとって生活の指針となり、全社会を金日成・金正日主義化するために一身を捧げて闘わなければならない」という意味である。

③政治組織的統制　　北朝鮮の社会統制方式のうち、政治組織的統制は思想的統制を通じて得られた価値観と意識構造が実生活に具体化されるように統制する過程である。したがって、政治組織的統制の主要目的は義務的な政治組織の加入および組織生活への参加を通じて住民の忠誠心を検証することにある。

政治組織の加入については、満7歳になると朝鮮少年団に入団することが義務づけられており、60〜65歳まで組織構成員として集団生活が義務づけられている。政治思想教育を介して注入された指導者の神格化意識、体制同調理念、体制守護意識が実生活で発現されるように組織的な統制が必ず持続される必要があるからである。

中学校を卒業して満18歳になると労働党員になる資格を得るが、党員になるのは簡単ではない。体制への忠誠心や能力が評価されなければならないのは当然だが、それだけではなく親や親戚の出身が最も大事である。党員になると青年同盟から脱退するが、30歳になっても党員になれなかった場合には、職業別の組織に移ることになる。

（2）市民の自由に関する事項

　①**表現の自由**　　表現の自由は、自由で民主的な社会と人間の完全な発展にとって不可譲な権利であるだけでなく、すべての権利の中でもっとも基本となる権利の一つである[3]。北朝鮮の憲法第67条は、「言論、出版、集会、示威活動および結社の自由を有する」と規定している。しかし、住民相互の監視・告発体制などで自分の政治的意見を述べることは容易ではなく、恐怖を有すると知られている。実際に当局の立場とは異なる政治的意見の表明や、金一家に関する否定的言及などはすべて禁止されている（統一研究院　2017：160）。北朝鮮当局は、国内外から情報を求め、受け取り、流布するなどの表現の自由を厳しく制限している。新聞・テレビを含めすべてのメディアは国家が運営しており、テレビやラジオのチャンネルは固定され、すべての出版物は厳格な監督と検閲を受けている[4]。

　②**思想・良心および宗教の自由**　　北朝鮮では幼稚園から、金日成一族の業績、革命の歴史、忠誠心教育が大きな比重を占めている。子供が自由で正常に発達するという子供の権利も無視されている。すべての公民に「偉大な首領金日成同志の革命思想を学ぶ」集団学習会に参加すること、毎日2時間以上学習する規定を徹底的に打ち立てることを義務づけている[5]。

　憲法には信教の自由について、「宗教は、外国勢力を引き入れたり、国家社会秩序を害するためには利用したりしてはならない」と規定されている。北朝鮮にとってすべての宗教は、金日成主義と北朝鮮の体制維持によって脅威であるため、厳しく取り締まりをしている。

　③**移動および居住の自由に対する権利**　　移動および居住の自由は、自由に移動し、定着する人間の本質的な権利の一つである。憲法は「公民は居住、旅行の自由を有する」と規定しているが、住民の国内における移動と居住の自由を厳しく規制するなど、人民に対する特定地域への接近制限政策を実施している。特定地域とは、首都である平壌、国境地域、自由貿易地域などであり、承認番号区域に指定して一般住民の出入りを制限し、旅行証明書に承認番号がない場合に出入りを禁止している。例えば、平壌居住登録証および平壌臨時居住証を持たない人々は、平壌市の承認番号が押された旅行証明書がなければ、平壌に

入ることができない。また、北朝鮮の住民が旅行または移動するためには「旅行証明書」が必要である。これは、情報の伝播を制限し、居住環境に格差を与えて平壌のエリート層を優遇し、低い身分の人民を差別するための規制措置である。結果として、低い身分の人々は遠隔地域に集中して居住させられている。金正恩体制の北朝鮮でもなお住民の移動の自由を制限しており、特に脱北行為に関してはより厳格な統制をしているとみられている。

④拷問および非人道的な刑罰を受けない権利　北朝鮮の法律は治安機関に対し、裁判前と尋問中における捜査・押収・逮捕権など、広範な権限を与えている。特に、政治犯の疑いをかけられた者（反党・反体制的と見なされた者）は、法的手続きなく逮捕の理由さえ知らされずに捕えられる事例が多い。政治犯収容所は、現在の政治制度と北朝鮮指導部に政治的、思想的、または経済的に異議を申し立てる団体、家族そして個人を社会から永遠に排除する機能を果たしている。この秘密の収容所から漏れてくる限られた情報が、北朝鮮の一般住民の間に恐怖の絵図を作り出し、政治制度への異議申し立てに強力な抑制効果を及ぼしている[6]。

北朝鮮では国家安全保衛部が運営する政治犯収容所に加え、教化所、労働鍛錬隊、集結所、拘留場、管理所など幾種類もの拘禁施設が存在している。これらの施設では暴力行為や拷問行為が持続的に行われ、栄養・衛生・医療の劣悪な状態に非拘禁者は苦しめられている。

5　民主化傾向

北朝鮮の社会階層の構造は、出身身分および党誠に基づいて人為的で規定された政治的階層であることに特徴がある。北朝鮮の社会は、出身身分によって核心階層、基本階層、複雑階層を含む3階層45個の部類に構成されている。脱北者の証言によると、出身身分に基づいて、大学進学、教育、職業配置および昇進が決定され、これを原因として所得格差また生活水準の格差が発生している。

憲法には、「人民大衆の自主性を実現するための革命・主体・先軍思想を自

らの活動の指導的指針とする」と規定されている。しかし、実際には、住民個人の判断と選択や主体的な行動は認められない。公式の理念・原則が強調される半面、人々のもっとも基本的な生活を保障するはずの食糧配給や日常用品の供給の面では、公式の計画経済が機能不全の状況にある。こうした状況の下では、公的な機関や企業も従業員の食料・生活用品の確保が優先課題となり、さらに軍人にも同様である。また生産を維持するため原料や材料を自給する自力更生が求められている。

　北朝鮮は一党独裁国家で、住民の自由、言論の自由などの保障は世界で最低の国である。国家組織による監視が存在し、恣意的な逮捕と拘禁が一般的に行われ、政治犯に対する刑罰が厳しい。国家による強制収用所が運営され、拷問、強制労働、飢餓その他の残虐行為が行われている（Freedom House 2018）。北朝鮮では、憲法以上に重視されるものは、最高指導者の「教示」である。現在の最高指導者である金正恩の教示には絶対に従わなければならない。以下では、現在の北朝鮮の人権状況および民主化傾向について考察する。

6　グローバル人権ガバナンスと人間の安全保障

　人間の安全保障の視点から北朝鮮を考えると、一部の特殊階層を除く一般住民の生活は経済、政治、人権などどのような側面から見ても安全に生活する状況ではないと考えられる。国家が政権や国内秩序の安定のために意図的に個人の安全を侵害する場合や、国家が個人の安全を保障する能力を待たない場合には国際機関、NGOなどの関与が必要となる（小此木・磯崎編　2009：77）。

　人権の国際的保障へ向けた取り組みの第一は、普遍的な人権規範の形成であり、それは国連を基盤に進展してきた。国際社会は国連憲章をはじめ、世界人権宣言などを含む多くの国際人権規約を発展させてきた。それらには人間が基本的に享受すべき権利が列挙されており、多くの人権が国際慣習法的な地位を有するとされている（吉川他　2014：218）。

　国際社会は北朝鮮の人権問題に対する様々な懸念を表明している。国連総会は国連人権理事会および条約監視機構報告書などを通じて北朝鮮の人権侵害状

況を把握しており、2005年から毎年、北朝鮮人権決議案を採択している[7]。また、「北朝鮮における人権に関する国連調査委員会」（COI）の報告書では「組織的かつ広範に行われる深刻な人権侵害が北朝鮮内で発生し、現在も発生しており、このような人権侵害行為は人道に反する罪を構成する」と述べている[8]。

　北朝鮮における人権侵害は、国家機関によって組織的・体系的に行われることに特徴がある。国家安全保衛部、人民保安部などが恒常的に人々を政治犯罪に問い、恣意的に逮捕し、その後外部との接触を断った状態で長期的拘束する。これは、国際法による法的義務、および北朝鮮の国内法の義務にさえ応えるものではない。結果的に、そうして逮捕された人々は長期間にわたって隔離監禁され、家族には安否も所在も知らされない。したがって、政治犯罪に問われた者は強制失踪の被害者となることを意味する。

　北朝鮮当局による外国人に対する強制失踪（拉致）は、政治的根拠に基づいた国家方針による組織的で広範囲にわたる国家犯罪である。強制失踪には同一の政治的な動機、特に、北朝鮮の国力強化に必要な労働力と技術を獲得し、朝鮮半島の支配権の確立のために韓国との戦いを優先するという政治的動機がある[9]。北朝鮮当局は、他国民の強制失踪への関与を全面的に否定し、彼らの家族や関係諸国に全く情報を渡さないか、不完全で不正確な情報しか渡さないという方針を貫いている。このような北朝鮮の行為は明白な人道に対する罪である。

　グローバル人権ガバナンスの中核は、国家間の合意に基づく国際人権レジームである。そうした国際人権レジームは、国際規範の形成、意思決定手続きの制度化、国際組織の設立から構成される（吉川他 2014：219）。北朝鮮は、国際人権規約をはじめ「児童権利に関する条約」、「女性差別撤廃条約」、「障害者の権利に関する条約」の当事国である。また国家報告書を提出し、代表団を国際会議に派遣して審議を受けている。北朝鮮がこのような国家報告書を提出する意図は、国際社会の圧力を緩和させるための戦術的手段として活用することにあると考えられる。

7　民主化への課題

　北朝鮮における民主化・自由化につながる実際の政策転換や協力支援には、北朝鮮当局の積極的な同意がない限り外部からは影響力を行使できないのが現実である。それが不可能な場合は、外部からのそのような認識を北朝鮮に入れる必要がある。北朝鮮が直面している経済難を克服するためには、経済建設を円満に推進する国際機関や外部からの開発支援と投資が必要である。これらの支援と協力の主な条件の一つに、人権問題の改善が含まれている。特に、中国が人権改善に対する国際社会の要求に応じ人権関連の国内法制を国際基準に適合するように漸進的に改正し、改革・開放に積極的に活用した事例が、北朝鮮の人権関連法制の変化に影響を及ぼしたことがある。

　北朝鮮はあらゆる搾取と抑圧が清算され、人民が国の主人となる社会主義制度でのみ、人権が徹底的に保障されると主張し（朝鮮語大辞典 1992：1696）、国際社会の批判については「我々式人権」論理で対応している。北朝鮮は対外的に国際社会の人権改善要求と圧力に対して内政干渉による体制威嚇であると強力に反発してきた。

　国際社会は、国連を通じ、何よりもまず、適切な外交と人道支援などの平和的な手段を行使して、北朝鮮の住民を人道に対する罪から守る責任がある[10]。

　その結果、国連安全保障理事会、および国際刑事裁判所は、北朝鮮当局の人民に対する人権侵害の行為、人道に対する罪などについて国際社会は制裁を謀るべきであると勧告した。また、国連人権理事会は、調査委員会の設置に先立ち、北朝鮮に関する特別な人権監視・報告メカニズムを拡充すべきであるとした。そして、国連人権高等弁務官の活動とともに特別報告者による調査報告活動を支援し、国連システムのあらゆる人権メカニズムを関与させ、一貫して遅滞なく、国際的な拉致問題、強制失踪など様々な人権侵害問題の解決に取り組むべきである。

　国連は、北朝鮮における人道に対する罪の再発防止支援戦略を速やかに開始すべきであり、各国は北朝鮮における人権状況について懸念を提起し、また状況改善のための実効的なイニシアチブへの支援を提供する体制を構築しなけれ

ばならない。

　一つの希望は、1990年代半ばの食糧難が原因で始まった脱北が、2000年代に入り、外部情報の流入、民主化・自由への渇望などの理由で相次いでいることである。現在、韓国国内に滞在している脱北者の数は3万人を超え、中国、東南アジアなどに多くの北朝鮮の脱北者が存在している。したがって、北朝鮮の内部に向けた様々な情報流入活動、北朝鮮住民に民主化・自由を悟らせるための組織的な活動が必要である。

【参考文献】
1. 吉川元・首藤もと子・六鹿茂夫・望月康恵（2014）『グローバル・ガヴァナンス論』法律文化社
2. 統一部（2017）『北韓理解』統一教育院
3. 平壌（1983）『白科辞典』（第3巻）科学白科辞典出版社
4. 平壌（1992）『朝鮮語大辞典2』社会科学院言語学研究所
5. 統一（2016）『北韓知識辞典』統一教育院
6. 統一研究院（2017）『北韓人権白書2017』統一研究院
7. 磯崎敦仁・澤田克己（2017）『新版北朝鮮入門』東洋経済新報社
8. 小此木政夫・磯崎敦仁編（2009）『北朝鮮と人間の安全保障』慶應義塾大学出版会
9. 『朝鮮中央通信』2014.3.10
10. Freedom House（2018）Freedom in the world 2018 A /RES/60/173, 2005 UNGA Resolution 60/173, *Situation of human rights in the Democratic People's of Korea*
11. United Nations, Report of the detailed findings of the commission of inquiry on human rights in the Democratic People's Republic of Korea, A/REC/35/63, 2014
12. UNGA Resolution 60/173, "Situation of human rights in the Democratic People's of Korea," UN Doc. A/RES/60/173, 2005

1) 張成沢は金正日の妹である金敬姫の夫で金正日・金正恩体制における実質的なナンバー2。金正恩委員長の叔父で元国防副委員長を務めた。しかし、2013年12月粛清され、朝鮮労働党から除名されて全ての役職と称号を失い、同月12日に「国家転覆陰謀行為」により死刑判決を受け、即日処刑された。
2) 7・1措置は、価格と賃金現実化、工場・企業所の経営の自律性と責任の拡大、労働者に対する物質的インセンティブの強化などの措置を意味する。この措置は、既存の計画経済を枠組みの中、市長経済の機能の一部を導入したものである。
3) UN HRC, General Comment, No. 34（2011）, para.2.
4) Freedom House, Freedom in the World 2018, CIVIL LIBERTIES: 3/60.
5) 「党の唯一的領導体系確立の10大原則」第4条。
6) Report of the detailed findings of the COI on human rights in the DPRK, A/HRC/25/63, para.729-730.
7) UNGA Resolution 60/173, "Situation of human rights in the DPRK" UN Doc. A/RES/60/173（16 December 2005）.
8) HRCR 22/13 mandated the body to investigate the systematic, widespread and grave violations of human rights in the DPRK, with a view to ensuring full accountability, in particular,

for violations that may amount to crimes against humanity（A/HRC/25/CPR/1: 5）.
 9) A/HRC/25/63, para. 1149-1150.
10) A/HRC/25/63, para. 1205.

第12章
中国のガバナンス

広島市立大学 広島平和研究所准教授
徐　顕芬

1　はじめに

　ガバナンスは中国語では「統治」「支配」などとは言わず、「治理」という。この「治理」は、政治、経済、社会の各領域にわたり存在しているが、ここでは主に政治領域の「治理」を議論する。ただ、政治領域の「治理」も、経済と社会領域の「治理」と強く相互に影響しあうので、相互の関連性に注目しながら議論していく。

　ここで、中国のガバナンスを議論するために、まずは、政治制度の歴史と特徴を振り返る。次に、政治社会の状況、特に通常その規範として語られる自由化と民主化について考察する。そして、近年中国社会の実態を、急速な自由化と、緊張の高まりという二つの側面から描きだす。また人間の安全保障に目を向け、特に国際社会からの批判を受け、中国はどのように対応しているのか、その独特の人権論を整理する。最後に昨今の課題に触れてまとめとする。

2　政治制度の歴史と特徴

　中華人民共和国は1949年10月に建国を宣言した。その政治制度は社会主義型で、50年代半ばごろにほぼ形成された。社会主義の政治制度は、国民の大半を

占める労働者・農民階級の利益を代表することを目指して作られるといわれ、ここには資本主義国家で核心的な概念とされる議会制度、自由な立候補制、複数政党による政権交替などの考えはなく、共産党のリーダーシップによる民主集中制がとられている。

　中国も憲法制度をとり、憲法の堅持を強調する。また民主集中制の体現として、人民代表大会制度と人民政治協商制度（統一戦線、協議の制度）をとる。これらの制度設計の帰結は、中国共産党の指導である。

（1）憲法制度

　憲法は、国家の根本的な法律である。1954年に最初の憲法が制定された後、75、78、82年の3回、憲法が全面改正された。現行憲法は、82年12月4日第5期全国人民代表大会第5回会議で採決、施行されたものだが、すでに88、93、99、2004年の4回の改正が行われた。そして、18年3月11日に第13期全国人民代表大会第1回会議で5回目の改正が行われた。

　憲法は、序文の他、総綱（第1-32条）、公民の基本的権利および義務（第33-56条）、国家機構（第57-140条）、国旗・国章・首都（第141-143条）の4章から構成されている。憲法第1条は、国家の性格として、「労働者階級が指導し、労働者・農民の同盟を基礎とした人民民主主義独裁の社会主義国家である」と規定する。憲法第1条第2項は、「社会主義制度は中華人民共和国の根本的制度である」とし、18年3月の改正では「中国共産党の指導は中国の特色ある社会主義の最も本質的な特徴である」という文言を追加し、より鮮明に中国共産党の指導を規定する。

（2）中国共産党の指導と党・国家・軍の三位一体体制

　上記のように、中国共産党の指導は、憲法で明確に規定されている。憲法の前文に、「四つの基本原則」として、社会主義の道、人民民主独裁、中国共産党の指導、マルクス・レーニン主義および毛沢東思想を堅持すると書かれており、その中核が「共産党の指導」の堅持である。

　中国共産党は、1921年に成立し、49年に武装闘争によって中華人民共和国を

発足させた。党の組織図は、ピラミッド型となり、頂点に中国共産党中央政治局常務委員会（7名）があり、その内の中央委員会総書記1名が、中国の最高権力中枢となる。

　中国共産党の指導は、党・国家・軍の三位一体体制に具現化している。中国共産党の最高職である中央委員会総書記（1982年以前は中央委員会主席）は、中国人民解放軍の統帥機関である中国共産党中央軍事委員会主席を務め、また国家元首にあたる国家主席を兼務する。

　中国共産党の国家に対する指導は、政治、思想および組織など各領域にわたり、以下の三つのルートで実行される。①あらゆる国家機構に党組織（党組）を設置する、②党の「対口部」（各行政担当機構に対応する党内の指導機構）を設置する、③党が幹部を管理する（毛里 2016：30-43）。中国共産党の軍に対する指導は、中央軍事委員会が中国共産党の権力中枢に設置されることに象徴される。「国防法」には人民解放軍が共産党の指導を受けることが明確に規定されている。党規約第23条では、「中国人民解放軍総政治部は、中央軍事委員会の政治工作機関であり、軍隊における党の活動と政治活動の管理に責任を持つ」としており、「党の軍に対する指導」が確認されている。

（3）人民代表大会制度と人民政治協商制度

　全国人民代表大会（全人代）は、憲法上、国家の最高機関である。社会主義の民主集中制に基づき、全ての権力が人民に集まるということで、三権分立が否定され、立法・行政・司法権のすべてが全人代に集中している。

　全人代は、国家主席・副主席の選出、国務院総理などの閣僚の任命、中央軍事委員会主席・最高人民法院院長（最高裁長官に相当）・最高人民検察院検察長（検事総長に相当）の選出など、重要ポストの任命を行うほか、立法権、憲法の改正権などを持っている。

　実際の運営には、大部分の政策は国務院が考案し、中国共産党中央政治局常務委員会の承認後、全人代常務委員会が決定する。全人代は共産党で決定したことをそのまま承認する、いわば「ハンコを押すだけ」の存在、「ラバースタンプ」だと揶揄され、問題視されている。

もう一つ重要な制度は、党指導の下の多党協力と統一戦線協議制度である。八つの「民主党派」（中国国民党革命委員会、中国民主同盟、中国民主建国会、中国民主促進会、中国農工民主党、中国致公党、九三学社、台湾民主自治同盟）は、共産党の指導権を受け入れた

中国全人代の全体会議＝2018年3月17日、北京の人民大会堂（共同）

「友党」で、「参政党」として、無党派の人々、数々の団体、台湾からの代表などとともに、共産党と一緒に「中国人民政治協商会議」を開催する。人民政治協商会議と全人代は5年で一期、毎年ほぼ同時期に開催され、通常「両会」と呼ばれる。党指導の下の多党協力と協議制度は、中国の特色ある社会主義政党制度だと言われ、憲法の中では「長期にわたって存在、発展する」と規定されている。

（4）国家統合と中央・地方関係

中国は国家統合が未完成である。960万平方キロの国土を持つ中国は、23省（台湾省を含む）、五つの民族自治区、四つの直轄市、二つの特別行政区、という34の一級行政区域からなる。この中には、三つのパターンの国家統合の問題が存在している。

まずは、省の一つとして台湾省と呼ばれてはいるが、中央とは別の政治体制に基づく政府を持ち、「別の国」と構える「台湾当局」がある。いわゆる「台湾問題」で、独立か統一かに関わる問題である。

次に、「民族自治区」として内モンゴル、新疆ウィグル族、チベット、寧夏回族、広西壮族の五つの自治区が設置されている。これらの自治区はほとんどが中国の辺境に位置して、中央に言わせれば「祖国を分裂させる」ことが起こ

りうる。いわゆる「少数民族問題」で、民族自治、民族政策と民族紛争などに関わる問題である。

また、「特別行政区」として香港とマカオがあり、中国憲法とならんでそれぞれの地域に適用される「基本法」により統治されている。これにより、両地域には高度な自治が許されており、資本主義的な独自の法体系を持ち、独自の司法権を持っているのである。いわゆる「一国家二体制」の問題である。

いずれのパターンでも、国家統合の視点で言えば、まだ遙かな道が続くだろう。中国の統一を優先する政治的コストは、高い。

3　政治社会の自由化と民主化

（1）中国社会の自由度

上記の国家の政治制度の下で、政治社会、すなわち国家と国民の関係性に目を向けると、その自由度と民主度はどうなっているのだろうか。

憲法第2章「公民の基本的権利と義務」（第33-56条）では、次のような権利についての規定がある。①公民の法律の前での平等（第33条）、②選挙権と被選挙権（第34条）、③思想と言論の自由権（第35条）、④宗教信仰自由（第36条）、⑤人身の自由の不可侵（第37条）、⑥通信の自由（第40条）、⑦国家機関に対する批判と建議権、国家賠償要求権（第41条）、⑧労働権（第42条）、⑨福祉権（第45条）、⑩教育を受ける権利（第46条）、⑪学術と創作自由権（第47条）、⑫男女平等（第48条）。

しかし、条文よりは、国民がこれらの権利を真に享受できる程度という実態の自由度を見なければならない。実際の自由度については、否定的かつ悲観的な見方が多く指摘されている。例えば、報道の検閲と制限、学術発表の審査制限、出版の検閲と制限、「民主活動家」の人身自由の侵害等々である。また、人々の異議申し立ての経路が欠落しており、陳情制度である「上訪」（直接訪れて陳情する）制度の機能不全、上記でいう「国家機関に対する批判権」の不在が問題視される。

他方、経済的社会的領域の自由度は、広く深く増してきた。その背景には、

1978年の改革開放以降、中国経済の高度成長が40年間続き、2010年には国内総生産（GDP）が世界第２位の大国になったことがある。経済発展により、人々の「衣食住行」（衣食住および移動）の自由度が非常に向上している。電話の普及と1990年代以降のインターネットの使用により、人々のコミュニケーションの自由度が急増している。経済的社会的領域の自由化現象は、枚挙にいとまがない。

　重要なのは、経済的社会的領域の自由化が、政治的自由化にどのような影響をもたらすかである。これには二つの見方が同時に存在する。一つは、両者間に内在的な関連性があるもので、衣食住の自由は、「労働権」や、「福祉権」および「教育を受ける権利」を求める人々の要求を促し、その改善につながるという見方。もう一つは、経済的社会的領域の自由が、政治的領域の自由のさらなる尊重を求める人々の衝動を刺激することから、そうした人々の動きを阻むことによる衝突が起こりやすいとの見方である。

（２）中国の社会主義的民主主義

　中国の現行憲法には、「民主」という概念が14カ所出ており、四つのパターンに分けることができる。①「新民主主義」という概念で、国家の性格の由来を説明する。すなわち、「新民主主義革命の偉大なる勝利で中華人民共和国が成立した」、1949年以降は新民主主義革命の時期から社会主義革命の時期に入ったという。②「人民民主専政」という概念で、それを堅持し、社会主義を堅持するという。③「民主集中制」という言葉で、社会主義国家の中国は民主集中制の原則を堅持するという。④「民主自由」、「高度な民主」という言葉で、国家の目標として立てられるが、そのためには、中国共産党の指導の下で、「社会主義民主を発展させる」と掲げられている。

　中国も「民主主義」を掲げるが、それは、社会主義的民主主義（中国語、社会主義民主）である。このワードが第17回党大会政治報告のなかでは10回出ており、第19回党大会政治報告のなかでは11回も出ている。

　社会主義的民主主義とは、「中国共産党の指導」の下の「多党協力」と「政治協商制度」を重要な内容とする。これらの核心的な概念からは、一般的に言

う政治的、政党間の競争に基づく民主主義（選挙民主主義）とは違うもので、「協議民主主義」であることが一目瞭然であろう。これは中国の国情に相応しい民主制度だと言われるが、民主化を促す働きをすることよりは、政治体制の安定性を高める役割を担うものである（肖 2013；王 2005）。

（3）自由度と民主度の測定

　では、社会の自由度と民主度は、測定可能だろうか。ここで国際NGOフリーダムハウス（Freedom House）のデータと傾向分析を使用してみよう。フリーダムハウスは各国と地域の自由度を表す「世界における自由」を、1972年以来毎年公表している。最新のデータは、2018年1月に発表され、195カ国と地域の中で、「自由」（88カ国）、「部分的に自由」（58カ国）、「自由がない」（49カ国）という3段階評価で、中国は第178位で、「自由がない」国に分類されている。

　過去を遡って見ても、一貫して、「政治的権利」の7段階評価では、最高1から最低7までの中、最低7となっており、「市民的権利」の7段階評価では、最高1から最低7までの中、最低6となっている。「総合評価」は、「自由、部分的に自由、自由がない」の3段階評価の中、「自由がない」国に分類された（Freedom House 1998, 2008, 2018）。

　一方、中国は、このフリーダムハウスによる自由度の評価を「色メガネ」で見たものだと批判している。「フリーダムハウスは一貫して中国を恣意的に中傷し不名誉を負わせる」という。2007年5月11日の記者会見で、フリーダムハウスの報告結果について聞かれた外交部スポークスマン姜瑜は、「上記の論調は非常にでたらめで、まったく論駁するに値しない」と答えた[1]。

　自由と民主主義の測り方については、確かに定説がない。フリーダムハウスの評価には、中国の社会の変化を表せていない、という難点があるように思われる。しかし、いずれにしても、中国社会の自由度と民主度の国際的評価は、これで確認されるだろう。

4 近年の政治社会の変化

(1) 社会の急速な自由化

 2010年に中国はGDP総額で世界第2位の大国となった。12年に習近平体制ができて、17年から習体制の第二期に入っている。この間、中国社会の自由化が急激に進んでおり、例えば移動の自由に伴い、若者の就労の自由化が著しく進んでいる。ここでは、身近に感じられる、しかも全国の隅々までわたる自由化として、通信の自由と、決済の自由を取り上げる。

 第一に、通信手段には、WeChat「微信」の使用によって、画期的な変化が起こっている。微信は中国大手IT企業テンセント（中国名：騰訊）が作った無料インスタントメッセンジャーアプリである。文字・音声・写真・動画・顔文字・グループチャットなどコミュニケーション機能を有する。農村部までインターネット環境整備が出来ていることから、だれでもスマートフォンを持っていればどこからでも気軽に発信できる。

 微信は、2011年1月に中国でサービス開始したが、15年2月の同社発表によると登録ユーザー数は11億2000万人、20以上の言語版があり、200の国と地域をカバー、70を超える国と地域でナンバーワンのソーシャルアプリであるという[2]。また、利用範囲が非常に広く、日常の買い物から、飛行機・鉄道・ホテルの予約、行政上の手続きまで広範に利用されている。

 第二に、決済の自由化である。前記の中国のテンセントが提供する「微信支付」（ウィーチャットペイメント、WeChat Payment）と、アリババが提供する「支付宝」（アリペイ、Alipay）が、QRコードを使った非接触型決済サービスで、スマートフォン決済サービスとして、広範に利用されている。

 「支付宝」は、2004年12月から中国で開始され、「微信支付」は、13年8月から開始されたが、これらが急激に広がっていることは、まさにモバイル決済革命であり、近年の社会革命となっている。すでに、行政機関の事務料金から、電気、ガス、水道等の公共料金、携帯代へのチャージ、タクシー代金、田舎の屋台で販売している早朝の饅頭や夜の串焼きまでも、日常生活のほとんどの決済の場面で財布として利用される。しかも、この両社とも海外への進出に熱心

であり、日本でもすでにサービスを開始している。

（2）政治社会の緊張

　他方、こうした経済成長を背景にしても、1978年の改革開放以来40年経った現在においても、絶えずに社会の緊張が憂慮されている。社会の緊張は、多くの場面で現れるが、下記いくつか深刻な点を挙げておく。

　一、マスメディアや言論のコントロール（検閲）と通信手段の飛躍的な発展とはまさに逆行しており、後者が進めば進むほど、前者の困難さは非常に増している。体制側が微信で発散される情報をいくら削除しても削除しきれず、しかもそれによって社会的緊張感がますます膨張する。

　二、大型化、構造化する汚職腐敗問題で、政府が仕掛けた反腐敗闘争で負けでもしたら社会崩壊の危機に直面すると認識されるが、コストが高くて勝算が低い（毛里 2016：98-108）。

　三、環境汚染問題をはじめとする各種社会問題の解決に課題が山積している。例えば環境問題の解決には、法整備に加え、市民団体やマスコミによる企業への監督や、裁判所による公平な判決も欠かせない。現状ではいずれも困難である。

　四、社会的価値観（イデオロギー）に関わる問題。市場経済化が進み、社会の価値観と利益が多様化しているため、従来の階級闘争を標榜する共産主義というイデオロギーが求心力を失っている。新しいものはまだ作られていない。

　中国共産党は、民主化をはじめとする政治改革を進めれば、政治が不安定になると懸念しているが、内外の情勢の変化を踏まえて考えれば、改革しないことに伴うリスクとコストがまた非常に高まる。まさに難しい舵取りが迫られている。

5　人間の安全保障

　ここでは、人間一人ひとりに着目した概念として、「人間の安全保障」を取り上げる。人間の安全保障は、1994年に国連開発計画（UNDP）の「人間開発

報告書」で紹介されて以来、普及が進み、またグローバル・イシューとして挙げられている。

　個々人の安全保障は、帰属の国家に提供されるべきものなのか、もしそれが侵害された場合、特にその帰属の国家の権力によって侵害された場合は、その帰属の国家の範囲で処理されるべきものか、それとも国際社会から保護されるべきものなのか。

（1）人権白書の発表

　1989年以降中国国内の人権が欧米諸国から明確に批判されるようになったことに対応して、そして同時に人権のグローバル化の一環として、91年11月、中華人民共和国国務院報道弁公室が『中国の人権状況』（いわゆる『人権白書』）を発表した。これは、政府側が人権概念を公認したこと、人権の国内的のみならず国際的な側面をも認めたことを意味する。一定の積極的な意味合いを持つものであろう。

　内容から見れば、建国以後の成果報告書という性質を持つもので、対外的に自己宣伝の色彩が濃厚である。この一回目の人権白書には、憲法および法令上の規定と統計上の数字を根拠にして中国公民の人権があらゆる分野で保障されていることが述べられている。また、中国の人権に関する5点の特質が掲げられ、人権論の原理的枠組みとされている。①党の統率的指導の堅持、②「主権」優位、③「生存権」第一の原則、④権利と義務の統一の原則、⑤「発展権」重視、である。

　これら5点には、次のような派生的な解釈がなされる。①「党の統率的指導」を受けなければならない、②「主権」優位によって、人権は国内問題である、③「生存権」第一、権利と義務の統一の原則、「発展権」重視によって、個人的人権は、集団的および国家的利益の下位に置かれる、④政治的・精神的人権は、「生存権」につながる経済的、社会的人権よりも優先順位が低い、などである。これらは、中国内外からの人権抑圧の批判に対する反論の根拠としてしばしば挙げられる。

　1993年6月、世界人権会議においてウィーン宣言および行動計画が採択され、

同年7月に国際連合総会にて承認された。95年12月、中国は二回目の人権白書を発表した。「人権研究の展開、人権知識の普及」という項目が新たに増やされ、国際的な批判に対する一定の宥和的姿勢を表していた。97年3月に三回目の人権白書を発表、中国の人権状況には「歴史的・現実的条件の制約」を受けて、いまだ「満足していないところがある」ことを認め、かつ「人民の享受する人権」が一層広い領域、高い段階で実現されうるよう引き続き努力すると述べている。その後、国務院新聞弁公室は、99年4月、2000年2月、01年4月、04年3月、05年4月、10年9月、13年5月、14年5月、15年6月、17年12月に、合計13回にわたって人権白書を発表してきた（中華人民共和国国務院新聞弁公室HP：http://www.scio.gov.cn/zfbps/index.htm）。04年3月の憲法改正で、「国家は人権を尊重し保障する」と、人権が初めて憲法に書き込まれた。

（2）グローバル化への対応

前述の人権白書の発表以外に、中国は以下の二つの側面から、人権のグローバル化に対応している。

第一に、人権に関する国際規約に関心を示し、加盟している。1997年10月に社会権規約（「経済的、社会的および文化的権利に関する国際規約」）に、98年10月には自由権規約（「市民的および政治的権利に関する国際規約」）に署名した。社会権規約については、3点の「声明」付きで、2001年に批准したが、自由権規約については、いまだ批准していない。現行の法律が自由権規約と矛盾している箇所が多くあるからであろう。例えば死刑に関する適用範囲は大きく異なる。批准の見通しはいまだに見えない。

第二に、中国の独特な人権論を展開して防衛線を張っている。中国は自国の人権制度を「社会主義的人権」と呼び、それが資本主義的人権制度より以下の3点において優越すると主張している。広範性、公平性、真実性である。李歩雲は、社会主義的人権理論として、以下の点を強調している。人権は、①共通性と個別の統一である。②内容は広範で、人身的権利と人格的権利、政治的権利と自由、経済的・文化的・社会的権利などを包括している。③個人の人権と集団の権利の統一性と一致性を強調する。④人権には権利と義務という分離す

ることのできない性質がある。⑤人権の保障は様々な条件の決定と制約を受ける、という（李 1997：269-288）。

　このように、人権と国権との関係性については、相克する関係にありうる。国権優位の原理、および国権に対する党の統率的指導権は、厳然と維持されている。1978年末以来の改革開放政策の推進による市場経済の進展によっては、結局のところ、個人的人権と党の指導との矛盾が現れる（土屋 2012：168-170）。言い換えれば、改革開放の継続は、個人的権利の法的保障の強化と人権意識の高まりを内包している。

6　今後の課題

　最後に、昨今の政治的課題として、2018年３月の憲法改正案問題を取り上げて、まとめとする。習近平体制第二期の最初の「両会」が18年の３月３日と４日から開催された。３月６日、全人代常務委員会副委員長王晨が中華人民共和国憲法改正案草案に関する報告を行った。国家主席の任期は２期10年までという従来の規定が削除されることで「国家主席の任期撤廃」として注目された。「任期撤廃」とは、その任に居続けられることとして解釈される。それに対して、憂慮の声が国内外から聞こえてくる。

　中国の公式な説明では、２点の理由が挙げられている。一つは、任期撤廃は多くの共産党員や幹部、一般国民が一致して訴えて求めてきたものだという。もう一つは、「党のトップである総書記にも軍のトップである中央軍事委員会の主席にも任期の規定はなく、国家主席も同様にすることで党中央の権威を守り、国家の指導体制を強化することにつながる」として正当性を強調している。閉幕に先立ち、政協主席汪洋が演説し、国家主席の任期制限を撤廃した憲法改正について「習近平同志を核心とする党中央の権威と統一的指導を守るため、力強い憲法の保障を提供した」と強調し、憲法の順守を求めた。

　中国共産党指導の強化は、また一押しなされるように思われる。習近平総書記は、「『党政軍民学』と『東西南北中』の一切を党が指導する」と2018年３月の全人代で明言している。

市場経済に基づく開放的な経済体制が大きく成功を見せている中国では、開放的な社会になりつつある際、同様に開放的な政治体制を求める勢いが強まる。これに直面している中国の指導部は、中国共産党の指導を強調して、「社会主義民主」「社会主義人権」をもって対応するのが、今日の中国のガバナンスの全貌のようである。

【参考文献】
1．天児慧（1999）『中華人民共和国史』岩波新書
2．加茂具樹（2007）「社会主義民主政治の建設と「民主」——中国の動向」『東亜』(481)、2007年7号、42-53頁
3．吉川元（2015）『国際平和とは何か——人間の安全を脅かす平和秩序の逆説』中央公論新社
4．鈴木隆（2012）『中国共産党の支配と権力——党と新興の社会経済エリート』慶應義塾大学出版会
5．高橋伸夫編著（2015）『現代中国政治研究ハンドブック』慶應義塾大学出版会
6．土屋英雄（2012）『中国「人権」考——歴史と当代』日本評論社
7．菱田雅晴・鈴木隆（2016）『超大国・中国のゆくえ3 共産党とガバナンス』東京大学出版会
8．毛里和子（2012）『現代中国政治——グローバルパワーの肖像』（第三版）名古屋大学出版会
9．毛里和子（2016）『中国政治——習近平時代を読み解く』山川出版社
10．李歩雲（1997）「結語　社会主義人権の基本理論と実践」鈴木敬夫編訳『中国の人権論と相対主義』成文堂、269-288頁
11．蔡定剣（1996）《中国人民代表大会制度》法律出版社
12．林尚立（2017）《当代中国政治：基础与发展》中国大百科全书出版社
13．肖立辉（2013）《社会主义协商民主的内涵、制度体系及价值》《中国党政干部论坛》2013年7月号，15-18页
14．王寿林（2005）《当代中国社会主义民主论》中共中央党校出版社

1）「外交部：米国人権団体"自由之家"報告十分荒唐」、中国新聞網：http://www.chinanews.com/gn/news/2007/05-11/933305.shtml, last visited, 10 May 2018.
2）TechNode、https://technode.com/2015/01/22/wechat-reaches-1-1b-registered-accounts-440m-mau/, last visited, 14 September 2018.

第13章
インド・パキスタンのガバナンス

共同通信社ニューデリー支局長
和田真人

1　はじめに

　インドとパキスタンの政治体制はいずれも共和制であるが、歴史は全く異なる道をたどってきた。両国は1947年8月、英領インドからインドと東西パキスタンに分離して独立し、インドはヒンドゥー教徒が多数派となり、パキスタンはイスラム教徒主体の国家を建設した。ベンガル地方とパンジャブ地方は分割され、分離独立時には宗教対立で多くの犠牲者が出た。インドのジャム・カシミール州では現在も独立やパキスタンへの併合を主張する武装勢力が活動している。

　インドは「世界最大の民主主義国家」と呼ばれる。インド政府によると、人口は2011年3月1日現在12億1019万3422人（インド政府ウェブサイト）。もっと新しい数字では、国連社会経済局の17年6月の発表で13億3918万人と、既に13億人を超えた。世界の中でインドの人口は中国の14億951万7千人に次いで多い。中国は共産党による事実上の一党独裁であるが、インドでは18歳以上の普通選挙が行われており、これが「世界最大の民主主義国家」と呼ばれるゆえんだ。

　インドでは独立運動を主導したマハトマ・ガンジーの流れをくむ政党「国民会議派」が1970年代まで政権を握った。インドは憲法が連邦公用語としてのヒ

ンディー語と英語を規定し、附則で州の公用語として22の言語を記し、紙幣にも17言語が記されるほどの多民族国家だ。国民の間には宗教、出身地、カーストなどを理由にした相互不信もあり、各地域で独立を求める勢力もいる。こうした民主主義の阻害要因もある中、インドが「世界最大の民主主義国家」と言われ続けている理由としては「民主主義の定着は、会議派がインド政治に対して行った最大の貢献」(堀本 1997) と言われるように、独立からしばらくの間に国民会議派がリーダーシップを発揮したことで国民の政治参加が定着した、と言える。国民会議派は現在下野しており、与党はインド人民党 (BJP) である。ヒンズー至上主義団体を支持母体とするインド人民党を巡る民主主義の阻害要因については後述する。

一方のパキスタンは建国から約66年たった2013年になって初めて文民政権が任期を全うした。パキスタンで民主主義が定着しなかった理由には、1958年のクーデター以来、断続的に政治の実権を握った軍の存在がある。

直近のクーデターは99年10月にペルベズ・ムシャラフ陸軍参謀長(当時)が首謀した。分離独立前のインド・ニューデリーで生まれたムシャラフはシャリフ政権を崩壊させ、2007年11月に陸軍参謀長を辞任して文民大統領として就任宣誓した。しかし08年2月、総選挙でパキスタン人民党 (PPP) が第1党となると、ナワズ・シャリフ率いるパキスタン・イスラム教徒連盟シャリフ派 (PML(N)) と連立、大統領弾劾に向けた動きが強まった。ムシャラフは08年8月に大統領を辞任した。そして初めて文民政権が任期を全うした13年の下院選では PML(N) が圧勝し、シャリフが3度目の首相に就いた。

1999年以降、本稿執筆中の2018年前半まで、パキスタンではクーデターは起きていない。18年7月、史上2度目の文民政権の任期全うに伴う下院選が実施された。パキスタン正義運動 (PTI) 主導の連立政権が樹立され、PTI 党首でクリケットの元スター選手イムラン・カーンが首相となった。選挙に至る過程でシャリフ首相が最高裁の判決を受けて失職するなどし、背後に軍の関与が公然と指摘された (詳細は「4 近年の民主化傾向」を参照)。

軍の存在とともに、パキスタンの混乱を誘発してきた背景に「政界のリーダー不在」を挙げる声も国民の間にはある。国、地方を問わず、パキスタンの選

挙では、PPPを創設した故ズルフィカル・アリ・ブット元首相のブット家と、PML（N）率いるシャリフ家が長年競ってきた。クーデターは、ブット家とシャリフ家による政権争いの合間に起きてきたと言っても過言ではないだろう。両党と軍がせめぎ合う中で、任期を全うできる真のリーダーが育ってこなかったと言える。そんな中、PTIが新たな受け皿として台頭している。ただ過去に反政府デモの際、治安部隊との衝突を引き起こすなどしており、国のかじ取りを完全に任せて良いのか、国民の間には懐疑的な見方も根強い。

2　インド・パキスタンの政治制度

　両国の政治制度を理解する助けとするために、次にインドとパキスタンの政治体制についてみてみよう。

（1）インド
　インドは1947年8月のパキスタンとの分離独立から約2年半後、50年1月26日に憲法が発効し、正式に共和国となった。
　（i）**元首**　大統領だが、政治の実権は大統領が任命する首相にある。
　　（a）**大統領**　内閣の助言の下に行政権、軍の最高指揮権を持つとされているが、政治的実権は首相にある。上下両院および州議会議員による間接選挙で選ばれる。再選可。任期は5年。現在は2017年7月25日に就任したラム・ナート・ゴビンドが務めている。
　　（b）**首相**　大統領が任命する。14年の総選挙でインド人民党（BJP）が単独過半数を獲得し、10年ぶりに政権を奪還した。グジャラート州のナレンドラ・モディ州首相が首相に就任した。1党による単独過半数は30年ぶりとなった。
　（ⅱ）**連邦国家**　29州（state）と、それと同格のデリー首都圏、6連邦政府直轄地（Union Territory）から構成される連邦国家で、各州に大統領任命の知事がいる。行政は州首相以下の州政府が担当する。
　　（a）**議会**　連邦議会は二院制で、州議会は一院または二院制と州によっ

177

て異なる。連邦議会は上院（Rajya Sabha）と下院（Lok Sabha）で構成される。上院の定数は最大250で、大統領が学識経験者ら12人を指名し、残る議員は各州議会議員による間接選挙で選ばれる。任期は6年で、3分の1を2年ごとに改選する。議長は副大統領が兼務している。

下院は定数が最大552で、そのうち543議席は全州と連邦政府直轄地から小選挙区制の直接選挙で選ぶ。2議席はアングロ・インディアン（父方が欧州起源の者）代表で、大統領が指名する。任期5年。

(2) パキスタン
 (i) 元首　　大統領。政治的実権は首相にある。
　(a) 大統領　上下両院などの間接選挙で選出される。任期は5年。ムシャラフ大統領は陸軍参謀長時代にクーデターで実権掌握後、大統領の下院解散権を復活させるなど権限強化を進めた。しかし2010年4月の憲法改正で、下院解散には首相の助言が必要になり、大統領は象徴的存在となった。
　(b) 首相　下院での投票で選ばれる。
 (ii) 連邦国家　　四つの州のほか、連邦直轄地の首都イスラマバードがある。北西部アフガニスタン国境地帯には部族地域があったが、18年5月に隣接するカイバル・パクトゥンクワ州に編入された。各州に知事、首相がおり、議会がある。
　(a) 議会　連邦議会は上院と下院で構成される。上院は104議席を州議会議員らによる間接選挙で選ぶ。任期は6年で、3年ごとに半数が改選される。

下院は定数342議席で、272議席が小選挙区制で選ばれる。残りは比例代表制で60議席が女性枠、10議席が非イスラム教徒枠。任期は6年。

3　自由度・民主化度

フリーダムハウスのインドとパキスタンの評価を比較すると、「世界最大の民主主義国家」であるインドと、民主主義の根付き始めた隣国パキスタンでは、

第13章　インド・パキスタンのガバナンス

	評価	自由度	市民的権利	政治的権利	総合評価
インド 1998〜99、2001〜15年	自由	2.5	3	2	—
インド 2016〜18年	自由	2.5	3	2	77
パキスタン 1999年	自由でない	6	5	7	—
パキスタン 2001〜08年	自由でない	5.5	5	6	—
パキスタン 2009〜15年	限定的自由	4.5	5	4	—
パキスタン 2016年	限定的自由	4.5	5	4	41
パキスタン 2017、18年	限定的自由	4.5	5	4	43

※Freedom Houseデータより筆者作成

「自由度」の違いが明確に現れる。

　インドは1998年以来20年間、「自由」を維持している。「自由度」2.5、「政治的権利」2、「市民的自由」3の評価も変化はない。2016年に始まった「総合点」も77のままだ（上の図参照）。

　一方、パキスタンは1999年から2008年までは「自由でない」だったが、09年に「限定的自由」に進んだ。これは「自由度」が01年以来続いた5.5から4.5に、「政治的権利」が同様に続いていた6から4に改善したことが影響している。

　背景には、08年の軍事政権からの民政移管がある。前述の通り、1999年のクーデターでムシャラフ陸軍参謀長が政治的実権を掌握、2008年の総選挙で連立政権が誕生し、文民大統領となっていたムシャラフは辞任した。この選挙の結果誕生したパキスタン人民党（PPP）中心の政権は、13年までの任期5年を全うし、建国以来、初めて文民政権として任期を全うすることにつながった。

　以下、フリーダムハウスの両国に関する分析から、特徴的な内容を挙げる。

（1）インド

　自由度、民主化度において最も重要と思われる記述は2015年版から一貫して、次の同じ表現が用いられている。

　「選挙で選ばれた指導者たちは統治権限を持ち、軍に対する文民統制は憲法に規定されている」「しかしながら、政治汚職が政府の効率性に悪影響を与えている」。前者は評価できる点として、後者は阻害要因として、それぞれ記されている。

　モディ首相は16年11月8日、テレビ演説し、1000ルピー（約1600円）と500ルピーの紙幣を廃止すると突然発表した。税務当局が把握できない「地下経済」が国内総生産（GDP）の約3割を占め、汚職や脱税の温床と指摘されていたため、不正資金のあぶり出しを狙った政策だった。

　フリーダムハウスは17年版で「全てのレベルの政治家や公務員が日常的に賄賂を受け取るか、腐敗に関与している一方で、多くの汚職は公にならず、処罰されていない」と指摘している。

　18年に入ってからは、眼球の虹彩や指紋を取る生体認証システムを使ったインド版マイナンバー制度「アーダール」（aadhaar）と、銀行口座や携帯電話の契約を関連付けることになっている。政府は行政サービスの効率化を強調しているが、賄賂などの不正資金のあぶり出しも狙っている。

　14年総選挙で登場したインド人民党（BJP）のモディ政権は、約8割の国民がヒンズー教徒のインドの中でも、ヒンズー至上主義の流れをくんでいる。BJPが17年の州議会選で圧勝した北部ウッタルプラデシュ州や、西部ラジャスタン州では、ヒンズー教徒が神聖視する牛を巡り、屠殺や輸送に関わるイスラム教徒が「牛自警団」を名乗るグループなどに殺害される事件が相次いだ。ヒンズー至上主義の高まりが宗教対立や社会不安を生じさせかねないとの懸念は根強く、フリーダムハウスも14年版以降「グジャラート州の州首相時代の02年に起きた宗派抗争を止められなかったと非難された」（同年版）、「民族主義ヒンズー教徒組織と結託した牛保護自警団がムスリムらに対して襲撃を繰り返している。ナレンドラ・モディ首相は襲撃を即座には非難していないと批判されている」（17年版）「（牛を巡る襲撃が続く中）暴力に対する政府の反応は不十分

だと多くの人が考えている」(18年版)としている。

(2) パキスタン

14年版以降「軍や情報機関は無差別に力を行使し、責任を問われていない」との一文が書かれている。軍の事実上のトップである陸軍参謀長をパキスタンで最も長く務めたアシュファク・キアニがラヒール・シャリフ中将に交代、シャリフ首相が文民統制をアピールしたとされた13年について書かれた14年版でさえ、この記述がある。

また17年版においては、16年の「重要な動き」として、シャリフ首相が11月、憲法に基づいて再び陸軍参謀長を任命したと記された。翌月には情報機関「3軍統合情報部(ISI)」長官の人事も行われたことに触れられ、この二つの事実は「政策決定におけるシビリアン・リーダーシップが強化されたことを示している」と評価された。それでも、上記記述は残された。

その理由は、17年版で端的に書かれている。カシミール地方の帰属を巡って争うインドとの関係や、対テロ作戦を実行する地域の優先順位といった国内の治安問題について、軍が引き続き絶大な影響力を持っているという点だ。

点数の動向で特に大きかったのは、政治的権利への評価が「6」から「4」に向上した09年版だ。クーデターで政権を握り、約9年にわたって事実上の独裁体制を敷いたムシャラフ大統領率いるパキスタン・イスラム教徒連盟クアイディアザム派が下院選で惨敗し、連立政権が樹立され、ムシャラフ辞任につながった。その後、13年に文民政権が史上初めて任期を全う(既述)するという動きもあったが、09年以降の評価点に動きはない。文民統制の進展を中心に、パキスタンの政情を見極めているのだろう。

4 近年の民主化傾向(国内要因と国際要因)

(1) 国内要因

インドでは通常選挙を経て政権交代が起き、「世界最大の民主主義国家」として民主化傾向は安定している。しかし近年、国内ではヒンズー至上主義への

警戒感が強まっている。2014年4〜5月の総選挙で単独過半数を獲得して10年ぶりに国民会議派から政権を奪ったインド人民党（BJP）が、ヒンズー至上主義団体「民族義勇団（RSS）」を支持母体としているからだ。

RSSはモディ首相も青年時代に参加、政界への足がかりにした。インド全土に約3万の支部を持つ草の根団体が支えており、中には過激な団体もあってイスラム教やキリスト教からの改宗運動も展開しているとされる。

またBJP総裁でモディ首相の側近アミト・シャーは、モディが西部グジャラート州の首相だった10年、治安部隊がテロ掃討作戦を装ってイスラム教徒を殺害したとされる事件の責任を問われて逮捕、収監されたことがある。シャーは自身のホームページで、国民会議派の地元政府が虚偽の罪状を科したもので、後にグジャラート高等裁判所によって無罪が証明されたとし、「政治的動機」に基づくものだったと記している。

国際人権団体ヒューマン・ライツ・ウオッチは17年4月、モディ政権発足以降、インド各地で牛や水牛の保護を巡る暴行事件が相次ぎ、イスラム教徒や、肉を扱う最下層民「ダリット」が被害者になっているとの報告書を発表した。報告書は、警察などが「牛保護を名目にした暴力を黙認している」と批判した。北部ウッタルプラデシュ州では同年の州議会選でBJPが圧勝し、菜食主義者のヒンズー聖職者ヨギ・アディティナートが州首相に選ばれ、すぐに精肉店の営業を禁止し、牛の保護に乗り出した。地元報道によると、同州や西部ラジャスタン州で「牛自警団」によるイスラム教徒の殺害が報告されている。

17年7月に当選したコビンド大統領はカースト制度の最下層で不可触民とされた「ダリット」出身だ。当選前には「憲法と国益が優先事項」と語り、儀礼的役割を果たす大統領として政治とは一定の距離を置く姿勢も見せた。イスラム教徒など少数派への対応で多民族国家統合の象徴となり得るか注目されている。

一方、パキスタン国内では、既述のように文民政権が任期を全うするようになり、民主化が一見、定着に向かっているようだが、現在も首相の失職を巡って軍の影がちらついており、予断を許さない。下院は13年3月、文民政権初となる任期満了で解散し、同年5月の選挙で野党パキスタン・イスラム教徒連盟

シャリフ派（PML（N））が圧勝し、与党パキスタン人民党（PPP）は惨敗、シャリフが三度目の首相に就任した。しかしパキスタン最高裁は17年7月、前年4月に国際調査報道ジャーナリスト連合（ICIJ）が報じたパナマ文書問題を巡ってシャリフ首相の下院議員資格を剥奪し、シャリフは失職した。シャリフの子どもらが英領バージン諸島の法人を通じてロンドンにある高級マンションを取得したと指摘され、最高裁はシャリフが議会や最高裁に不誠実な説明をしたため、議員に不適格と判断した。

　この資産調査には軍の情報機関「3軍統合情報部」が関与し、クーデターとは違った形で軍が影響力を行使したとの疑いの目が注がれている。最高裁は18年2月にシャリフのPML（N）党首退任も命じ、同氏は同年7月には禁錮10年の有罪判決を受けた。同年7月の下院選で勝利したPTIは、軍の支援を受けて選挙戦を有利に進めたと指摘され、特に対インドなどの外交政策で軍の影響が強く出るのではないか、と懸念されている。パキスタンの民主化が一層進むかどうかは、政治への軍、司法の「介入」がどこまで行われるかに懸かっている。

　01年9月の米中枢同時テロ以来続く「テロとの戦い」も影を落とす。07年12月に結成されたイスラム武装勢力「パキスタンのタリバン運動（TTP）」が市民を巻き込むテロを引き続き行っている。11年5月、米中枢同時テロの首謀者とされる国際テロ組織「アルカイダ」指導者ウサマ・ビンラディン容疑者がパキスタン北部アボタバードで殺害されたものの、中東のシリア北部ラッカを首都に14年6月「カリフ制国家」樹立を宣言した「イスラム国（IS）」が、15年1月にはパキスタン、アフガニスタン国境地帯などを「ホラサン州」として領有すると宣言した。現在のパキスタンやアフガニスタンではTTPやタリバンだけでなく、ISが犯行声明を出すテロも相次いでいる。

　テロ対策の一環として、シャリフ首相は14年12月16日に150人以上が殺害された北西部ペシャワルでの学校襲撃事件を受け、同月25日、軍主導の特別法廷を新たに設置するとテレビ演説で明らかにした。2年間の時限措置だったが、17年3月にはフセイン大統領が同年1月に機能を停止していた軍事法廷を復活させる憲法改正に署名した。当初の軍事法廷では274事件を処理し、うち161件

で死刑判決を出しており、19年1月までの期限付きとは言え、軍事法廷が復活したことに人権団体や弁護士らから批判が出ている。

(2) 国際要因

　両国の民主化傾向において最大の懸案はカシミール問題だ。1947年の分離独立以来、領有権を巡って対立、三度の戦火を交えている。99年には第3次印パ戦争以来の大規模な衝突であるカルギル紛争が起きた。2001年に起きたニューデリーの国会議事堂襲撃事件と合わせ「核戦争に近づいた危機」と言われた。

　両国の歩み寄りは一進一退を繰り返している。モディ首相就任直後の14年5月、ニューデリーで首脳会談が開かれ、外務次官級協議開催で合意したが、同年8月に協議は早くも中止された。同年12月、モディはインド首相として約12年ぶりにパキスタンを訪ね、ラホールでシャリフ首相と会談し、カシミール問題解決への努力を続けることで合意した。

　15年7月にはロシア、中国と中央アジア4カ国で構成する上海協力機構（SCO）首脳会議に併せてロシア中部ウファで印パ首脳会談が開かれた。シャリフ首相は翌年にパキスタンで開催予定の南アジア地域協力連合（SAARC）首脳会議にインドのモディ首相を招待し、モディは快諾したが、16年9月にカシミール州の州都スリナガルで起きた軍基地襲撃でインド兵多数が死亡したことを受け、SAARC首脳会議は延期された。

　18年7月のパキスタン下院選で勝利したPTIのカーン党首は勝利宣言の際、カシミール問題解決に向けてインドとのトップ会談を提案した。しかし選挙戦勝利の裏には軍の支援があったとされているだけに、インドとの関係改善にどこまで踏み出すのか、不透明だ。

　多国間関係を見ると、モディ政権は東南アジア、日本などとの関係を重視する「アクト・イースト（東方へ動く）」政策を取っている。海洋進出を進める中国を警戒し、「自由で開かれたインド太平洋戦略」を提唱する安倍晋三政権の日本やトランプ政権の米国と防衛協力を含めて連携を深めている。パキスタンは現代版シルクロード経済圏構想「一帯一路」の皮切りとなる経済回廊事業を進める中国との関係を深めている。

5　グローバル化への対応と人間の安全保障

　国連開発計画の「人間開発指数（Human Development Index）」によると、インドは指数0.624で世界131位、パキスタンは0.550で147位である。両国とも識字率は低く、15歳以上でインドが72.1％、パキスタンが58.7％だ。グローバル化や人間の安全保障の基礎はけっして十分ではなく、人間の安全保障にとっての脅威の一つである核管理に関して両国の態勢は強固とは言えない。

　モディ首相率いるインド人民党（BJP）は2014年の総選挙に際してのマニフェスト（政権公約）で、核ドクトリンについて「現在の課題に適したものにするため」に見直すと表明し、軍事的な核政策と民生分野の原子力政策は「外国による圧力と影響」に左右されないと明記した。しかし見直しについての具体的説明はなく、当時の地元紙ヒンドゥスタン・タイムズによると、BJPのラジナート・シン総裁は「核の先制不使用の原則を変えるつもりはない」と明言した[1]。その後もインドの核ドクトリン、特に先制不使用の原則が変更されたとの情報はない。

　核拡散防止条約（NPT）に未加盟のインドは1998年、当時のBJPのバジパイ政権下で核実験を行い、2003年には核の先制不使用などを定めた核ドクトリンを発表した。

　パキスタンでは核兵器の運用に関し、常設で緊急時に招集される「国家指令本部」（NCA）が最高意思決定機関で、トップは選挙で選ばれた下院議員でもある首相のため、形の上では文民統制が取れている。一方、実質的な判断は軍の組織である「戦略計画局」（Strategic Plans Division）が行う。パキスタン政府や軍の当局者はさまざまな場面で、パキスタンの核管理は盤石であると強調するが、国際テロ組織アルカイダとパキスタンの科学者が接触していたとされているし、テロリストによる軍施設への攻撃は度々発生している。

　インドとパキスタンは1991年に発効した2国間協定に基づき、92年から毎年1月1日、両国内の核施設への攻撃を防ぐ目的で施設リストを交換している。国民の安全を担保する動きが全くないとは言えないが、核管理態勢が政争の具とされたりテロリストからの攻撃を受けたりしかねない状態にあることは、両

国において人間の安全保障が不安定である現状を表している。

6　まとめ

　近年のインドとパキスタンの違いが最も顕著に出ている分野の一つが「核の民生利用」だろう。巨大市場の電力需要を見込んだ日本や欧米諸国がインドと原子力協定を結んで原発輸出に向けて歩みを進める一方、パキスタンの原子力分野での協力は中国一辺倒となっていると言ってよい。パキスタンには「核の闇市場」を通じて北朝鮮などに技術を流出させた「前科」があり、テロとの戦いの主戦場にもなっているため、先進各国が原子力協力に乗り出せない事情がある。とはいえ、米英ロ仏中の5カ国以外の核保有を認めないNPTは不平等として両国とも加盟しておらず、インドだけ特別扱いする先進各国の姿勢にパキスタンは反発している。

　ストックホルム国際平和研究所（SIPRI）の推計では、2017年の軍事費はインドが597億5700万ドル（対GDP比2.5％）でパキスタンは103億7800万ドル（同3.5％）であるのに対し、18年1月時点の核弾頭数はインド130〜140に対しパキスタンが140〜150と勝っている。

　今後の両国関係は、現状のように中国vs米国同盟の構図に巻き込まれていく限り、インド優位に進んでいくことが確実だ。分離独立以来の懸案であるカシミール問題の解決の糸口は見えず、この問題が解決しない限り印パは「永遠の敵」であり、軍拡競争は続き「核戦争の危機」再燃の恐れは消えないだろう。

【参考文献】
1．辛島昇ほか（2012）『［新版］南アジアを知る事典』平凡社
2．国連社会経済局（2017）『World Population Prospects』2017 revision.
3．佐藤創編（2010）『パキスタン政治の混迷と司法──軍事政権の終焉と民政復活における司法部のプレゼンスをめぐって──』アジア経済研究所
4．一般社団法人共同通信社編著『世界年鑑』株式会社共同通信社
5．堀本武功（1997）『インド現代政治史』
6．インド憲法　http://lawmin.nic.in/olwing/coi/coi-english/coi-4March2016.pdf, last visited, 18 February 2018
7．インド人民党（BJP）ホームページ http://www.bjp.org, last visited, 24 March 2018
8．インド政府ウェブサイト　https://www.india.gov.in/india-glance/profile, last visited, 18 Feb

ruary 2018
9. BJPアミト・シャー総裁ホームページ　amitshah.co.in, last visited, 24 March 2018
10. パキスタン上院ホームページ　http://www.senate.gov.pk/en/party_wise_list.php?id=-1&catid=261&subcatid=2&cattitle=Members%20of%20Senate, last visited, 26 March 2018
11. UNDP人間開発指数 http://hdr.undp.org/en/countries/profiles/IND, last visit, 18 May 2018
12. ストックホルム国際平和研究所ホームページ（last visit, 8 July 2018）　軍事費 http://visuals.sipri.org/, 対GDP比　https://www.sipri.org/sites/default/files/3_Data%20for%20all%20countries%20from%201988%E2%80%932017%20as%20a%20share%20of%20GDP.pdf

1）https://www.hindustantimes.com/india/no-first-use-nuclear-policy-to-stay-rajnath/story-6Mx0OHltXFIRDH9koFWuvI.html, last visited, 18 May 2018.

第14章
東南アジアにおける人間の安全保障とガバナンス

広島市立大学 広島平和研究所教授
ナラヤナン・ガネサン

1　はじめに

　過去10年間の東南アジアの進展は、人間の安全保障とガバナンスの問題に関しては概してばらつきがある。インドネシアのように人間の安全保障にもガバナンスにも対応し、国民の暮らしを大幅に改善した国がある一方、カンボジア、ミャンマー、タイのように後退している国もある。全般的な発展や生活水準の点では向上していても、政治的暴力、クライエンテリズム（恩顧主義）、腐敗などの問題が内在する可能性があるため、状況を評価するには、個々の事例に着目する必要がある。したがって、一般的な概観は、細部の重要な問題が曖昧になる懸念があることを念頭に置く必要がある。

2　当該地域における政治体制

　東南アジアの構成国はもともと10カ国だった。半分は大陸部、残りは島嶼部である。2002年にインドネシアから独立した東ティモールが、最も新しい構成国となった。タイを除く全地域はかつて植民地化されたが、第二次世界大戦後、1946年、フィリピンの独立を皮切りに各国は独立を果たした。46年から89年にかけてベトナム、ラオス、カンボジアを巻き込んだインドシナ戦争が3度発生

したため、大陸部よりはるかに早く島嶼部が発展した。その意味では、冷戦は大陸部に多大な影響を与え、地域の発展を著しく遅らせた[1]。62年にネ・ウィン将軍が起こしたクーデター以降の孤立主義政策により、ミャンマーは社会経済的・政治的発展からも取り残された。事実、東南アジア諸国連合（ASEAN）では、より発展したASEAN6カ国とCLMVと称されるASEAN後発4カ国（カンボジア、ラオス、ミャンマー、ベトナム）との間には常に格差がみられる。これらの歴史的背景は、90年まで発展の速度と規模に大きな影響を与えた。

　この地域の政治体制は多様であり、極端な例として、ブルネイには絶対的な君主制が存在する。また、マレーシアとタイには立憲君主制のような君主制の変種がある。両国は、国家元首である国王は国政の実権を有さないとする議会の規範を守っている。しかし、軍部と官僚を操って影響力を保持するネットワーク王政、および上記三つの機関（軍部、官僚、王政）を統合し国王の諮問機関として機能する枢密院を通じて、タイの国王は伝統的に権力を行使してきたことに留意すべきである。マレーシア同様、シンガポールも議会制度を採っている。

　また、インドネシアとフィリピンのように大統領制を採用する国もある。2010年に軍事政権支配から移行したミャンマーも同様の制度を採っている。ミャンマーの場合、国民民主連盟（NLD）政権を率いるアウン・サン・スー・チーが国家最高顧問として、また大統領任命権を持つ側近として間接的に権力を行使するという特徴がある。同国制度の08年の憲法は、外国籍の配偶者や子供がいる者を大統領に任命することを禁じており、その規定を迂回して権力を持つ手段であった。

　インドシナ半島のベトナムとラオスは、基本的には共産国家であり、すべてにおいて共産主義体制特有の規範を備えている。カンボジアも議会制民主主義ではあるが、フン・セン首相が多くの権力を掌握し、野党の反対を押し切る点で、閉鎖的な共産主義体制と言える。政党や関連活動に課せられた制限は権威主義的国家に類似する。概して、この地域の多くの国家および政権は、野党の活動や政府批判を押さえ込んでいることに注目すべきである。こうした抑圧や弾圧は、時に組織的に、時に法的手段で対処されている。

3　自由と民主主義

　概念としての人間の安全保障は1990年代初めに生まれ、冷戦終結とソ連の崩壊に関連している。それ以前は、安全保障は常に国家を中心とし、国家の安全保障が人間の安全保障に優先する傾向があった。人間の安全保障というこの新しい概念では、焦点を国家から個人に移している。その前提としてあるのは、恐怖と欠乏からの自由である。したがって、基本的自由が守られ、住居、食糧、公益事業、教育、保健、法や秩序など生活の基本的要求が満たされ、大きな困難に遭遇することがない状態であれば人間の安全保障があるとみなされる。一方、ガバナンスは、公的および政治エリートの取り組みに関わるものであり、人間の要求がどのような計画のもとに充足されているかを評価する。したがって、効果のない公共事業の提供はガバナンスが貧弱と言える。ガバナンスの問題は、必然的に国家の能力と利用可能な資源に直結するため、開発と歳入の水準に依ると言える。この点で、人間の安全保障もガバナンスも、資源と人材がより豊富な先進国が明らかに優勢である。

　自由と民主主義の段階は地域によって大きく異なり、政治体制や政権の権力行使とも相関がある。ベトナムやラオスのような共産主義体制では、政党の組織と民主主義運動の自由には明らかに限界がある。同様に、民主主義国家においても、多くの場合、支配層が自由と民主主義の水準を決定し、大部分は西洋で共通する自由主義の規範を避ける傾向がある。また、多くの国は多民族国家であるため、社会の調和の維持に有害であると見なされる自由の行使にも限界がある。その例として、マレーシアやシンガポールには、他の共同体の民族感情や宗教心を害する行為を禁止する法律があり、インドネシアでは、「多様性の統一（Bhinneka Tunggal Ika）」という国是を掲げ、一つのアイデンティティーを共有することで共存を促進している。

　タイではプラユット・ジャンオーチャー将軍が軍事クーデターにより選挙なしで首相として権力を握って以来、民主的な規範から離脱している。2019年の早い時期に選挙を行うと明言しているが、これまでに4度も延期されており、実現されるかどうかは不明である。インドネシアは、1998年のスハルト政権の

崩壊に伴い、民主化において最も進展を遂げ、選挙を成功させた国である。新たな規範は深く浸透し、政治的暴力はほぼ阻止されており、2004年に導入された地方分権化政策は、初の県自治体の首長選挙にもつながった。

　ミャンマーも2010年に初の選挙が行われて以降、民主化の方向に動いている。当初は軍部出身者が行政権を握っていたが、15年の第2回選挙では、アウン・サン・スー・チーのNLDが圧勝し、議会の両院で圧倒的多数を占めることとなった。しかし、08年制定の憲法の条項は、外国籍の配偶者や子供を持つ者が大統領になることを禁じているため、スー・チーは国家最高顧問の職に就き間接的に権力を掌握している。とはいえ、軍部出身者が連邦議会および地方議会の25％を占め、国防省、国境省、内務省を掌握しているため、スー・チーの影響力も事実上、制約されている。特に、軍の早期退役者が上級行政官に多く任命され、官僚機構が軍部の支配する内務省の管轄下にあるため、選挙で選ばれた政府も権力を十分行使することができない。

4　現在の動向——内部要因

　発展の度合いが人間の安全保障と相関するならば、豊かな国ほど人間の安全保障もより良い状態であると言えるが、それはマレーシアやシンガポールの事例からも裏付けられている。同様に、石油やガスの天然資源に恵まれるブルネイは、絶対君主制であるにもかかわらず、人間の安全保障に関しては同等あるいはより良い状態にある。しかし、十分な福祉の提供が、かえって民主主義への政治的変化の道を阻んでいる。

　逆に、この地域の最貧国は人間の安全保障のレベルがかなり低く、カンボジア、ラオス、ミャンマーはその顕著な例である。カンボジアの貧困率は高く、インフラや公益事業は整備されていない。1993年に国連管理下で総選挙が行われ、同年、フン・センとノロドム・ラナリットの和解により国民和解政府を樹立したが、フン・センが権力基盤を固めた97年以降は独裁主義的な姿勢がますます強くなっている[2]。現時点で、フン・センはこの地域では在任期間が最長で強い政治的影響力を持つ首相であり、強力な同盟国である中国を後ろ盾に、

ミャンマー西部ラカイン州シットウェ郊外にある避難民キャンプ＝2018年5月（共同）

国際的な批判や制裁を恐れてはいない。

　ラオスは事実上、東南アジアの最貧国であり、唯一の内陸国である。ラオスとカンボジア両国は、政治的には常に中国、タイ、ベトナムとの協力関係に左右されてきた。その意味で、ラオスは中国寄りであり、開発援助ではタイ、ベトナムに依存している。共産主義国であるラオスでは政治的自由化の必要はない。

　ミャンマーは、近年最も悪化した状況にある。民主化当初に見られた政治囚の釈放、政治亡命者の帰還、マスメディアの自由化、民族間の停戦合意の2015年10月の全国停戦協定（NCA）への結実などの前向きな変化はすべて歓迎された（Ganesan 2015：273-286）。この動きを受け国際社会は、1993年以降課してきた幅広い制裁を解除して対応した（Ganesan 2013：253-274）。そのため、2010年と12年に宗教問題に端を発する暴動が発生し、ラカイン州で200人とマンダレー郊外のメイッティーラで43人が犠牲となったのは後ろ向きの展開である。とりわけラカイン州で15万人のイスラム教徒が国内避難民となっており、この状況への対応はまだ行われていない。

　ラカイン州の状況は悪化し、大きな国際問題となっている。2017年8月にアラカン・ロヒンギャ救世軍（ARSA）によるとされる襲撃で、警官10人と兵士1人が死亡した後、軍部は掃討作戦を開始した。その結果、70万人のイスラム教徒が隣国のバングラデシュに流出し、大規模な殺戮や拷問、強姦、放火などの問題が起きた。ミャンマー政府は、NGOや国連からの十分な証拠にもかかわらず、残虐行為を認めず、厳正な調査と地域への立ち入りを求める国際社会の要請にも応じなかったが、ミャンマーでの居住を示す十分な証拠が提供でき

れば、難民の帰還を許すとする合意書に調印した。しかし国際的監視と保証がなければ、過去に14万人が立ち退きを強いられたように、新たな強制収容所へ入れられる懸念が残る。土地や経済活動の機会を奪ったベンガルの不法移民と見なされるイスラム教徒とラカイン州の仏教徒との間には、歴史的な憎しみが深く根ざしている。

　国内の政治情勢、特に民族和平プロセスとラカイン州における宗教対立問題を改善するために、NLDが率いる新政権が地域社会や国際社会から強く期待された。しかし、いずれの状況にも確実な進展はなく、劇的に悪化していることは間違いない。軍による激しい攻撃の後、NCAに署名しなかった七つの民族武装グループは、2016年11月に北部同盟の形成を表明した（Ganesan 2017: 325-339）。その1カ月前には中国との国境に接する都市ムセに対し、武装グループのうち4勢力が攻撃を仕掛けている。さらに、新勢力のリーダーとして台頭してきたワ州連合軍（UWSA）は、政治的交渉にあたる新たなチームの結成を発表し、NCAの枠組みに従う用意がないことを表明した。この新たな展開により、民族間の和平交渉プロセスの状況は悪化し、スー・チーが少しでも多くの武装勢力を停戦へと導くために立ち上げた和平会議である「21世紀パンロン会議」とNCAを、NLD政権が活用することが困難となった。その間も、シャン州の北部地域とカチン州では激しい戦闘が続いており、国内避難民は増え続けている。

　タイの場合、南部の四つの県、ヤラー、サトゥーン・ナラティワート、パタニにおいて人間の安全保障が大きな問題となっている。英領マラヤとタイ王国の間でこれら4県の主権が移管された歴史的経緯があり、人口の大多数をタイ人仏教徒ではなくマレー人のイスラム教徒が占める。軍事施設からの武器の強奪や、タクシン政権の少数民族社会に対する政治的暴力を受け、2004年以降、本格的な反政府活動が起こっている（McCargo 2008）。タイ軍はこの地域に5万人の軍隊を配備しており、住民は武装勢力だけでなくタイの軍隊からも政治的暴力を受けている。

　タイにおける人間の安全保障に関わる問題は他にもある。例えば、タイの水産業界はカンボジア、ラオス、ミャンマーといった近隣国の人々を奴隷労働や

強制労働させているとして長く非難されてきた。AP通信のスクープによると、インドネシアのベンジナ島では、タイ漁船の乗組員が長期間にわたり奴隷のような状況下に置かれ、自由を奪われ、賃金も支払われていない。この調査報道を受けて、西側の多くの国がタイの海産物に制裁を課し、その慣行を是正するよう監視している。米国の2017年版「人身取引報告書（TIP）」における人身取引の関与度の評価では、現在、タイは「第2階層の監視国」に位置付けられている。インドネシアでは、過去に自国領海内で違法操業が行われていたが、隣接地域の漁船による密猟を阻止しようと毅然たる態度を見せた。14年に発足したジョコ・ウィドド政権の下、スシ・プジアストゥティ海洋水産大臣の協力により、政府はインドネシア領海内で違法操業で捕らえた漁船を次々と沈めていったが、これは同様の犯罪に対する強力な抑止力となっている。

　自警団の役割を果たし、主流の宗教的慣習から外れる人々を嫌うNGOの出現も、公安と法の支配を難しくしている。そのような団体の中で最も好戦的なのはイスラム防衛戦線（FPI）で、断食と禁酒を含む宗教的戒律を実行する断食月のラマダンの間に威嚇や暴力行為を行っている（Hadiwinata／Schuck 2015：67-95）。このような粗暴な団体の問題は、最近のマレーシアの政治状況の特徴でもある。

　フィリピンの場合、南部、特にスールー諸島における人間の安全保障の問題は、宗教的過激思想や暴動と関係している。政府はモロ民族解放戦線（MNLF）やモロ・イスラム解放戦線（MILF）と交渉し、歴史的問題を考慮して対応しようとしているが、密輸や営利誘拐などの犯罪行為に関わる小規模な非主流派組織が多く存在する。そのような分裂組織の一つがイスラム主義組織のアブ・サヤフであり、過激派の一団がマラウィ市における長期にわたる包囲攻撃と戦闘に関与し、国際的注目を集めた。ドゥテルテ政権は武力行使を決断し、街を開放するために軍を投入した。その後の長期化した戦いでは多くの命と財産が奪われている。マラウィ市がイスラム式のカリフ制を樹立し、宗教的反政府集団が集結する地域となることが懸念される。同様に、ドゥテルテ大統領は歴史的な高支持率を得ているとは言え、麻薬撲滅キャンペーンにより国内でほぼ4千人が裁判を受けることなく処刑されている。フィリピンにおけるこ

の政治主導は2001年から05年まで大統領を務めたタイのタクシン・チナワットが行った政策を彷彿させる。

インドネシアの場合、1998年のスハルト政権崩壊後の変化は総じて前向きなものであった。民主主義の力強い文化が育ち、過去の政権移行の特徴であった政治的暴力は終わった。公職を巡る競争においてもはるかに自由度が高まった。この重要な進展が可能になったのは、スシロ・バンバン・ユドヨノ前大統領が県知事、市長、州知事などの直接選挙を可能にしたいわゆるPILKADA（地方首長直接選挙）と呼ばれる法を通過させたからである（Erb／Sulistiyanto 2009）。この新しい変化により、公職に就く現職者が自らの行政者としての価値を証明できるだけでなく、市長から最後には大統領にまで上り詰めたジョコ・ウィドドのように、さらに高い地位を目指して戦うこともできるようになった。即座に見られた効果としては、公職の候補者指名における政党の独占状態が打開できたことがある。そのような公認制度は政治動員や有権者にとって依然として重要であるが、そのプロセスは今では透明性があり競争的になっている。

インドネシアでガバナンスの向上が見られた二つ目の分野は、腐敗撲滅への取り組みである。従来、インドネシアやタイといった国々は、「トランスペアレンシー・インターナショナル」の腐敗認識指数においてかなり低い位置付けであった。しかし、ウィドド大統領の前のユドヨノ政権では、国の上層部における腐敗を撲滅するための独立機関である汚職撲滅委員会（KPK）が導入されており、ユドヨノ大統領の在任期間中には3人の大臣と6人の知事が汚職により起訴されている。KPKが成功した主な要因は、国家警察や検事当局と切り離された独立機関であったことにある。しかし、警察長官候補であるブディ・グナワン警察中将を汚職事件の容疑者と認定したことでKPKの一部の捜査幹部が警察から嫌がらせを受け、大きな代償を払うことになった。KPKの捜査幹部の1人は、顔に酸をかけられ片目が見えなくなったが、容疑者はまだ捕まっていない。つい最近の動きとしては、電子身分証明書システムを巡って国が1億7000万ドルの損失を被った汚職事件で、KPKが起訴したことに対し、議会がKPKの権限を抑えようとしたことがある。起訴された容疑者のうち最も注目を浴びたのはスティヤ・ノファント国会議長（ゴルカル党党首）であり、

この汚職事件により職を追われることになる。金融行政における取り組みでは、国外に保管している金を国内に戻せば罰金を減額するとして、脱税を認めさせる措置を講じた。税基盤は大きく改善しているが、その政策の多くは、元財務大臣のスリ・ムルヤニ・インドラワティを世界銀行から呼び戻したことによるものである。ムルヤニは2018年にアジア最高の中央銀行総裁に選ばれた。

インドネシアが成功を収めたガバナンスの一つにスマトラやカリマンタンで頻繁に発生していた森林火災の管理がある。煙霧と婉曲的に呼ばれる森林火災は、パーム油などのプランテーション農業のために原始林を無分別に焼き払った結果生じたものであった。汚染や降下物の被害を毎年受けているのはブルネイ、マレーシア、シンガポールといった近隣国であり、当然、国内でもその汚染は近隣住民の生活に影響を及ぼしていた。健康に有害な高レベルの微粒子による大気汚染をもたらしただけでなく、観光業や輸送業そしてその分野に関係する下流部門の活動にも悪影響を及ぼした。非常に政治的な問題であるため、最終的にユドヨノ政権では国境を越える煙霧汚染に関するASEAN協定に調印し、ウィドド政権では森林火災を出した企業や個人に対して厳しい措置を講じている。責任者を起訴するに当たって役立つよう森林やプランテーションの使用権をより詳細に調査することに加え、火災発生を抑制するために泥炭地の周囲に水路の建設を開始している。このような取り組みにより森林火災による環境汚染はここ数年かなり抑えられており、マレーシアやシンガポールなどとの関係改善にも貢献している。

5　現在の動向——外部要因

地理的には東南アジアはインドと中国の間に位置し、インド洋と太平洋を結ぶ地域であることから、常に大国の影響を受けてきた。冷戦終結後は、大国は地域紛争に加担することはなく、主要投資家としての役割を果たし、雇用機会を創出し、社会経済的発展に極めて重要となる外国直接投資をもたらしている。最近では、インフラ整備投資を巡り中国と日本の競争が激化している。中国は特にマレーシアとミャンマーでインフラ整備投資を重点的に行っている。マレ

ーシアへの投資は道路網と鉄道網を整備することにより半島の東西の海岸を結ぶことが目的であり、実現すればマラッカ海峡を迂回することも可能となる。また、ミャンマーのラカイン州のチャウピュー港とマデ島への投資により石油とガスをインド洋から中国の昆明まで直接輸送することができるようになった。これらの中国の投資と開発は、習近平国家主席が提唱する巨大な「一帯一路構想（BRI）」の一環である。注目すべき点は、中国がミャンマー北部の七つの武装勢力グループからなる北部同盟とミャンマー政府の和平プロセスを取り持つことに積極的に取り組んでいることであり、仲介役として、孫国祥特使が任命されている。

同様に、日本も東南アジアへのインフラ輸出（特に鉄道技術）に高い関心を持っており、ミャンマーのティラワ港へは中国よりも先に投資を行っている。日本はすでに二つの経済特区を設けており、現在はティラワ港とタイ東部臨海開発計画そしてタイの港湾都市マプタプットとをつなぐ鉄道網の構築を検討している。日本はタイの自動車産業に対し重点的投資を行っている。また、原料と石油製品の主要購入国でもある。中国と日本は大量の農林水産物を輸入すると同時に、工業製品を輸出している。

これまでミャンマー西部では情勢が不安定で暴力が多発しており、ラカイン州では大量の不法移民や難民が発生している。この状況は、さまざまな悪影響をもたらしており、例えば、インドネシアやマレーシアのようなイスラム主流国家とミャンマーとの関係悪化が挙げられる。マレーシアは状況を是正しようと懸命な働きかけを行っており、現在、国連難民高等弁務官事務所（UNHCR）に登録されているおよそ6万人の難民を抱えている。この数字には、およそ20万人いると言われるミャンマーの不法移民は含まれていない[3]。ASEANの結束に向けての対外的取り組みがある一方、マレーシアは極めて批判的態度を取り続けており、一方、トルコやサウジアラビアは国内で住む場所を追われたイスラム教徒のために大量の資金を提供している。

また、イスラム過激派組織であるイラク・シリア・イスラム国（ISIS）が領土を大きく失うことにより、新たな影響が発生し、特にフィリピン南部では逃亡兵が避難場所を求めてやってくるのではないかという不安があった。さらに、

インドネシアやマレーシアなどの市民が中東紛争に関わっていることで状況がさらに不安定になっている。その結果、フィリピンにおけるマラウィの戦いは地域全体に非常に大きな影響を与え、フィリピン政府は東南アジアの他の島嶼国から強力な支援を得ることとなった。紛争の真っ只中、マレーシアとインドネシアは戦闘の拡大を防ぎ、戦闘員の逃げ道を塞ぐためにフィリピン南部の沖に海軍を展開している。

6　グローバル化とその後の対応

　グローバル化は東南アジアにも非常に大きな影響を及ぼしている。グローバル化の影響が広範囲に見られる理由の一つが、東南アジアがインド洋と太平洋の間に位置するという戦略上の立地条件にある。空路および海上交通により世界中につながっているだけでなく、東南アジアは海外直接投資先として非常に魅力があり、輸出中心の強力な成長戦略を有している。これらの要素を考えれば、グローバル化の影響を受けやすいことが理解できる。また、西洋思想や理念も流入してくるため、それに対する東南アジア諸国や各国のエリート層からの抵抗も見られる。アジアのほかの多くの地域と同様に、政治的エリートは国家の安全保障と政権の安全保障とを結びつけて考えることが多く、国家権力を使って政治的敵対勢力や反対者を罰しようとする。

　政治制度や政治的手法が異なるため、グローバル化の影響に対する対応も一様ではない。しかし、雇用機会の増大や技術移転をもたらすため、東南アジアの国々は総じて経済投資を歓迎している。また、政治的正当性を高めるために長年にわたり成果主義が重視されてきたため、域内のほとんどの国家や支配層は政治的条件がほとんどない貿易や投資を好む。とはいえ、外部からの影響を受けやすい地域の脆弱性と世界との交流の高まりを考えると、グローバル化の影響を回避することはできない。特に、若い世代の人々は娯楽、食べ物、ファッションでは西洋文化の流行に影響されることが多い。フェイスブックやツイッターといったソーシャルメディア・プラットフォームの効果もあり、グローバル化の影響がこれまでよりもさらに大きく深くなっている。

7　結論と課題

　人間の安全保障とガバナンスの観点から東南アジアを研究すると、この地域は確かに大きな成功を収めており、社会経済的・政治的発展において大きく前進したと言えるかもしれない。当然、順調に発展している国もあればそうでない国もある。政治的発展と民主化に関しては、インドネシアが最も進展を遂げており、タイは2014年の軍事クーデター後に後退を見せている。ミャンマーの場合、国としては民主化の方向に動いているが、影響力が大きく独立した国軍が少数民族武装勢力と長く戦闘状態を続けており、民主化の恩恵を十分に得ることができていない。内閣の任命や代議制度において軍部に特権を与えている憲法も、民主主義の原則に反している。同様に、1993年に国際社会の支援を得て新しい国家体制へと移行したカンボジアも、フン・セン政権下では独裁主義へと向かっているように見える。

　人間の安全保障の問題について言えば、社会経済的発展およびインフラ整備により東南アジアにおける生活水準は全体的に上がっているが、まだ人間の安全保障のない状況が多く存在する。明らかに問題が見られるのは、ミャンマーのラカイン州、北部のシャン州とカチン州である。そこでは国軍と少数民族武装勢力との戦闘状態が続いているが、政府と軍は中立的な国際調査や仲裁の受け入れを断固として拒否しているため、暴力と破壊の中でバングラデシュへと追われたラカイン州のイスラム教徒の問題をうまく収めることは困難が予想される。

　ミャンマー同様、タイ南部でも反政府活動が活発であるため、問題の南部4県の人間の安全保障に大きな影響を及ぼしている。現在、状況は行き詰っており、殺戮と爆破事件はいまだ弱まることなく続いている。フィリピンの場合、マラウィの政治的暴力は食い止めることができたが、東南アジア諸国では自国への波及と過激主義と暴力に引き寄せられる者たちに対する警戒が依然として続いている。

　ガバナンスに関しては、政治腐敗が依然として大きな問題となっている。インドネシアでは汚職撲滅の取り組みにおいて最も大きな前進が見られたが、汚

職事件を起訴する役割を担う KPK の独立性には大きな課題がある。そして、近年最も目を引いた事件がマレーシアのナジブ・ラザク首相を巻き込んだ政府系ファンド「1MDB（1 マレーシア・デベロップメント・ブルハド）」の汚職事件である。このような状況ではあるが、地域が発展し、識字率が上がり教育が改善されるにつれ、政府に対する説明責任および透明性を求める声も強まっていくと期待される。ガバナンスの問題の一部は、公共サービス精神とそれを求める人々の要望が高まるとともに解決していく傾向があるが、多くの場合、国民に公職選挙での権限を与える民主的規範が定着することで、そのような動きにプラスの効果がもたらされていくことになる。

【参考文献】
1．Erb, Maribeth and Priyambudi Sulistiyanto (eds.) (2009) *Deepening Democracy in Indonesia?: Direct elections for local leaders (Pilkada)*, Singapore: Institute of Southeast Asian Studies.
2．Ganesan, N. (2013) "Interpreting Recent Developments in Myanmar as an Attempt to Establish Political Legitimacy," *Asian Journal of Peacebuilding*, Volume 1, No. 2, November 2013, pp. 253-274.
3．Ganesan, N. (2015) "Ethnic Insurgency and the Nationwide Ceasefire Agreement in Myanmar," *Asian Journal of Peacebuilding*, Volume 3, No. 2, November 2015, pp. 273-286.
4．Ganesan, N. (2017) "Changing Dynamics in Myanmar's Ethnic Peace Process and the Growing Role of China," *Asian Journal of Peacebuilding*, Volume 5, No. 2, November 2017, pp. 325-339.
5．Hadiwinata, Bob WS. and Christoph Schuck (2015) "Civil society, Islam and Democracy in Indonesia: The contradictory role of non-state actors in democratic transition," in Ganesan, N. and Colin Durkop (eds.), *Civil Society and Democracy in Southeast Asia and Turkey*, Istanbul: KAS, pp. 67-95.
6．McCargo, Duncan (2008) *Tearing Apart the Land: Islam and legitimacy in Southern Thailand*, Ithaca: Cornell University Press.

---

1) 東南アジアの国際関係論の優れた入門書としては、Weatherbee, Donald E. (2009) *International Relations in Southeast Asia: The struggle for autonomy*, New York: Rowman and Little field、アジア太平洋地域の広域に焦点を当てたものとしては、Yahuda, Michael (2003) *The International Politics of the Asia-Pacific*, London: Routledge Curzon を参照。
2) カンボジアは内戦状態が続いたために ASEAN 加盟が遅れ、1999年 4 月にようやく加盟を果たしている。
3) この数字はスペイン駐在のマレーシア大使が2017年10月 4 日にマドリッドで開かれた会議で提供したものである。

（訳 広島平和研究所）

第15章
中央アジアのガバナンス

共同通信社論説委員
上村　淳

1　はじめに

　「彼ら、チンギスハンの遊牧軍団の子孫たち、スターリンの共産党機械たちは突然、孤児になってしまったのだ。過去74年間にみてきたことが、すべて目の前から消えてしまった」（ラシッド 1996：17）。
　1991年12月、ソ連の崩壊に対応するため中央アジアの新しい大統領5人がトルクメニスタンで首脳会議を開いた。現場で取材したパキスタンのジャーナリストのアハメド・ラシッドは、彼らが置かれた立場を、このように表現している。
　5人が率いる国はカザフスタン、ウズベキスタン、タジキスタン、キルギス、トルクメニスタンである。本章ではこれら旧ソ連から独立したイスラム系5カ国を扱う（非核兵器地帯との関連ではモンゴルにも言及する）。
　ソ連解体は、彼らと協議することなしにロシア、ベラルーシ、ウクライナのスラブ系3首脳が一方的に決めた。中央アジア5カ国は、早急に独立国としてのアイデンティティーと統治システム（ガバナンス）の確立を迫られた。さらに民族主義の高まりやイスラム復権といった試練を受けながら、中央計画経済から資本主義市場経済への改革という難しい課題に立ち向かうことになった。
　5カ国の政体はいずれも直接選挙で大統領を選出する共和制である。しかし

多くの国で選挙は国家管理の色彩が強く、権威主義体制が根強く維持されている。以下、国別に政治制度と独立以来の歩みを見る。

2　政治制度

　カザフスタンは、大統領の任期が5年で、3選禁止規定がある。ただし初代大統領で今も現役のヌルスルタン・ナザルバエフには3選禁止が適用されない。議会は二院制で任期5年である。下院107議席のうち選挙（比例代表）で選ばれるのは98、大統領直属の国民総会が9を選出。大統領は下院の承認を得て首相を任命する。99年、2005年、11年、15年の大統領選でいずれもナザルバエフが圧勝した（15年は前倒し実施）。

　ウズベキスタンも大統領任期は5年、議会は二院制で任期5年である。下院150議席のうち小選挙区で135を選出、政府公認の環境保護団体エコロジー運動に15割り当てられる。大統領が首相候補を提案し、上下両院が承認する。初代大統領イスラム・カリモフは1995年の国民投票で任期が99年末まで延長され、2000年、07年、15年の大統領選で勝利したが、16年9月に現職のまま脳卒中で死去した。大統領代行となったシャフカト・ミルジヨエフ首相が16年12月の大統領選で勝利、新大統領となった。

　タジキスタンは大統領任期が7年である。議会は二院制で任期5年である。大統領が首相を任命する。1992年から97年まで共産党系の政府勢力とイスラム勢力の内戦が続き、国造りの大きな障害となった。内戦開始後、初代大統領ラフマン・ナビエフが辞任して議会指導制にいったん移行し、共産党系のエモマリ・ラフモノフ最高会議議長が選出された。大統領制を復活させた94年の大統領選で当選したラフモノフは99年、2006年、13年の大統領選でも勝利して長期政権を続ける（07年に姓をペルシャ風のラフモンに改姓した）。

　キルギスは2005年と10年の「革命」を経て、5カ国の中では最も民主化が進んだ国である。大統領は任期6年で再選は不可、議会は一院制で任期5年である。10年の新憲法で大統領権限の多くが議会に移され、議会の多数派が首相を選ぶ。「チューリップ革命」と呼ばれる05年の政変では、議会選の不正を巡る

抗議行動を受けて初代大統領アスカル・アカエフがロシアに亡命した。10年の政変では、4月にビシケクで多数の死傷者を出すデモ隊と治安部隊の衝突があり、野党勢力がロザ・オトゥンバエワ元外相代行を首班とする暫定政府樹立と議会解散を宣言、クルマンベク・バキエフ大統領がベラルーシに亡命した。6月の国民投票で議院内閣制を柱とする憲法改正が採択されて議会制共和国になり、オトゥンバエワが暫定大統領に就任した。11年の大統領選でアルマズベク・アタムバエフ前首相が当選した。

トルクメニスタンの大統領は任期7年である。議会は一院制で任期5年である。大統領が首相を兼任する。個人崇拝的な独裁体制を敷いた初代大統領サパルムラト・ニヤゾフは06年12月に急性心不全で死去した。安全保障会議が大統領代行に任命したグルバングルイ・ベルドイムハメドフ副首相が07年、12年の大統領選で続けて勝利して政権の座にある。

中央アジアで、キルギスを例外として強固な権威主義体制が続いている背景には、ソ連時代の政治文化の存続がある。ソ連の崩壊で社会主義イデオロギーは失われたが、共産党に代わって、大統領が官僚機構や治安機関を引き継ぎ、強大な力を持つ体制が誕生した。共通語としてロシア語の影響力が依然強く、欧米や中東との価値観の共有が容易に進まなかったことも指摘されている（宇山 2018：26-27）。

3　民主化度と近年の動向

この節では5カ国それぞれについて、フリーダムハウスの年次報告による自由度の判定とその理由を見た上で、近年の政治動向を記す（報告書はFreedomhouse 2018。近年の動向は特記がない場合、共同通信社『世界年鑑』による）。

（1）カザフスタン

フリーダムハウスの評価は「自由でない」。自由度は6／7、政治的権利7／7、市民的自由5／7、総合点22／100である。2017年版報告で「政治的権利」を6から7へ引き下げた。政府批判派への弾圧が続いており、15年の大統領選に続

いて16年の議会選挙で有権者が真の政治的選択肢を与えられなかったからである。独立以来、ソ連時代に共産党トップだったナザルバエフの支配が続いている。選挙は定期的に実施されているが、自由で公正な選挙だったことはない。全ての政党が大統領に忠誠を示し、政権を批判する者は活動を封じられたり、投獄されたりしている。メディアは国営または政府に近い民間人の経営で、表現の自由、集会の自由は制限されている。汚職が横行している。これらがフリーダムハウスの評価の理由である。

2007年に①大統領任期を12年以降は7年から5年に短縮②ナザルバエフには3選禁止規定を適用しない―という憲法改正が行われ、ナザルバエフが終身大統領を務めることも可能となった。

15年2月、ナザルバエフ大統領は16年までの任期を1年短縮し、4月に前倒し大統領選を行うと表明し、大統領選ではナザルバエフが得票率97.7％で他の2候補に大差をつけて当選をした。ナザルバエフは9月、後継者と目される長女で与党ヌル・オタン党の党首ダリガ・ナザルバエワを副首相に任命した。

16年3月の下院選では直接選挙の議席98のうち、ヌル・オタン党が84を獲得した。アクジョル党と共産国民党がともに7議席を得た。ダリガ・ナザルバエワ副首相も当選し、9月には上院議員に任命された。ナザルバエフは17年1月25日、大統領権限の一部を議会や政府に移す憲法改正を提案し、3月に議会が改正案を採択した。閣僚任免権が大統領から下院に移された。

(2) ウズベキスタン

フリーダムハウスの評価は「自由でない」。自由度は7／7、政治的権利7／7、市民的自由7／7、総合点7／100である。極めて抑圧的な権威主義体制によって統治されている。真の野党と言える合法政党はない。亡命した野党関係者の支持者や親族は罪に問われている。立法府、司法府は事実上、政権に仕える道具である。メディアは厳しく国に管理されており、外国メディアで働くジャーナリストは拘束などの迫害を受ける。汚職や拷問が横行している。政治的、宗教的理由で多数が政府によって投獄されている。住民を監視・脅迫するシステムが張り巡らされている、とフリーダムハウスは指摘している。

15年3月に大統領選が実施され、カリモフ大統領が連続4選を決めた。得票率は90.39％。憲法は連続2選までしか認めていないが、大統領任期に関する憲法改正をしたことで以前の当選回数は考慮されないとされた。カリモフは任期を全うすれば30年を超す長期政権となったはずだが、16年9月2日、脳卒中で死去した。8日に上下両院の臨時合同会議でミルジヨエフ首相が大統領代行に指名された。

　同年12月4日に大統領選が行われ、ミルジヨエフが88.61％を得票し、14日に大統領に就任した。就任式典で「『強い国家から強い市民社会へ』との優先課題が残っている」と改革の姿勢を示した。17年2月に18年近く拘禁されていたジャーナリスト、ムハンマド・ベジャノフが釈放されるなど、カリモフ前政権下で長期拘束されていた政治犯の一部が釈放された。報道の規制も一定程度は緩和された。

(3) キルギス

　フリーダムハウスの評価は「限定的自由」。自由度は5／7、政治的権利5／7、市民的自由5／7、総合点37／100である。05年と10年に2度にわたって権威主義的な大統領の政権を倒した革命を経て、議院内閣制を採用した。それ以降、複数政党による連立政権が続く。しかし、権力は一部の政治エリートの手中にあり、汚職が広がっている。当局は人権活動家の異議申し立てを厳しく押さえ込んでいる。とりわけ10年に民族抗争を引き起こした少数派ウズベク系住民の問題では抑圧が顕著である。フリーダムハウスは以上のように指摘している。

　15年4月、金鉱を操業するカナダ企業との新契約締結失敗などの責任を取る形でジョオマルト・オトルバエフ首相が辞任し、テミール・サリエフ経済相代行が首相に就任した。サリエフ首相は16年4月、事業入札を巡る疑惑で辞任し、ソオロンバイ・ジェエンベコフ大統領府第1副長官が首相に選出された。連立与党内で首相権限を強める改憲案を巡って対立が深まり、10月に内閣が総辞職した。議会は11月にジェエンベコフ首相を再任し、12月に改憲の是非を問う国民投票が行われ、改憲は賛成多数で承認された。17年10月15日の大統領選で、ジェエンベコフはアタムバエフ路線の継承を掲げ、最大野党「共和国アタジュ

ルト」党首のオムルベク・ババノフ元首相を破って当選した。

(4) タジキスタン

　フリーダムハウスの評価は「自由でない」。自由度は6.5／7、政治的権利7／7、市民的自由6／7、総合点11／100である。ラフモン大統領の政権によって、政治的権利、市民的自由は厳しく奪われている。政権は批判派への抑圧を続けている、というのがフリーダムハウスの評価の理由である。

　15年9月にイスラム反政府勢力と軍・警察の大規模な銃撃戦があり、この事件を契機に最大野党「イスラム復興党」が非合法化された。16年5月にラフモン大統領が当選回数の制限なく大統領選に出馬できるようにする憲法改正が国民投票で承認され、終身在職が可能になった。また大統領の被選挙権が35歳から30歳に引き下げられ、20年の次回選挙でラフモンの長男ルスタム・エモマリの出馬が可能になった。宗教政党は禁止された。ラフモンの娘オズダ・ラフモンが上院議員に選出され、一族支配が強まった。17年1月にラフモンはドゥシャンベ市長を解任し、4月の市長選でルスタム・エモマリが勝利して就任した。

(5) トルクメニスタン

　フリーダムハウスの評価は「自由でない」。自由度は7／7、政治的権利7／7、市民的自由7／7、総合点4／100である。極めて抑圧的で権威主義的な国であり、市民の政治的自由、市民的自由は事実上否定されている。独立以降、2006年に死去するまで大統領を務めたニヤゾフは、個人崇拝的な（独裁）体制を築いた。後継のベルドイムハメドフもそれに倣おうとしてきた。選挙は国に管理され、大統領と与党が全面的な支持を得る。汚職のシステムが確立しており、宗教組織や少数派は罪に問われ、政治的異議申し立ては許されない。多数の政治犯が投獄されたり、行方不明になったりしている。拷問など人権侵害が横行している、とフリーダムハウスは指摘する。

　15年5月、アシガバートでベルドイムハメドフ大統領の巨大な金色の騎馬像が公開され、個人崇拝の色彩を強める政権の象徴となった。16年9月、大統領選候補者の年齢制限を撤廃する憲法改正が成立、ベルドイムハメドフは終身在

任が可能になった。17年2月に行われた大統領選でベルドイムハメドフが得票率97.69％で3選を果たした。他の8候補全員が現体制への支持を表明した。

4　人間の安全保障

　中央アジア5カ国はソ連崩壊以降、新たな国造りに着手した。中央計画経済から資本主義市場経済に移行する経済改革を進めてきた。ロシアとの関係は引き続き緊密であるものの、長く閉じられていた中国、イランなどとの国境が開かれ、東西をつなぐ重要な役割を果たしてきた歴史的な交易の道がよみがえった。中央アジアの豊富な資源・エネルギー資源が世界市場に供給され、貿易が拡大する可能性が生まれた。

　中央アジアにパイプラインを建設し、石油・天然ガスの安定的・長期的な供給の確立を狙う大国や先進工業国間の競争が活発になり、「新グレートゲーム」と呼ばれる状況が生まれている。2001年以降「テロとの戦い」のための軍事拠点を確保しようとする米国の動きが活発化したり、中国が近年推進する現代版シルクロード経済圏構想「一帯一路」の舞台となったりするなど国際政治・経済の観点から大きな注目を集めるようになった。

　だが、人間の安全保障の観点から見ると、中央アジア5カ国は紛争・テロ、麻薬、貧困、保健医療、環境保護、防災、水など多くの分野で深刻な問題を抱えている。

　ソ連崩壊で新たに引かれた国境線は入り組んでおり、貿易や人と人のつながりを分断した。水やエネルギーの供給が打撃を受け、それを支えてきたソ連の資金や中央行政機構は消え去り、経済は疲弊した。貧困が大幅に拡大し、人間の安全保障は著しく低下した。国境付近では、地域社会と家族・友人が引き裂かれ、農民は土地や水資源を十分利用できなくなり、国境警備兵や税関職員が嫌がらせをしたり金品を強要したりする機会を生み出した。

　こうした問題の解決のためには地域協力の強化が不可欠であるが、地域協力の態勢が弱いことが障害になっていると指摘されてきた（UNDP 2005）。ソ連崩壊前後から中央アジア独自の地域協力を模索する動きもあったが、おおむね

アラル海が干上がり荒れ地に残された漁船＝2010年4月、カザフスタンのアラル市郊外（共同）

ロシア主導の枠組みに統合されており、東南アジア諸国連合（ASEAN）や南アジア地域協力連合（SAARC）のような地域機構の枠組みはできていない。そうした中で06年に締結された中央アジア非核兵器地帯条約は、地域の結束を示した成果であり、次の節で詳しく見たい。

人間の安全に対する具体的な脅威としては、ソ連の巨大な「負の遺産」であるカザフスタンのセミパラチンスク核実験場の被爆問題、カザフスタンとウズベキスタンにまたがる塩湖アラル海の環境破壊、タジキスタンの国造りの大きな足かせとなった1992～97年の内戦の後遺症、ソ連崩壊で国境によって民族が分断されたことで少数民族になった人々の教育・文化振興の困難さ、隣接するアフガニスタンに生産地がある麻薬問題とそれに伴うエイズ感染、などがある（大杉・大谷 2010）。

カザフスタンのセミパラチンスク核実験場ではソ連が49年8月29日に最初の実験を行い、計456回もの核実験の場となった。91年8月29日、ナザルバエフ大統領が最初の実験と同じ日付を選んで閉鎖を決めた（8月29日はこれにちなんで「核実験に反対する国際デー」になった）。91年当時、カザフスタンには約1400発の核弾頭が残され、世界第4位の核保有国になったが、後に核兵器はロシアに全て移送された。この核実験場の閉鎖までにソ連が行った核実験で150万人もが影響を受けたといわれる健康被害や環境汚染が甚大である。

環境問題では、カザフスタンとウズベキスタンにまたがる塩湖アラル海が過剰な取水で著しく縮小し、影響が深刻である。やはりソ連の「負の遺産」である。60年代には約6万6000千平方キロに及び、世界第4の大きさの湖だったが、ソ連の農業政策で綿花や米の増産を目的にかんがい設備が建設され、湖に流れ

込むアムダリヤ川、シルダリヤ川から大量の取水が行われたため、湖は著しく縮小した。塩分濃度の上昇で漁業は衰退し、周辺地域の砂漠化が進んで農薬や化学肥料を含む土が風で運ばれて健康被害を起こした。ソ連崩壊後、国境をまたいで流れる国際河川の水資源の配分で摩擦が起き、国境が農地も分断した。20世紀最悪の環境破壊ともいわれる。

　国連の人間の安全保障関連支援では「ウズベキスタン西部でアラル海災害の影響を受けた持続可能な生計（国連承認は2011年、実施機関は国連開発計画（UNDP）、世界保健機関（WHO）、国連人口基金（UNFPA）、国連ボランティア計画（UNV）、国連教育科学文化機関（ユネスコ）」「ウズベキスタンでアラル海の自然災害の影響を受けた約15万人のコミュニティーの強靱化（15年、UNDP、UNFPA、ユネスコ、UNV、国連女性機関（UN Women）、WHO）」が行われている。

　タジキスタンの国造りの大きな足かせとなった1992～97年の内戦について、国連の人間の安全保障基金を通じた支援として「元兵士の社会復帰・動員解除支援を通じた和平プロセスの強化（2000年国連承認、実施機関はUNDP）」「紛争後のタジキスタンにおける雇用創出及び移民管理改善を通じたコミュニティー開発（07年国連承認、実施機関は国際労働機関（ILO）、UNDP）」が実施された。

　ソ連崩壊で民族が分断され、少数民族になった人々の教育、文化振興も課題である。国連人間の安全保障基金による支援では「トルクメニスタンで難民および現地コミュニティーのための社会サービス向上、リプロダクティブヘルスの質の向上（06年、国連難民高等弁務官事務所（UNHCR）、UNFPA）」などが行われた。

　中央アジアは、麻薬の一大生産地であるアフガニスタンと、消費地である欧州、ロシア、中国に挟まれている。ソ連崩壊後、麻薬密売ルートの中心になり、薬物中毒や犯罪、汚職の増加に悩まされてきた。麻薬使用を通じ、エイズウイルス（HIV）感染の拡大の可能性も強まり、人間の安全保障にとって脅威になっている。UNDPの調査報告の推計では、中央アジア全体でHIV感染者が9万人、静脈麻薬使用者は50万人という（UNDP 2005：43）。取り締まりの努力がある程度実を結んでいるが、国家が脆弱でガバナンスが不十分であれば違法

売買は横行する。

5　非核兵器地帯

「親愛なる兄弟、ヌルスルタンよ　われわれはイスラム圏初の核爆弾の所有者となるまれな機会に直面している」。1992年春、リビアの最高指導者ムアマル・カダフィ大佐が、カザフスタンのナザルバエフ大統領に宛てたアラビア語の親書が、モスクワのカザフスタン大使館に届いた。前節で触れた通り、ソ連崩壊で当時のカザフスタンは世界第4位の核保有国になっていた。親書は「イスラムの核」という構想を実現するためリビアが財政支援するという内容だった。

当時、カザフスタンの核保有をイランやパキスタンのイスラム原理主義者が称賛していた（ラシッド 1994：22-23）。だが、国家の最高指導者までが「イスラムの核」を手にするため直接働き掛ける書簡を出していたことを、共同通信の太田昌克編集委員が92年当時のカザフスタン外務次官に取材して報じたのは四半世紀近い時が流れた後である（2015年7月4日、共同通信配信記事）。

しかしカザフスタン政府は、カダフィの誘いには乗らなかった。核兵器の放棄を決め、国内にあった大陸間弾道ミサイル（ICBM）の発射基地を破壊した。1994年に米政府と協力し、核爆弾原料となる約600キロの高濃縮ウランを米国に移送した。95年までに核弾頭約1400発、戦略爆撃機40機のロシアへの移管が完了した。

さらにカザフスタンなど5カ国は、中央アジア非核兵器地帯の実現へ向けて動きだす。97年2月の5カ国首脳会談で、非核兵器地帯構想を盛り込んだ「アルマトイ宣言」を採択した。中央アジア非核兵器地帯条約は、2006年9月8日、セミパラチンスクで署名式典が行われた。批准手続きはウズベキスタンが07年5月、キルギスが同7月、タジキスタンとトルクメニスタンが09年1月、カザフスタンが同2月にそれぞれ完了し、同3月21日発効した。核兵器保有国が締約国に核兵器の使用や使用の威嚇をしないことを規定する議定書には14年5月6日に5核兵器保有国が署名し、米国を除く4核兵器保有国が批准した。

特定地域で核兵器の製造、実験、使用、配備などを禁じる非核兵器地帯条約として世界で5番目である。中南米（トラテロルコ条約）、南太平洋（ラロトンガ条約）、東南アジア（バンコク条約）、アフリカ（ペリンダバ条約）に続く。

大きな特徴として、旧ソ連の核兵器の貯蔵や核実験で汚染された土地を回復するための相互援助を盛り込んだことが挙げられる。セミパラチンスクを署名式典の場に選んだことは象徴的だった。

また、先行する4条約の非核兵器地帯が、5核兵器保有国からやや距離を置く南半球に広がりを持つのに対し、北半球の国だけで構成される初めての非核兵器地帯である。しかも、核兵器保有国のロシア、中国、インド、パキスタン、核開発問題で揺れるイランといった国々に囲まれたアジア大陸の真ん中に非核兵器地帯ができた意味は大きい。

5カ国の東方にはモンゴルがある。モンゴルは「一国非核兵器地位」を認知されており、実質的には6カ国の非核兵器地帯ができたとの指摘もある（梅林2011）。1992年の国連総会で、モンゴルのポーサルマーギーン・オチルバト大統領は「地域と世界の軍縮と信頼構築に貢献するため、モンゴルはその領域を非核兵器地帯であると宣言し、その地位が国際的に保証されるよう努めていく」（http://undocs.org/A/47/PV.13）と宣言した。一国非核地位は、98年から隔年の国連総会で関連決議が投票なしで採択され、2010年には5核兵器保有国が共同提案国となった。12年9月、5核兵器保有国は一国非核地位を尊重し、侵害行為にくみしないとの共同宣言に署名した。モンゴルは核兵器を含む他国の軍隊や兵器を自国に配備させず、核兵器の開発・製造・実験を行わないと宣言した。こうして、一国非核兵器地位は、非核兵器地帯と並ぶ国際的な扱いを受けるに至った。

中央アジア非核兵器地帯条約に戻ると、5カ国が条約交渉の過程で、国連の全面支援を受けたことも特筆に値する。「独立後日も浅く、専門知識も交渉に当たる人員も不十分であるとして、異例のことながら、国連による条約起草、さらに技術的、財政的な支援を求め」（石栗 2007）、これに応えて国連軍縮局・国連アジア太平洋平和軍縮センターが支援し、交渉のための専門家グループが設置された。

条約の順守・検証のための独自の地域機構をつくらず、国際原子力機関（IAEA）追加議定書に加盟することを義務付け、IAEA によって順守を担保する方式をとったことも特徴である。これも、限られた力量に見合う条約をつくろうとした姿勢の反映であろう。

　民主化が十分でなく透明性、説明責任、ガバナンスに多くの問題を抱え、人的資源が限られている国々でも、確固たる意思を持ち、また国連・国際社会の支援を謙虚に受け入れることで、世界の軍縮に大きなインパクトがある成果を挙げることができた貴重な実例と言えるのではないだろうか。

【参考文献】
1. 石栗勉（2007）「核兵器よさらば——中央アジア非核兵器地帯条約の意味」『世界』766号
2. 一般社団法人共同通信社編著『世界年鑑1992』『世界年鑑2018』各年版、株式会社共同通信社
3. 梅林宏道（2011）『非核兵器地帯——核なき世界への道筋』岩波書店
4. 宇山智彦編（2003）『中央アジアを知るための60章』明石書店
5. 宇山智彦・藤本透子編著（2015）『カザフスタンを知るための60章』明石書店
6. 宇山智彦・樋渡雅人編著（2018）『現代中央アジア——政治・経済・社会』日本評論社
7. 大杉卓三・大谷順子編（2010）『人間の安全保障と現代中央アジア』花書院
8. 共同通信（2015）『「イスラムの核」共有を　カザフにカダフィ大佐提案　ソ連崩壊時、拡散の恐れ』7月4日配信記事
9. 小松久男（2002）「中央ユーラシアの再イスラム化」板垣雄三編『「対テロ戦争」とイスラム世界』岩波新書
10. 日本政府（2016）『日本の軍縮・不拡散外交』（第七版）http://www.mofa.go.jp/mofaj/dns/ac_d/page23_001454.html
11. 湯浅剛（2015）『現代中央アジアの国際政治——ロシア・米欧・中国の介入と新独立国の自立』明石書店
12. ラシッド，アハメド（1996）『よみがえるシルクロード国家——中央アジア新事情』坂井定雄・岡崎哲也訳、講談社
13. ラシッド，アハメド（2002）『聖戦——台頭する中央アジアの急進的イスラム武装勢力』坂井定雄・伊藤力司訳、講談社
14. Freedom House（2018）https://freedomhouse.org/, last visited, 5 May 2018
15. UNDP（2005）『中央アジア人間開発報告書要約版　障壁を取り払う：人間開発と人間の安全保障のための地域協力』要約版 UNDP サイト http://www.undp.or.jp/hdr/pdf/hdr_pdf/CAHDR.PDF
16. Ota, Masakatsu（2015）"Kazakhstan Dismissed Gaddafi's "Muslim Nuclear Bomb" Proposal in 1992", Kyodo News, 4 July 2015.

第16章
中東のガバナンス

共同通信社ウィーン支局長
土屋豪志

1 はじめに

　中東・北アフリカのイスラム圏諸国は、世襲の国王や首長を頂点とする君主制を取るアラビア半島の国々のほか、共和制の国々も大半が権威主義的強権体制となっており、イスラエルを除き議会制民主主義の機能はおしなべて低調だ。2011年の民主化運動「アラブの春」ではエジプトやリビアなど非王制の国々の独裁政権が相次ぎ崩壊し、その地殻変動の余震に地域は今も揺れ続けている。米国とロシア、湾岸アラブ諸国とイラン、トルコが介入するシリア内戦は、依然として明確な出口戦略は描けていない。12年のアリ・アブドラ・サレハ大統領の退陣に伴う不安定化に端を発するイエメン内戦では、飢餓や疫病のまん延など「世界最大の人道危機」と叫ばれながら悲劇的な状況が慢性化し、局面転換の道筋も見えていない。
　凄惨な二つの内戦の背景にある要素の一つは、聖地メッカなどを国内に抱えイスラム教スンニ派の盟主を自負するサウジアラビアと、シーア派の宗教国家イランの敵対関係だ。両派の対立は預言者ムハンマド死後の指導者に就いた4人のカリフ（後継者）らのイスラム教の草創期、7世紀までにさかのぼる。スンニ派のアラブ国家が多数を占める中東地域で、ペルシャ人のシーア派国家イランが各地のシーア派と連携し勢力を拡大する構図の近年の騒乱は、千年を超

え互いを否定し合う両派の確執の現在の姿でもあり、解消は至難の業と言える。

　イランは、シーア派が多数のイラク、シリア国民の多数を占めるスンニ派を支配していたアラウィ派（シーア派分派）のアサド政権への影響力を強めている。多宗教・多宗派のレバノンでは、イランの支援を受け南部を支配するシーア派組織のヒズボラ（神の党）が、「宿敵」イスラエルと対峙する。ペルシャ湾岸から地中海に至る「シーア派三日月地帯」に加え、イランはイエメン内戦の一方の当事者であるシーア派分派のザイド派（宗派名とは別に指導者の名を取り「フーシ派」と呼ばれる）への支援が指摘され、ハディ暫定政権側を支援するサウジなどのスンニ派湾岸諸国は空爆などの軍事介入を続けている。スンニ派アラブ諸国にとっては、パレスチナ問題を巡るイスラエルとの対立よりも、国内や周辺のシーア派を通じたイランの干渉が現実的脅威とみなされている。

　こうした中、中東地域の潜在的な最大の脅威となっているのがイランの核兵器開発疑惑だ。イラクの化学兵器攻撃に苦しめられた1980年代のイラン・イラク戦争の際に核兵器開発を決断したと言われるイランの核計画は2002年に反対派が暴露。長年の交渉の末、国連安全保障理事会の5常任理事国にドイツを加えた6カ国とイランは15年、イランの核開発の制限と引き換えに欧米が対イラン制裁を解除する「核合意」を結んだ。イランの核開発に一定の歯止めは掛けられたが、イランによるウラン濃縮を認めた核合意は核兵器開発能力保持の容認とみなすこともでき、イランの影響力増大を嫌うサウジなどの反発は強い。サウジのアデル・ジュベイル外相は、イランが核兵器開発能力を獲得した場合には、サウジも同等の能力を獲得するために手段は選ばない旨、公言している[1]。イラン核合意を巡る展開次第では、現時点での開発能力が十分ではないとしても、将来的に地域で核拡散のドミノが生じる懸念が生じている状況だ。

　保守穏健派ハッサン・ロウハニ大統領が前面に立ち、歴史的な核合意を通じてイランが国際社会との関係改善を進める中、イランを敵視するトランプ米政権は18年5月、核合意から一方的に離脱し、核合意で解除していた制裁再発動を表明した。サウジは、30代の若さで父のサルマン国王よって副皇太子から異例の抜擢を受けたムハンマド・ビン・サルマン皇太子が、これまでの伝統と慣習に大なたを振るう大改革を断行し、予測のつかない激しい変化のさなかにあ

る。風雲急を告げる中東の双璧、イランとサウジの統治・政治体制を概観する。

2　イラン

(1) 略史

　イランの歴史は紀元前の古代ペルシャ帝国にさかのぼる。ゾロアスター教を奉じたササン朝は7世紀にアラビア半島に勃興したイスラム教勢力に滅ぼされ改宗、16世紀のサファビー朝がシーア派を国教とした。1919年に英国の保護国となり、25年にパーレビ王朝成立。イスラム以前の時期の再評価が進む中、35年には国名を民族のルーツである「アーリア人」を語源とするイランに変更した。53年、米国の支援による軍のクーデターでムハマド・モサデク首相が失脚、脱イスラム化を進める弾圧を経て、79年のイラン革命で現在の「イラン・イスラム共和国」が樹立された。

(2) 統治機構

　(i) **最高指導者**　　アリ・ハメネイ最高指導者が国家元首。三権分立の上位に最高指導者が位置付けられる「政教一致」の二重構造となっているのが特徴だ。国政全般にわたる決定権を持つ最高指導者は、88人のイスラム教聖職者（法学者）で構成する「専門家会議」（Assembly of Experts）が、高位聖職者から選出する。ハメネイ師は、イラン革命を率いた初代最高指導者ホメイニ師の側近の一人で、ホメイニ師死去を受け89年に後継に就いた。

　(ii) **大統領**　　最高指導者に次ぐ地位に位置付けられる大統領は行政府の長で、直接選挙によって選ばれ任期は4年。3選は禁じられている。ロウハニ大統領は、2013年8月に第7代大統領に就任。17年8月に2期目に入った。

　(iii) **護憲評議会・議会**　　国会は一院制で定数290議席。任期は4年。議決内容は憲法やイスラム教義に反していないかどうかを審査する「護憲評議会」（または監督者評議会、Guardian Council）の承認が必要で権能は制限されている。護憲評議会は最高指導者が任命する聖職者6人と、司法府が推す法律専門家の中から国会が信任する6人の計12人で構成する。また、同評議会は大統領、国

会議員選挙などの候補者の事前審査を行う。この審査をクリアしなければ立候補はできない。

　（ⅳ）軍事機構　最高指導者ハメネイ師が軍の最高司令官。1979年のイラン革命直後に故ホメイニ師によって国軍とは別に編成された「革命防衛隊」は、革命体制の基盤固めのため反革命勢力の粛清などを担った。独自の陸海空戦力を持ち、ミサイル部隊も運用。建設、石油など100以上の企業を保有し、その経済規模は国家全体の約3分の1に当たると指摘されている。「コッズ部隊」は、対外工作や情報活動を担う精鋭部隊。保守強硬派の民兵組織バシジ（人民動員軍）を傘下に置き、風紀取り締まりや治安維持の任務も持つ。

（3）2017大統領選と世代交代

　2017年5月に行われたイラン大統領選挙は、保守穏健派のロウハニ大統領が、保守強硬派で検事総長出身のイブラヒム・ライシ師との事実上の一騎打ちを制し再選された。約57％を得票したロウハニ師は選挙戦で、欧米など6カ国と15年に結んだ核合意の履行と欧米の制裁解除による経済発展や、社会の緩やかな改革を訴え都市部や中間層などの改革派や穏健派の支持を得た。一方、ライシ師は、核合意は国民生活を改善しておらず、格差を拡大していると指摘。対米協調を弱腰と非難し、低所得層や地方の保守派に支持されたが得票率は約39％。最終的にはロウハニ師が勝利したが、トランプ米政権が、オバマ前政権が結んだ核合意の見直しを公言、イラン敵視を露骨にする中で反米のイラン強硬派も猛追し、ロウハニ師は予想外の苦戦を強いられた。

　故ホメイニ師の信頼厚い側近で大統領も務めた穏健派の重鎮、アクバル・ハシェミ・ラフサンジャニ最高評議会議長が17年1月に82歳で死去していたことも苦戦の背景にある。ホメイニ師死去の際、有力な後継候補とはみなされていなかったハメネイ師を次期最高指導者に推したのは、ラフサンジャニ師だったといわれる[2]。最高指導者に就いたハメネイ師がその後、革命防衛隊など強硬派の掌握と権力基盤の強化を徐々に進めた一方、ラフサンジャニ師は大統領に就き改革派、穏健派を育て双璧を成してきた。ラフサンジャニ師という権力中枢の後ろ盾を失ったのは穏健派に大きな打撃となっていた。

一方、ライシ師はハメネイ師の「懐刀」とされ、高齢で病も指摘される同師の有力後継者の一人とされる存在だ。ライシ師は革命防衛隊との関係が深く権力基盤は固いものの国民への知名度に欠けると指摘されていたが、大統領選を通じて存在感を大きく高めたといえる。80歳に近づく高齢のハメネイ師の後継選びは既に始まっており、下馬評には保守強硬派のサイード・ジャリリ前最高安全保障委員会事務局長やロウハニ師の名も取り沙汰されている。イラン指導部が代替わりへ向けた動きを本格化させる中、大統領選はポスト・ハメネイをうかがう「前哨戦」の色合いも帯びていた。

（4）人権状況

イランの人口は8116万人（2017年推定）で、ペルシャ人が約61％、トルコ系イラン人が16％、クルド人が10％を占める。イスラム教を国教としイスラム教徒が人口のほぼ大半を占め、このうちシーア派が90〜95％、スンニ派が5〜10％[3]。年齢別の人口構成は0〜14歳が約24％、15〜24歳が約15％、25〜54歳は約49％、55〜64歳が約7％、65歳以上が約5％となっている[4]。

米人権団体「フリーダムハウス」[5]の年次報告書「Freedom in the World 2018」は、イランの「政治的権利」と「市民の自由」についていずれも7段階中下から2番目の「6」とし、「自由ではない」国に位置付けた。17年の大統領選について「投票率約70％で57％得票したロウハニ師の勝利は、有権者の選択を反映したと思われる」と一定程度評価した。しかし、16年の国会議員選挙では護憲評議会による事前審査で立候補申請者のうち51％しか出馬できなかったと指摘。マハムード・アハマディネジャド前大統領が再選を決めた09年大統領選では、選挙不正を訴えた対抗馬のミルホセイン・ムサビ元首相の支持者らが異例の大規模デモを展開する事態となったが、ムサビ氏ら改革派の指導者らの自宅軟禁がいまだ続いているとして、体制の強権性も指摘した。

一方、国際人権団体「ヒューマン・ライツ・ウオッチ」は18年版の年次報告書で、イラン当局は高率で死刑を執行していると記した。麻薬犯罪が特に厳しく、17年11月時点で刑が執行されたのは476人に上るとし、罪を犯した時点では未成年だった5人も含まれているとした。また、女性の権利については、結

婚や離婚、相続などで差別され、職業の選択も夫によって一定の制限を受けるなどとした。ロウハニ大統領の下、緩やかな緩和が進んでいるものの、18年3月には頭髪などを覆う「ヘジャブ」着用の強制に反対デモをした女性約80人が拘束されるなど、抑圧が続いているのが現状だ。

17年末から18年の初頭にかけてイラン全土に広がった反政府デモでは、参加者のうち計約3700人が拘束された。経済停滞と高失業率が主因で、危機感を高めた指導部は革命防衛隊も投入しデモを沈静化させた。

イラン知識層によると、参加者らはシリア、レバノン、イエメンへの介入撤回も要求していたという。各地への介入はイスラム圏での勢力拡大につながるものの、「膨大な費用がかかっている。出血が続くばかりで得るものがない」（中東研究者）とも指摘される。内政と経済対策に予算を回すべきだとのデモ隊の主張は、地域覇権を目指すイラン指導部の思惑と逆行する。また、イスラエルやサウジと組むトランプ米政権との緊張が高まっており、内外に不安定要因を抱えるイラン指導部の揺らぎが大きくなる可能性もある。

3　サウジアラビア

（1）概略

「サウド家のアラビア王国」を意味するサウジアラビアは1932年の建国で、サウド家の男子が統治する政教一致の絶対君主制を敷く。イスラム教の創始者の預言者ムハンマドの出生地メッカと、迫害を逃れたムハンマドが622年に移住した「聖遷（ヒジュラ）」の地であり、終焉を迎えたメディナの二つの聖地を擁する。ムハンマドは630年にメッカを征服し632年に死去。661年にウマイヤ朝が成立、以後16世紀のオスマン帝国支配まで群雄割拠の状態が続いた。

（2）統治機構

（ⅰ）**国王**　　初代アブドルアジズ国王の直系男子が世襲する国王が元首。第7代のサルマン・ビン・アブドルアジズ現国王は、初代国王の息子の第2世代で、最有力閨閥スデイリ7兄弟の一人。初代国王の後継には、サルマン国王

まで全て第2世代の異母兄弟が就いてきた。

　国王は立法権のある閣僚評議会（内閣）の首相を兼任し閣僚を任免、また新法を承認する。主要閣僚・州知事ポストをサウド家が握っている。軍事機構は、対外防衛を主任務とする国軍と、治安維持と王族防衛、国軍のクーデター防止などの側面を持つ国家警備隊の2系統から成る。いずれも国王直属。

　（ⅱ）ワッハーブ派　　サウジではイスラム教スンニ派が人口の約85％を占め、中でも戒律の最も厳しいワッハーブ派が支配的。サウジ統治機構の2本の柱であるサウド家とワッハーブ派の盟約関係は、18世紀サウジ中部のナジュド地方の豪族だったムハンマド・イブン・サウドが、復古主義的で原理主義的な教えを唱えていた法学者ムハンマド・イブン・アブドルワッハーブを庇護したことに始まる[6]。サウド家はワッハーブ派を最高の権威とし、ワッハーブ派は統治に宗教的正統性を与える形で勢力を拡大。アラビア半島の大半を支配する第1、第2サウジ王朝を経て現在のサウジに至るまでこの関係は維持されてきた。

　（ⅲ）諮問評議会　　政党の結成は禁じられており、市民の国政参加は限られている。米軍主体の多国籍軍がサウジ国内に展開した湾岸危機・戦争後、宗教保守と経済界の革新派双方から要求を受け、国政の助言機関で議会に相当する諮問評議会が1993年に発足。定員150人で、知識人や部族代表、宗教界、実業界などから国王が任命している。立法権はないが、法案提出権を持つ。

（3）サルマンショック

　サウジでは国王を頂点として王族が主要閣僚に就き、王族内や宗教界のコンセンサスを重視する国政運営を基本としてきた。だが、2015年1月のアブドラ国王死去を受け、第7代国王に即位したサルマン国王の下、これまでの慣行を破る王室人事や統治機構の再編、王族の大規模拘束劇などの激震を引き起こしている。

　即位したサルマン国王は、ムクリン副皇太子を皇太子に任命。副皇太子には、故ナエフ元皇太子の息子のムハンマド・ビン・ナエフ内相を就けた。だが、4月にはムクリン皇太子を退任させ、ムハンマド・ビン・ナエフが皇太子に昇格。副皇太子には自らの息子のムハンマド・ビン・サルマンが就いた。さらに、17

年6月、サルマン国王はムハンマド・ビン・ナエフ皇太子を解任し、ムハンマド・ビン・サルマン副皇太子を後任に昇格させた。

サルマン国王の即位時から将来の国王候補と目されてきたが、異例の人事により次期国王の座についたムハンマド皇太子は、1985年8月31日生まれと30代前半の若さで副首相と国防相を兼任、経済開発評議会議長、サウジ・アラムコ最高評議会議長、2017年11月に設置された汚職対策委員会のトップも務めるなど権力の集中が進む。18年2月には、軍参謀総長、陸軍、防空軍トップら軍幹部が解任された。ハディ暫定政権側に立ち介入を続けるイエメン内戦が泥沼化する中で、高齢と幹部職過多が目立つ軍機構の引き締めと掌握が目的と受け止められた[7]。

また、ムハンマド皇太子は石油依存経済からの脱却を目指す構造改革「ビジョン2030」を主導し、世界最大の石油会社、国営サウジ・アラムコの新規株式公開、女性による自動車の運転の解禁や雇用機会の拡大、文化・娯楽の振興などを推進、保守的なサウジ社会に大な変革の波をもたらしている。さらに、汚職対策委は17年11月、ムトイブ前国家警備相、世界的大富豪のワリド・ビンタラール氏ら王子や現職閣僚、元閣僚らを「大量拘束」、首都リヤドの高級ホテル「リッツ・カールトン」などに収容した。同委によると摘発されたのは計約380人に上る。解決金を支払うことで、ビンタラールら大半が拘束を解かれたと報じられた[8]が、ムハンマド皇太子の潜在的な対抗勢力を封じ込める狙いとみられる大規模「宮廷パージ」は内外に衝撃を広げた。

ムハンマド皇太子が推し進める経済社会構造には、宗教界もおおむね協力的な姿勢を示していると言われる。ただ、ワッハーブ派が敵視する近代化や欧米への接近に対する潜在的な反発が蓄積されてゆく可能性は否定できない。サウド家排除を掲げた1979年のメッカの「聖モスク占拠事件」のような過激派の暴発を招く恐れもあるとの指摘も出ている[9]。サウジ政局はムハンマド皇太子への王位継承をにらみ急速な展開が続くとみられる。

(4) 人権状況

サウジの人口は約3300万人（2017年推定）で、約37％が南アジアからの労働

者など外国人。イスラム教スンニ派が85〜90％、ワッハーブ派が支配的。人口構成は0〜14歳が約26％、15〜24歳が約19％、25〜54歳が約47％、55〜64歳が約5％[10]。

　フリーダムハウスの報告書は、サウジの「政治的権利」と「市民の自由」についていずれも7段階中最低の「7」とし、「自由ではない」とした。総合点では100点中の7で、北朝鮮は3、イランは18となっている（日本は96）。サウジについて報告書は、政治的権利と市民の自由はほぼ全面的に制限され、国政レベルの選挙はないと指摘。広範な監視体制、政府と異なる意見の取り締まり、女性や宗教的少数派への差別待遇、外国人出稼ぎ労働者は搾取的な労働条件に置かれることがよくあるなどとネガティブな評価を加えた。

　サウジでは1990年の湾岸危機に伴い米軍などの国内駐留を認めたことで、イスラム過激派などが台頭。2001年9月11日の米中枢同時テロを首謀した国際テロ組織アルカイダの前指導者の故ウサマ・ビンラディン容疑者、19人の実行犯のうち15人がサウジ出身だった。国内でのテロや王族への暗殺未遂などもあり、過激派は厳しく取り締まられているほか、体制批判や政治改革を訴える個人や団体も法的な手続きなく拘束される。

　ヒューマン・ライツ・ウオッチの18年版年次報告書は、対テロ裁判所（専門刑事裁判所：Specialized Criminal Court）が、人権活動家などの抑圧に使われているとし、法的手続きのないまま容疑者を数カ月、数年にわたって拘束するケースも続いていると指摘した。17年1月から12月上旬までに、殺人罪や麻薬犯罪などで138人の死刑が執行され、大半が斬首刑、公開処刑もあったとした。また、外国人労働者の雇用主が査証の保証人となり、その許可なしでは出国できないようになっている制度が、賃金未払いや労働の強制、性的搾取などの侵害の温床になっているとした。

4　まとめ

　2016年1月、サウジアラビアが同国内のシーア派有力指導者を処刑したことにイラン側が反発、テヘランのサウジ大使館が襲撃されたことを受けサウジが

断交を表明して以降、両国関係の改善は見られていない。13年、オバマ前米政権は、シリアのアサド政権による化学兵器使用疑惑を巡り準備を進めていたアサド政権への攻撃を土壇場で中止。イラン核合意で宿敵イランがウラン濃縮を認められた上、経済制裁も解除されたことでサウジは2度にわたり煮え湯を飲まされた格好になり米国との関係は冷却化した。オバマ政権との関係が同様に冷え込んでいたイスラエルもドナルド・トランプ大統領への交代を機に、一挙に米政権との距離を詰めてイランとの対決姿勢を鮮明にしている。

17年6月にはサウジ、アラブ首長国連邦（UAE）、バーレーンなどがカタールと断交し、1979年のイラン革命の波及防止などを目的にサウジなどペルシャ湾岸の王政・君主制のスンニ派6カ国が結成した湾岸協力会議（GCC）[11]にも亀裂が生じた。回復の条件としてイランとの外交関係縮小、スンニ派各国が反体制活動に神経をとがらせるイスラム組織「ムスリム同胞団」との関係断絶やカタール国内のトルコ軍基地の閉鎖などを要求したが、カタールはこれを拒否しイランやトルコに接近した。

2017年11月には、サウジ訪問中のレバノンのサード・ハリリ首相がテレビ演説で突如辞任を表明したが、約3週間後に撤回した。米ニューヨーク・タイムズ紙はサウジのムハンマド皇太子の主導で、サウジ当局者がハリリを拘束状態に置き、辞表の読み上げを強要したと報じるなど、自らの影響力拡大を図ったサウジの謀略との見方がでている[12]。粗暴ともいえる政治工作が事実であれば、今後もサウジが予測を超える強硬な外交政策を取る懸念がありそうだ。

こうした中、18年10月にトルコ最大都市イスタンブールのサウジ領事館を訪れたサウジ人の著名ジャーナリスト、ジャマル・カショギ氏が領事館内で死亡させられる事件が発生した。カショギ氏は、17年から米国を拠点としてムハンマド皇太子の強権的政策に批判的な記事を米紙ワシントン・ポストに寄稿、英BBCでも発言していた。当初は事件を否定していたサウジ当局は、国際社会の批判の高まりを受け10月中旬になり、一転してカショギ氏が領事館内で死亡したことを認めた。サウジ側は否定しているが、ムハンマド皇太子の指示による殺害との疑惑が浮上しており、サウジ王室への国際社会の不信は急速に深まっている。

サウジは日本への石油の最大の供給源であり、カタールは液化天然ガス（LNG）の主要供給国。ペルシャ湾岸情勢が混乱に陥れば日本へのエネルギー供給は甚大な打撃を被る。核拡散の懸念が深まる中で、核兵器開発を辞さないと公言するサウジと、原子力エネルギー分野での協力を進めることが許されるのかどうか、唯一の被爆国の責務としての核廃絶を掲げながら原発輸出政策を進める安倍晋三政権の姿勢も問われている。大量のプルトニウムを保有する日本の原子力政策に向ける米国の視線も厳しくなりつつある。イラン核合意からの米離脱、エルサレムへの在イスラエル米大使館移転など国際情勢を揺るがす動きが続く中東情勢は、日本を巻き込みながら加速度的に不安定化する恐れがある。

【参考文献】
1. 秋山信将編（2015）『NPT　核のグローバル・ガバナンス』岩波書店
2. 池内恵（2018）『シーア派とスンニ派【中東大混迷を解く】』新潮社
3. 川崎哲（2003）『核拡散――軍縮の風は起こせるか』岩波書店
4. 川崎哲（2014）『核兵器を禁止する』岩波書店
5. 北野充（2016）『核拡散防止の比較政治　核保有に至った国、断念した国』ミネルヴァ書房
6. 「現代思想　総特集アラブ革命――チュニジア・エジプトから世界へ」（2011）, vol.39-4, 4月臨時創刊号、青土社
7. Ansary, Tamim（2009）*Destiny Disrupted: A History of the World Through Islamic Eyes*, New York: PublicAffairs.
8. Bear, Robert（2008）*The Devil We Know: Dealing With The New Iranian Superpower*, New York: Crown Publishers.
9. Lacey, Robert（2009）*Inside The Kingdom: Kings, Clerics, Modernists, Terrorists and the Struggle for Saudi Arabia*, New York: Viking Penguin.
10. Seale, Patrick（1988）*Asad: The Struggle for the Middle East*, London: University Of California Press.

---

1) Asked what his country will do if Iran restarts its nuclear program, Adel Al-Jubeir told CNN's Wolf Blitzer that "we will do whatever it takes to protect our people. We have made it very clear that if Iran acquires a nuclear capability we will do everything we can to do the same."（2018年5月9日、米CNNのインタビュー https://edition.cnn.com/2018/05/09/politics/saudi-arabia-nuclear-weapons/index.html）.
2) Foreign Affairs May/June 2017 "Iran's Next Supreme Leader The Islamic Republic After Khamenei": Sanam Vakil and Hossein Rassam.
3) 一般社団法人共同通信社編著（2018）『世界年鑑2018』株式会社共同通信社
4) 米中央情報局（CIA）THE WORLD FACTBOOK
5) 2016年6月30日までの1年間では歳入の86％を米政府が出資
6) Destiny Disrupted: A History of the World Through Islamic Eyes; Tamim Ansary.
7) AFP通信　2018年2月27日「Saudi crown prince flexes muscle with military shake-up」

8）ロイター通信　2018年1月27日　「Saudi billionaire Prince Alwaleed released as corruption probe winds down」
9）2018年1月7日付　Aljazeera English Can Mohammed bin Salman break the Saudi-Wahhabi pact?　https://www.aljazeera.com/indepth/opinion/mohammed-bin-salman-break-saudi-wahhabi-pact-180107091158729.html
10）CIA　World Factbook
11）サウジ、UAE、カタール、バーレーン、クウェート、オマーンの6カ国が1981年に結成。
12）https://www.nytimes.com/2017/12/24/world/middleeast/saudi-arabia-saad-hariri-mohammed-bin-salman-lebanon.html

第4部

アジアの平和と国際機構

シンガポールで開催されたASEAN首脳会議で、記念写真に納まる加盟各国首脳ら＝2018年4月28日（共同）

第17章
アジア太平洋地域の国際安全保障環境

広島市立大学 国際学部准教授
西田竜也

1 はじめに

　トランプ米政権が発足して約2年が経過した。同政権は発足後、批判の多かった移民や難民の受け入れ制限、気候変動に関するパリ協定や環太平洋パートナーシップ協定（TPP）からの脱退など、オバマ前政権とは異なる政策を打ち出した。安全保障政策についても、昨年1月の一般教書演説では北朝鮮の脅威を強調し、北朝鮮に対して圧力を強める方針を明らかにしたことに加え（White House 2018）、国防予算を大幅に増額することを表明した（Office of Management and Budget 2018）[1]。また、2018年2月に発表された核態勢見直し（NPR）では、核を搭載できる巡航ミサイルを復活させ、また「弾道ミサイル」の一部を使える核である「低出力核」に変更する方針を明らかにし（Department of Defense 2018）、さらには中距離核戦力全廃条約（INF）からの離脱を表明するなど、前政権の対話を中心として核なき世界を目指す政策とはかなり異なる色彩の政策を採っている。その一方で、6月には突然北朝鮮との首脳会談を行うなど、その政策は予測不可能でもある。

　また、アジア太平洋地域の安全保障も、平和と安定の方向に向かっているとは言い難い。北朝鮮はここ数年、核兵器および核兵器を搭載するミサイルの開発を加速化し、中国は習近平総書記が海洋強国を目指すことを明らかにするな

ど、引き続き海洋進出を進めている（習 2017）。東シナ海及び南シナ海では領有権の主張を強め、中でも南シナ海では引き続き埋め立てと軍事施設を含む開発を続けている。さらには、中長期的にも中国は高い経済成長を背景として、軍事費の拡張を継続している。中国の高い経済成長と軍事費の拡大は、米国の経済力と軍事力が相対的に低下しつつある現在、アジア太平洋地域での国際政治システムの大きな変動をもたらす可能性を秘めている。

　他方で、国際関係論から考えた場合、かつてヘドリー・ブルが明らかにしたように、国際政治はアナーキーであるものの、国家間の協力は決して不可能ではなく、アジア太平洋地域でも国際機構や制度などを通じて様々な国家間協力が進んでいる。そして、こうした国際機構や制度が、国家行動の透明性や国家間の信頼を高め、社会化が進むことで、安定や平和につながる可能性もある（ブル 2000：71-98）。具体的には、以下に論じるように米国を中心とした同盟システムに加え、東南アジア諸国連合（ASEAN）が中心となって築き上げてきたフォーラム、そして最近では中国が進める地域協力など様々な地域機構や制度を通じて国家間協力が進んでいる。本章では、アジア太平洋地域の安全保障に関わる機構や制度の概要を明らかにするとともに、その現状を分析する。その上で、現在特に問題となっている北朝鮮の核開発問題や南シナ海の問題を中心に、同地域の安全保障システムの本質の一端を明らかにしたい。なお、第4部第2章では、アジア相互協力信頼醸成措置会議（CICA）、南アジア地域協力連合（SAARC）、国連アフガニスタン支援ミッション（UNAMA）、第3章ではASEAN、そして第4章では上海協力機構（SCO）に特に焦点を当てることとしたい（次ページの図「ユーラシア地域の安全保障フォーラム」参照）。

2　問題提起

　アジア太平洋地域は、現在軍拡競争が続く地域である。英国の国際戦略研究所（IISS）は、2012年に歴史上はじめてアジア地域の軍事費が欧州を超えて以来、アジア各国の軍事費は高い伸びを示しているとし、特に、中国の軍事費の伸びが顕著であることを示す。そして、これに対応するかのように日本、韓国、

第17章 アジア太平洋地域の国際安全保障環境

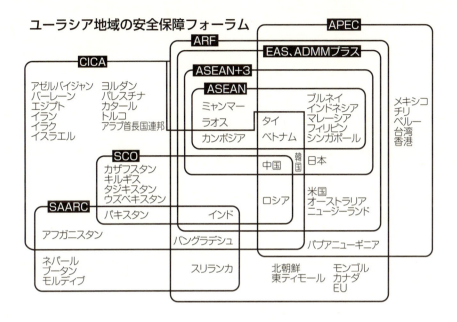

インド、東南アジア各国の軍事費も増加しているとする（ロイター 2012, IISS 2017：245-247）。

　アジアでの軍拡、特に、最近の中国の軍事費の増加と海洋進出は、中長期的には地域安全保障に構造的な変化をもたらすかもしれない。中国の軍事費はここ30年の間平均で10％以上の高い成長率を維持し、米ドルベースで2017年には約2282億米ドルにまで増加した。その一方で、オバマ政権下での米国の軍事費は抑えられたこともあり、2017年の国防費は約5972億ドルとなっており、中国の国防支出は米国の4割に近づいている（SIPRI 2018）。トランプ政権は、こうしたオバマ政権の緊縮国防予算を転換し、大幅な増額を打ち出したが（Office of Management and Budget 2018）、その実現には疑問符がつくところもあり、米国の国防支出が相対的に低下する傾向は続くであろう。また、軍事費のみならず、中国の人民解放軍の海軍が能力を高め、空母を中心とした遠洋航海艦隊を整備しつつあることは、米国の海上覇権を前提として海上航行の自由が維持されていたこと、ならびに、中国が国連海洋法条約等これまで国際法の原則を

尊重することを明確にしていないことは、太平洋地域での安全保障状況が大きく変わることを意味すると考えられる。

また、周知の通り、北朝鮮はここ数年、核実験と核兵器を運搬するミサイルの発射実験を繰り返している。そして、北朝鮮の近年のミサイル技術の向上は目覚ましく、米国本土を核兵器で攻撃する能力を保有するに至ったと主張している（日本経済新聞 2017）。この北朝鮮の主張の真偽はともかく、現在の技術向上速度を考えた場合、近い将来北朝鮮がそうした能力を持つ可能性は高い。仮に、北朝鮮が米国本土を攻撃する能力を持った場合、後述するように、米国の核の傘、つまり、拡大抑止の信憑性が揺らぐだろう。これに対し、日本政府は2004年以降、弾道ミサイル防衛（BMD）の整備を開始し、イージス艦への弾道ミサイル対処能力の付与やパトリオットミサイル（PAC3）の配備を進めている。また米国政府も核抑止に加え、1時間以内に世界のどこからでも精密に誘導された通常兵器による攻撃を可能にするシステム（Prompt Global Strike）の開発を進めている。

3　米国同盟システムの発展

現在のアジア太平洋地域の安全保障を維持するシステムの原型は、第二次世界大戦以降構築された。太平洋戦争で日本を無条件降伏させることに成功した米軍は、日本、フィリピンをはじめ太平洋各地に、基地や軍事施設を建設し、終戦時には大規模な軍を展開していた。また、中華人民共和国の成立、中ソ友好同盟条約の締結、朝鮮戦争の勃発などアジアでも冷戦が進行すると、日本の国際社会への復帰とともに、自由主義陣営の同盟形成が重要な課題となった。そして、1951年に日本との講和条約に調印した際に、日米安全保障条約、オーストラリア、ニュージーランド、米国の間の安全保障条約（ANZUS）及び米比相互防衛条約も署名され、アジア太平洋地域での自由主義諸国の同盟形成が始まった。続いて、1953年から54年にかけて、米韓相互防衛条約、米華相互防衛条約、そして東南アジア集団防衛条約（マニラ条約）が締結されたことで、米国のアジア太平洋地域での同盟システムができ上がったと言ってよい。こう

した同盟システムは、自転車の車輪のように米国が中心（ハブ）に位置し他の同盟国と結びつく一方、米国以外の同盟国同士は結びつきが弱いことから、ハブ・アンド・スポークスの同盟システムと呼ばれる（図「アジア太平洋地域の米国同盟システム」参照）。

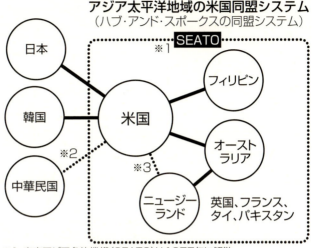

アジア太平洋地域の米国同盟システム
（ハブ・アンド・スポークスの同盟システム）

※1、東南アジア条約機構（SEATO）は1977年に解散
※2、米華相互防衛条約は1979年に無効となる
※3、ANZUSでは、米国が1985年にニュージーランドの防衛義務を停止

　第二次世界大戦後から1950年代後半までは、冷戦構造の下、米国を中心とする自由主義諸国とソ連や共産中国を中心とする共産主義諸国が対立する形であった。しかし、50年代後半から中ソ対立が進み、また、米国がベトナム戦争に深入りし軍事的にも経済的にも困難な状況に陥ると、70年代には米中接近という形でアジア太平洋地域の国際政治構造に大きな変化が生じる。米国と中国はソ連に対抗することに共通の利益を見出し、米中国交正常化が実現する。そして、米中国交正常化と共に日中関係も好転し、1978年には日中平和友好条約も調印される。こうして、アジア太平洋地域では、ソ連と中国が米国に対峙するという構造から、米国と中国がソ連に対抗するという構造へと転換した。また78年以降、改革開放を掲げた鄧小平のリーダーシップの下、中国の経済成長が始まったこともこの時期の特徴である。

　第二次世界大戦後50年近くにわたり国際システムのあり方を規定した冷戦は、ロナルド・レーガン大統領とミハイル・ゴルバチョフ書記長のリーダーシップもあり、1989年に終わりを告げた。冷戦の終焉と共にソ連邦は崩壊し、国内で

第4部　アジアの平和と国際機構

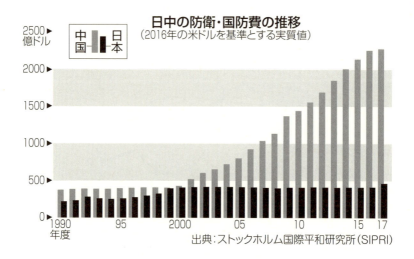

日中の防衛・国防費の推移
（2016年の米ドルを基準とする実質値）

出典：ストックホルム国際平和研究所（SIPRI）

の混乱もあって、ロシアは経済的にも軍事的にも大きく後退し、冷戦期の二極構造であった国際システムは、圧倒的な力を有する米国を中心とした一極構造へとシフトした。この圧倒的な米国の力が象徴的に表れたのが91年の湾岸戦争であった。

　しかし、2001年の米国に対するテロ攻撃と、それに続くアフガニスタンへの攻撃とイラク戦争に米国が深入りし、長期にわたり関与するようになると、リーマン・ブラザースの破たんを契機とする国際経済危機も重なり、経済的にも軍事的にも米国の相対的地位は低下し始めた。これと対照的だったのが中国の躍進である。1978年に改革開放政策を始めて以来、中国は高い経済成長を30年以上にわたり続けてきた。現在では、以前のように二ケタ成長を続けることは難しくなっているが、それでも昨年の経済成長は6.7％と他の先進国よりははるかに高い（The World Bank 2018）。また、経済成長に伴い軍事費も大きく増えており、経済成長同様二ケタ成長は難しくなっているものの、それでもここ20年間の平均成長率は10％を超えている[2]（図「日中の防衛・国防費の推移」参照）。

　冷戦後のアジア太平洋地域安全保障を考える上で、もう一つ重要な点は、北朝鮮が核開発を進展させてきたことである。北朝鮮の核開発をめぐり、1993年

北朝鮮による核実験および弾道ミサイル発射実験数

	2006	07	08	09	10	11	12	13	14	15	16	17	計
弾道ミサイル発射実験	7	0	0	8	0	0	2	6	19	15	24	20	101
核実験	1	0	0	1	0	0	0	1	0	0	2	1	6

出典：米国戦略国際問題研究所（CSIS）

　から94年にかけて米国と北朝鮮は対立し、軍事衝突寸前まで危機が進んだ。その後、クリントン政権は、北朝鮮が核開発を思いとどまるよう関係国と共に協力を進めたが、その後のジョージ・W・ブッシュ政権は一時期北朝鮮に対して圧力をかける方向に転換した。これに対し、北朝鮮は核兵器の開発及びミサイルを運搬する技術の向上に力を注ぎ、近年はその開発スピードを加速化させている。北朝鮮は2006年以降6回の核実験、そして100回以上の弾道ミサイル発射実験を行っている（図「北朝鮮による核実験および弾道ミサイル発射実験数」参照）[3]。

　つまり、第二次世界大戦後のアジア太平洋地域の国際システムは、冷戦構造のもと米国とソ連を中心に対立していたが、その後の中ソ対立に伴いソ連に対して米国と中国が共同して対抗するようになった。そして、冷戦の終焉とソ連邦の崩壊はロシアの力を後退させ、一時的に米国の一極体制と言える時期が到来した。しかし、一極体制も長続きすることはなく、アフガニスタンやイラクでの戦争と経済危機により米国の国力が相対的に低下する一方、中国が1978年以降経済的にも軍事的にも台頭し、現在に至っている。

　近年のアジア太平洋地域の安全保障環境を詳しく見ると幾つかの特徴がある。まず、米国の相対的地位は低下しつつあるものの米国の軍事力は、特に中国と比較した場合、いまだ優位にある。2017年の国防費で見た場合、中国の防衛費は、既述の通り米国の約40％に過ぎないが、急速に伸びており、日本の防衛費の約5倍にもなっている。さらに、米国と中国の国防費の差は急速に縮まりつつある。1990年には米国の4％に過ぎなかった中国の防衛費は2000年には1割を超え、2010年には2割近くとなり、オバマ政権が国防費削減の方向に向かっ

たこともあり2015年には3割を超えるに至った[4]。さらに、北朝鮮による核兵器開発は、アジア太平洋地域の安全保障の一つの柱である米国による同盟国への「核の傘」の信憑性を揺るがす可能性がある。したがって、アジア太平洋地域ではこれまで安全保障の前提となっていた米国の圧倒的優位の軍事力と「核の傘」による安全に、今後大きな変化が見られるかもしれないのである。こうした地域安全保障環境の変化を踏まえ、同地域の安全保障のシステムの現状を次に概観する。

4　安全保障システムの現状

　既述の通り、冷戦初期には米国を中心としてハブ・アンド・スポークスの同盟システムが発展したが、現在までに幾つかの変化が見られている。まず、1954年のマニラ条約をもとに成立した東南アジア条約機構（SEATO）は東南アジア諸国に共産主義が浸透することを防ぐことを目的としたが、73年に米軍がベトナムから撤退すると、徐々にその機能を失い77年に解散している。また、米中国交正常化に伴い、79年に米国と中華民国の間の相互防衛条約は無効となり、台湾から米軍が撤退している。さらに、ANZUSもニュージーランドが非核政策を進め、85年に核兵器搭載艦艇の寄港を拒否したことを契機に、米国はニュージーランドに対する防衛義務を停止した（231ページの図「アジア太平洋地域の米国同盟システム」参照）。

　また、冷戦の終結とともに米軍の再編が進み、フィリピンや韓国に駐留する米軍の規模は縮小した。米国とフィリピンの間の同盟はいまだ存在するものの、フィリピンの民主化に伴い反基地運動が高まると、米国は海外基地としては最大規模であったスービック米海軍基地及びクラーク米空軍基地を1992年までに返還し、フィリピンから撤退している[5]。また、韓国でも民主化に伴う反基地運動の高まりとともに、在韓米軍の規模は縮小しており、冷戦終結時（1990年）の約4万4千人から、2016年には約2万9千人までに減少している（The International Institute for Strategic Studies（IISS）1991, 2017）。

　その一方で、ハブ・アンド・スポークス同盟システムに属する同盟国間の協

力は近年新たな展開を見せている。日米同盟は冷戦終結後、二度にわたってガイドラインを改訂し、また、日本は近年、安全保障面で一層の貢献を行うために、集団的自衛権の行使に関する憲法解釈を変更するとともに、平和安全保障法制の制定を進めるなど、日米同盟は強化されている。また、北朝鮮の度重なるミサイル実験への対抗措置として、韓国と米国は高高度ミサイル防衛システム（THAAD）を韓国国内に配備することを決定した一方、日本と韓国は秘密軍事情報の相互提供を促進するために、軍事情報に関する包括的保全協定（GSOMIA）を2016年に締結した。さらに、日本とオーストラリアは07年以降7度にわたり、日豪外務・防衛閣僚協議（2プラス2）を開催するなど、安全保障協力を進めている。さらに、日本はフィリピンに対して巡視船を提供し、フィリピンの海上部隊に対し訓練を行うことで、海上保安能力の構築に貢献している。こうした米国とその同盟国との間ならびに米国の同盟国間相互の安全保障協力や対話の進展を、アシュトン・カーター米国防長官は安全保障ネットワークの新たな動きとして歓迎した（Carter 2016）。

次に、アジア太平洋地域では、冷戦終結以降ハブ・アンド・スポークスの同盟システム以外の安全保障システムも発展しつつある。特に、ASEANは東南アジア地域内及び域外の安全保障面での協力と対話に積極的に貢献しており、ASEAN地域フォーラム（ARF）はその典型である。また、最近では、拡大ASEAN国防相会合（ADMMプラス）を開催しており、安全保障問題につき議論し、安全保障協力を進めている。さらに、様々な政治経済問題につき話し合う首脳及び外相レベルで開催されるASEANプラス3や東アジア首脳会議（EAS）もASEANを中心に進められてきた（229ページの図を参照）。

また、最近では中国が積極的に進める安全保障の枠組みも発展しつつある。2001年に成立したSCOは、テロリズム等安全保障のみならず幅広く経済や文化面での協力と対話を強化しており、また、2002年に第1回首脳会議が始まったCICAは、安全保障を含むアジア各国間の協力深化と信頼醸成を目的としたフォーラムである。

さらに、北朝鮮の核開発問題に焦点を当てた6者協議も存在した。6者協議は、米国、中国、韓国、北朝鮮、日本及びロシアの外交当局の局長級の担当者

が集まり、北朝鮮の核兵器開発問題を解決することを目的とした実務者協議であった。しかし、同会合は2003年以降07年まで9回の会合が行なわれたものの、北朝鮮が核兵器開発やミサイル実験を継続していることもあり、08年末以降は開催されていない。

それでは、米国の相対的な経済力や軍事力が低下する一方、中国が台頭する状況や、加速化する北朝鮮の核兵器開発といった国際安全保障環境の変化を踏まえた場合、現在アジア太平洋地域に存在する様々な枠組みは、地域安全保障の問題に十分効果的に対応できるのであろうか。また、課題があるとすればどのような課題が存在するのだろうか。以下ではこうした問題につき検討したい。

5　これからの安全保障と課題

　既述した通り、米国は第二次世界大戦後、アジア太平洋地域に軍事的プレゼンスを維持し、大きな影響力を行使してきた。こうしたプレゼンスの維持と影響力の行使は、米国の意向を反映する半面、同盟国や関係国が求めたという側面もある。さらに米国は、有事の場合に同盟国を防衛することを軍事的に約束しただけでなく、海上交通や空における航行の自由といった国際法の基本原則を守る役割を果たしてきた点も重要である。単に自国の利益を追求するだけでなく、国際社会全体が享受できる国際公共財を提供してきたからこそ、関係国は米国のリーダーシップを受け入れたと言えるかもしれない。

　それでは、米国の相対的国力の低下は、アジア太平洋地域の安全保障を脅かすことになるのだろうか。国力の面から言えば、米国の相対的地位は今後も低下するかもしれないが、低下したとしても引き続き大国であることに変わりはない。したがって、米国がアジア太平洋地域に関与することが難しくなるまで、近い将来急激にその国力が落ちることを心配する必要はないだろう[6]。

　しかし、国力の低下以上に大きな問題は、米国が引き続きアジア太平洋地域の安全保障を維持し、地域の国際公共財を提供し続ける意思があるか否かである。トランプ政権は、それまでの政権とは異なり、米国の国益の確保を前面に出している。もちろん、それまでの政権も米国の国益を追求していたが、同時

に自由貿易や航行の自由に代表される国際公共財のプロバイダーとしての役割も果たしていたのである。しかし、トランプ政権はこの役割を放棄し、むき出しの国益追求に走るかもしれない。気候変動に関するパリ協定、TPP、そして国連教育科学文化機関（ユネスコ）から一方的に離脱することや北米自由貿易協定（NAFTA）の再交渉を表明したこと、さらには最近のイランの核兵器開発の制限に関する合意やINFからの離脱は、トランプ政権が国際公共財のプロバイダーとしての役割を放棄し、自国の国益追求に走り始めたことを示しているだろう。そして、トランプ政権がこのような政策選好を維持し、将来の政権も同様の政策を続けるのであれば、米国の国力の相対的低下と相まって、米国のリーダーシップに対する正当性も低下してしまうかもしれない。そして、この正当性の低下は、アジア太平洋地域の安全保障に深刻な影響をもたらす可能性がある。

特に、北朝鮮の核兵器開発問題では、トランプ政権の予測できない動きは、大きなリスク要因である。同政権は北朝鮮に対する経済制裁を強化し圧力を強める一方、北朝鮮は核実験とミサイル実験を加速化し、米国と北朝鮮はお互いに対する非難をエスカレートさせてきたかと思えば、2018年には米朝首脳会議が開催されるなど表面的には融和の方向性が打ち出されている。

しかし、こうした表向きの外交以上に、急速に進む北朝鮮の核開発は、米国が提供する「核の傘」や同盟国に対し深刻な影響をもたらすかもしれない。北朝鮮の核兵器開発が進展する以前は、拡大抑止の論理では、北朝鮮が韓国や日本などの同盟国を攻撃した場合に米国が核兵器で北朝鮮に対して報復するという論理は、北朝鮮が米国に対し核攻撃する能力を持たない以上、信憑性があった。しかし、北朝鮮が米国本土へ核攻撃する能力を持つに至った場合には、北朝鮮が日本や韓国を核兵器により攻撃し、米国がその報復として北朝鮮に核兵器で反撃する時に、米国は自国の都市が北朝鮮の核攻撃を受ける可能性を覚悟しなければならなくなる。つまり、米国は自国の都市が核攻撃を受けるリスクを冒してまで、日本や韓国のために北朝鮮に対して核兵器による反撃を行わないのではないかという疑念が生じるのである。つまり、これまで地域安全保障の前提の一つとなっていた拡大抑止の論理や同盟体制への信憑性も揺るがす可

能性があるのである[7]。

　他方で、経済成長と軍事力の拡大を続ける中国が、将来アジア太平洋地域の安全保障に重要な役割を果たす可能性もある。大きな力を持つに至った中国が、その力に見合った役割を地域安全保障の維持で果たすことを求めるのはある意味自然であろう。その一方で、中国が大きな役割を果たすことを、近隣諸国や関係国が中国に対して望むようになるかは現在のところ不明である。中国がアジア太平洋地域の安全保障を維持するため、より大きな役割を果たすことを求めるならば、自国の利益を追求するだけでは十分ではなく、近隣諸国や関係国の幅広い共通利益を追求し、また、米国がこれまで提供してきた国際公共財を共同で、もしくは、米国に代わって提供することが重要になる。そして、何よりもそうした役割を中国自身が果たす意思があるか否かが問題となる。

　幾つかの点で、中国は自国の国益のみならず幅広い共通利益や公共財を提供しリーダーシップを発揮することに関心を持ち始めている。例えば、大きな経済力を背景としてアジアインフラ投資銀行（AIIB）を設立し、アジア開発銀行（ADB）とは別に開発資金を提供し始めたことや、温室効果ガスの削減に向けてパリ協定に署名したことは、中国によるリーダーシップへの意欲の表れだろう。また、既述したSCOやCICAを通じて、今後中国がアジア太平洋地域での安全保障に積極的な役割を果たすようになるかもしれない。

　その一方で、将来の中国のリーダーシップの可能性に対して疑問符がつく点もあることも否めない。南シナ海での一方的な領域主権の主張がその一例である。中国は近年、南シナ海での埋め立てと施設建設を一方的に進め、領域主権を主張している。こうした中国の動きに対して、フィリピン、ベトナム、マレーシアやインドネシアなど領有権を主張する国家は抵抗を続けているものの、大きな経済力と軍事力を背景に中国は既成事実化を進めている。そして、フィリピンが南シナ海の領有権問題を国際仲裁裁判に付託した2016年の判決では、中国が主張する領域主権は国際法上認められず、また、中国の南シナ海での活動は国際法違反であることが明らかになった。にもかかわらず、中国はその後も南シナ海での埋め立てや施設建設を続けている。

　つまり、アジア太平洋地域が抱える課題は、北朝鮮の核開発問題や南シナ海

の領有権問題といった個別の問題のほかにも、米国が引き続きアジア太平洋地域の安全保障の維持に強くコミットするのか、中国がいたずらに自国の国益を追求することを自制し責任ある大国として地域の安全保障に貢献する意図があるか否か、さらには、米国の国力が相対的に低下しつつある中で、米国の同盟国の役割をどのように考えるか、など中長期的な同地域の安全保障に大きな影響を与えかねない問題を孕んでいるのである。

6　おわりに──想定される三つのオプション

　このように現在問題となっている安全保障問題のほかに、パワーバランスなど中長期的な課題を踏まえた場合に、アジア太平洋地域には、今後どのような安全保障の枠組みが望ましいのだろうか。この点につき幾つかの先行研究が有益な議論を提供している。例えばイアン・ブレマーは、米国の国力が低下する状況を踏まえて、今後の国際システムのあり方につき、米中が協力する場合と対立する場合を検討しているし、山本吉宣は特にアジア太平洋地域の安全保障の枠組みのあり方につき、中国がリベラルな価値観に近づく場合、そして、反対に米国が中国の価値観に近づく場合などを検討している。いずれの研究も米国と中国が協力する、もしくは中国が米国の価値観に近づく場合が、国際安全保障環境としては安定的なものとなることを予測し、対立した場合には、ブレマーは冷戦の再現、山本は二つの価値観に基づく秩序の併存を予測する（ブレマー　2012：198-209, 215-218，山本　2011：127-133）。

　いずれのシナリオも可能性としてはありうるが、ここでは、特に米国の相対的国力が低下する場合について考えてみたい。米国の相対的国力が低下する場合、単純化して考えると三つのオプションがある。まず、米国の国力が低下し、これまで米国が果たしてきた責任を果たせなくなった場合に、米国の同盟国が補う形で果たすという可能性である。これは米国以外の同盟国の負担を増やすことで、米国の国力低下の影響を補うことができ、同盟システムを強化できるというメリットがある。しかし、その半面、米国の同盟システムの強化は、米国が中国を封じ込めようとするのではないかという疑念を中国に抱かせてしま

うデメリットも考えられる。

　次に、米国がアジア太平洋地域で果たせなくなった役割を、中国が補完する形で、米中協力の下、アジア太平洋地域の安全保障の役割分担を考えることもあり得よう。しかし、この方法は安全保障協力を進めるには相互の強い信頼関係を前提とするのであれば困難かもしれない。特に、山本も指摘するように米国は経済自由主義や民主主義といったリベラルな価値観が根本にある以上、政治体制の異なる中国に対する不信感をぬぐい去ることは難しく、米中協力は限られたものとなる可能性がある（山本 2011：127-133）。

　最後に、理論的には、国力の低下した米国抜きで、アジア太平洋地域の安全保障を地域内にある国家で維持していくという考え方もありうるし、この考えを進めると東アジア共同体にたどり着くのだろう。しかし、域内にある国家だけで安全保障問題に対応する場合、想定メンバーを考えると、大きな国力を持つ中国が突出してしまい、結局中国を中心とする地域システムになるのかもしれない。このように、三つのオプションにはそれぞれ一長一短がある。

　その意味で、現状では既存のアジア太平洋地位にある安全保障システムをそれぞれの機能に応じて、効果的に組み合わせていくことが考えられる。具体的には、バランス・オブ・パワーを維持することを主な目的としたハブ・アンド・スポークスの同盟システム、価値観の共有を促進するシステム、そして、ARFやADMMプラスに見られる異なる体制や政治制度であってもより包括的に地域に関する安全保障問題につき議論し協力を促進するシステムなど、それぞれのシステムを強化し、個別の問題に対応していくことが現在のところ最も現実的な政策選択である。

【参考文献】
1．ポール・ケネディ（1988）『大国の興亡——1500年から2000年までの経済の変遷と軍事闘争』鈴木主税訳、草思社
2．習近平（2017）习近平「决胜全面建成小康社会 夺取新时代中国特色社会主义伟大胜利—在中国共产党第十九次全国代表大会上的报告」（2017年10月18日）http://paper.people.com.cn/rmrb/html/2017-10/28/nbs.D110000renmrb_01.htm, last visited, 15 February 2018.
3．日本経済新聞（2017）「北朝鮮「ICBM 発射成功」 米本土への攻撃能力誇示（2017年7月4日）」 https://www.nikkei.com/article/DGXLASGM04H6Z_U7A700C1MM8000/, last visited 15 February 2018

4．ヘドリー・ブル（2000）『国際社会論——アナーキカル・ソサイエティ』臼杵英一訳、岩波書店
5．イアン・ブレマー（2012）『「Gゼロ」後の世界——主導国なき世界の商社は誰か』北沢格訳、日本経済新聞出版社
6．山本吉宣（2011）「第6章 アジア太平洋安全保障のアーキテクチャー」平成22年度外務省国際問題調査研究・提言事業報告書『アジア太平洋における各種統合の長期的な展望と日本の外交』日本国際問題研究所
7．ロイター（2012）「アジアの軍事費が初めて欧州超へ、中国軍拡などで（2012年3月8日）」、https://jp.reuters.com/article/tk0751890-defence-asia-supass-europe-idJPTY-E82702K20120308, last visited, 7 February 2018.
8．Ashton Carter (2016) "The Rebalance and Asia-Pacific Security," Council on Foreign Affairs, Foreign Affairs, 95 (6), 65-75.
9．Center for Strategic and International Studies (CSIS) (2018), "North Korean Missile Launches & Nuclear Tests: 1984-Present" https://missilethreat.csis.org/north-korea-missile-launches-1984-present/, last visited, 10 February 2018.
10．Department of Defense (2018), "Nuclear Posture Review 2018", https://media.defense.gov/2018/Feb/02/2001872886/-1/-1/1/2018-NUCLEAR-POSTURE-REVIEW-FINAL-REPORT.PDF, last visited, 7 February 2018.
11．International Institute for Strategic Studies (IISS) (1990) *Military Balance 1990*, London: Brassy's.
12．International Institute for Strategic Studies (IISS) (2017) *Military Balance 2017*, London: Routledge.
13．Office of Management and Budget (2018) "an American Budget Fiscal Year 2019", https://www.whitehouse.gov/wp-content/uploads/2018/02/budget-fy2019.pdf, last visited, 7 February 2018.
14．Stockholm International Peace Research Institute (SIPRI) (2018), Military Expenditure Database https://www.sipri.org/databases/milex, last visited, 10 August 2018.
15．White House (2018) "President Donald J. Trump's State of the Union Address", 30 January 2018, https://www.whitehouse.gov/briefings-statements/president-donald-j-trumps-state-union-address/, last visited, 7 February 2018.
16．The World Bank (2018), "GDP growth (annual %)", https://data.worldbank.org/indicator/NY.GDP.MKTP.KD.ZG?locations=CN, last visited, 10 February 2018.

1）トランプ政権は、2019年度の予算教書でこれまでより800億ドル多い6,860億ドル（前年度比13％増）の国防予算を要求している。
2）SIPRI（2018）をもとに筆者が算出。
3）なお、北朝鮮は2016年と17年だけでそれぞれ20回以上、弾道ミサイルのテストと3回の核実験（特に、2017年9月の核実験は規模の大きな実験（水爆実験））を実施している。
4）SIPRI（2018）をもとに筆者が算出。
5）フィリピンには、冷戦終結時の1989年には海空軍を中心に、約1万7300人の米軍が展開していた（The International Institute for Strategic Studies (IISS) 1990）。
6）米国の世界に占めるGDPは2016年で約25％である。ポール・ケネディは米国の富が世界に占める割合は、国土の大きさ、人口や国力からして16％から18％程度が妥当であると述べている（ケネディ 1988：371）。
7）ただし、拡大抑止の論理の揺らぎは、決して新しい問題ではない。例えば、中国は既に米国本土を攻撃可能な核能力を保有しており、同様の拡大抑止の問題は既に生じているからである。その意味で北朝鮮の核保有の影響は限定的であるという考えもありうる一方、北朝鮮がより無

責任な行動をとる国家と考えるのであれば、同国による核保有はリスクをより高めることとなろう。

第18章
ユーラシアと国連・国際機構
——CICA、SAARC、UNAMA

共同通信社外信部次長
大西利尚

1 はじめに

　本稿ではユーラシアにおける国連・国際機構について論考する。近年、旧ソ連諸国を「ユーラシア」と呼び、その復活を目指す動きを「ユーラシアニズム」と称する場合があるが、最も人口に膾炙したアジアと欧州の総称との意味を採用する。

　現在ユーラシア全体を網羅するような国際機構は見当たらない。欧州安全保障協力機構（OSCE）には、モンゴルを除けばアジアから正加盟国としての参加国はなく、東南アジア諸国連合（ASEAN）のイニシアチブで始まった東アジアサミットには欧州諸国は加わっていない。アジア欧州会議（ASEM）はロシアなど旧ソ連構成国が除外されている。その中で、旧ソ連を構成していたロシアと中央アジア諸国、さらに中国やインド、パキスタンなどが加わる上海協力機構（SCO）は認知度が高く、地理的範囲も広い。ただ別稿で詳述するため概要を紹介するのにとどめ次の三つを取り上げる。

　一つ目はSCOよりも参加国が多く、中国の積極的な関与により注目度が高まっているアジア相互協力信頼醸成会議（CICA）である。二つ目は南アジア地域協力連合（SAARC）。SAARCを巡っては、事実上の核保有国であり、角突き合わすインドとパキスタンが中心メンバーだ。両国の信頼醸成の場として

の役割も期待されているが、首脳会議が延期されるなど機能不全に陥っている。最後にユーラシアにおける国連活動の代表例として国連アフガニスタン支援団(UNAMA)を考察する。アフガンの国家再建は難航しており、UNAMAがどう復興に関わってきたのかを振り返る。

2　アジア相互協力信頼醸成会議（CICA）

　CICAは1992年10月、カザフスタンのヌルスルタン・ナザルバエフ大統領が国連総会で、アジア地域の安全保障問題を協議する場を設けようと提唱したのをきっかけに設立された。当時、欧州では欧州共同体（EC）＝現・欧州連合（EU）、アフリカではアフリカ連合（AU）、東南アジアには東南アジア諸国連合（ASEAN）が既に存在していたが、アジア全域を網羅する機関・組織はなかった。冷戦終結、ソ連の崩壊から間もない激動の時代であり、各国間で信頼醸成を図る必要性を感じていた国が多かった。そうした国々の賛同を得てCICAは93年、多国間フォーラムとして正式に活動を始めた。加盟国はアフガニスタン、アゼルバイジャン、バーレーン、バングラデシュ、カンボジア、中国、エジプト、インド、イラン、イラク、イスラエル、ヨルダン、カザフスタン、キルギス、モンゴル、パキスタン、カタール、韓国、ロシア、タジキスタン、タイ、トルコ、アラブ首長国連邦（UAE）、ウズベキスタン、ベトナムの26に上る。

　CICAで中心的な役割を果たしているのは中国とロシアである。とりわけ中国は2010年に国内総生産（GDP）の名目金額で日本を抜き、世界2位となった。その経済力を背景に、習近平国家主席は現代版シルクロード経済圏構想「一帯一路」を掲げ、軍事力を増強させ、南シナ海、東シナ海で覇権的な動きを強めている。米国との「2強時代」に向けまい進しており、さらなる先には米国を中心とした第二次世界大戦後の国際秩序の転換を見据える。米国や日本はCICAの正式メンバーでなく、オブザーバーの地位にとどまる。こうしたことも傍証であるように、CICAは旧ソ連諸国を含むアジアの平和構築を目指しているというよりも、中国が自らの国際戦略をアピールするためのツールの一つ

になっている。

(1) CICA 憲章を採択

　中国のプレゼンスが強まっているCICAであるが、主目的はあくまでアジアにおける有効で包括的な安全保障メカニズムの構築だ。1999年９月には第１回外相会合が開かれ、相互の主権を尊重、領土を保全し、内政に干渉しないと宣言した。さらに宣言は武力の使用、武力を使用するとの威嚇もしてはならないとした。

　2002年６月には、初の首脳会議がアルマトイで開催された。誕生から10年弱を要し、ようやく開催となったのは前年01年９月に米中枢同時テロが発生したことが大きい。中国でも新疆ウイグル自治区や広西チワン族自治区で爆発事件が相次ぎ、対テロで近隣国との連携強化の必要性が高まっていたことが開催を後押しした。２回目の首脳会議は06年で、中国は両会議において、平和的発展の道を追求し、全てのアジア諸国と共に平和を持続させ、共に繁栄する調和の取れたアジアを構築すると強調した。

　第１回首脳会議ではCICA憲章とも呼べる「アルマトイ宣言」が採択されている。最高意思決定機関である首脳会議を４年ごとに、外相会合を２年ごとに開くと規定し、前文で「アジアに共通で不可分な」安全保障体制をつくる決意を宣言した。本文では、核兵器や化学兵器を含む大量破壊兵器拡散への危機感をあらわにし、こうした脅威を除去するために努力するとうたった。CICAには核兵器を持つ中国とロシア、インド、パキスタンが加盟するが、核兵器を禁止する条約に向けた交渉や核兵器禁止地帯設定の必要性にも言及している。事務局は06年６月にアマルトイに置かれ、中国、インド、カザフスタンが自国の外交官をスタッフとして派遣、国際機構としての体裁を整えていった。

(2) アジアの安全はアジアで

　この頃までの動きをみても「相互主権尊重」や「内政不干渉」が前面に出ており、人権尊重などの欧米的な価値観を忌避しようとの意図がうかがえる。３回目の首脳会議は10年にトルコのイスタンブールで、４回目は14年に上海で開

第 4 部　アジアの平和と国際機構

メディアセンターのスクリーンに映し出された、CICA 首脳会議で演説する中国の習近平国家主席＝2014 年 5 月 21 日、中国・上海（共同）

かれた。中国の狙いがくっきりと見えてきたのはこの上海会議だった。

　習近平は14年5月21日、首脳会議での基調演説で「アジアの安全はアジア人民が守らなければならない」と述べ（日本経済新聞電子版 2014年5月22日付）、米国を排除した形でのアジアの新たな安全保障秩序構築を目指すことに意欲を示した。「CICA の地位と影響力を上げていく」とも明言。さらに「軍事同盟強化は地域の安全にマイナスだ」と強調し、バラク・オバマ米政権が日本や韓国、オーストラリアとの同盟強化を柱として、アジア重視を掲げた「リバランス」政策をけん制した。また首脳会議閉幕後の記者会見では「アジア全体をカバーする新たな安全協力の枠組み構築を討議することは現実的な意義がある」との認識も表明した。演説は約15分続き、習近平は「発展」という言葉を24回も使って経済発展の必要性を強調し、経済協力をてこに影響力の拡大を図る意向を鮮明にした。

（3）アジアの OSCE に

　CICA 設立の提唱者であるカザフスタンのナザルバエフも「CICA をアジア版の OSCE にしたい」と語った（日本経済新聞電子版 2014年5月22日付）。OSCE の前身である欧州安全保障協力会議（CSCE）は1972年、冷戦下の欧州の緊張緩和と安全保障を協議するため創設された。紛争の平和的解決や経済協力、文化遺産まで多岐にわたるテーマでフォーラムを開き、東西両陣営の信頼醸成に役立ててきた。冷戦終結を受け、95年に OSCE と名称を変更、機構化し、欧州諸国や米国、カナダ、旧ソ連諸国など計57カ国が加盟する世界最大の

地域安全保障機構へと発展した。紛争予防センターなどを抱える事務局がウィーンにあり、外相理事会のほか、実質的な政策決定機関として、大使級による常設理事会が週1回開催されている。

アジア版のOSCEであれば地域の信頼醸成に寄与するであろう。ただカザフスタンは91年のソ連からの独立以来、ナザルバエフが強権体制を敷き続けている。中国と同様、欧米的価値観は受け入れ難く、CICAのプレゼンスをOSCE並みまで高め、米国への対抗軸をつくりたいとの思惑が透ける。

（4）上海協力機構と相似

中国にとり同じような役割を果たしているのはSCOだ。他にロシアや中央アジア諸国、インド、パキスタンの計8カ国が加盟しており、「中国とロシアが国際社会に向け自国に有利なメッセージを発する場として活用されてきた」と指摘され、「アドバルーン的機構」の性格を帯びる（湯浅 2014：108）。イランとアフガニスタンもオブザーバーとして加わり、SCOの加盟国と合わせ10カ国全てがCICAの正式メンバーだ。SCOはCICAのコアメンバーによってつくられており、両者の性質はおのずと相似している。

SCOの方がCICAよりも国際的な認知度は高い。ただ中国は2014年から16年までだったCICA議長国の任期を18年まで延長しており、習近平指導部がCICAを重視しているのは明白だ。17年6月28日、CICAのフォーラムが北京で開かれた。各国の首脳経験者や学者、メディア関係者ら約300人が参加し、アジアの安全保障の在り方や一帯一路の協力を話し合った（共同通信配信 2017年6月28日）。中国の国政助言機関、人民政治協商会議の陳元副主席は開会式で「地域の安全を守り一帯一路の実現などで、アジアの共同発展を推進させよう」と呼び掛けた。CICAの存在感の強化を図ろうとする中国の思いは年々強くなっているようにみえる。

3　南アジア地域協力連合（SAARC）

SAARCは1985年12月8日、バングラデシュの首都ダッカで開催された南ア

ジア諸国の首脳会議で正式に発足した。設立メンバー国はインド、パキスタン、バングラデシュ、スリランカ、ネパール、ブータン、モルディブの7カ国。2005年11月の第13回首脳会議で新たにアフガニスタンの加盟が原則承認され、07年4月の第14回首脳会議で正式なメンバーに加わった。

　南アジア最大の不安要因は、地域の二大国であるインドとパキスタンの対立である。両国は1947年8月に英国の植民地支配から解放され、独立を果たした。しかし独立運動をけん引したインド国民会議派とムスリム同盟は宗教上のイデオロギー対立が激しく、たもとを分かつ形で独立した。宗教によりすみ分けがされ、インドは人口の79.8％がヒンズー教徒（2011年）である一方、パキスタンは96％がイスラム教を信仰する（10年推定）。両国はカシミール地方の領有権を巡り、1947年10月の第1次印パ戦争を皮切りに計3度の戦火を交えた。SAARCはこのように角突き合わせるインド、パキスタンを包摂し、地域の安定化を図る目的で誕生した。ただ地域内の経済発展に一定の貢献を果たしているものの、所期の目的を達成しているとは言い難い。

（1）インド・パキスタン戦争

　第二次世界大戦後、各地で地域統合の機運が高まり、欧州では58年、欧州連合（EU）の原点となる欧州経済共同体（EEC）が創設され、東南アジアでは67年、（ASEAN）が産声を上げた。これらに比べSAARCの発足はかなり遅い。

　第二次世界大戦後前、南アジアは大半が英国の統治の下にあり、比較的安定していた。しかしインド、パキスタンの分離独立以来、紛争が絶えなくなった。第1次印パ戦争に続き、69年3月には第2次印パ戦争が勃発。さらに71年3月に東パキスタンがパキスタンからの独立を宣言、内戦となり、同年12月には独立を支持するインドが介入して第3次印パ戦争に発展した。東パキスタンはバングラデシュとして独立を果たす。

　南アジアでの地域統合の必要性は、分離独立前から国際会議の場で叫ばれてきた。まずは47年4月のニューデリーでのアジア関係会議で、その後も少なくとも2回議論されている。50年5月のフィリピン・バギオでの会議、そしてインド、パキスタン、セイロン（現スリランカ）、インドネシア、ビルマ（現ミャ

ンマー）の首相が参加した54年４月のコロンボ会議である。５カ国は反植民地主義、民族主義的な立場を取るコロンボ・グループを結成し、翌55年のアジア・アフリカ会議（バンドン会議）開催の原動力となったことで知られる。だが、こうした試みは結局実を結ばず、第２次印パ戦争の勃発を防げなかった。

（２）バングラデシュが主導

　そうした中、地域協力の強化を訴えたのはバングラデシュ大統領のジアウル・ラーマンだった。ラーマンは80年５月２日、他の南アジア７カ国首脳宛てに書簡を送り、地域協力の具体的なビジョンを初めて示した。ASEAN型の地域機構を志向していたとされ、英連邦首脳会議や非同盟諸国会議の場で南アジア諸国の首脳と会談を重ね、構想を練ってきた。そして85年12月の南アジア諸国の首脳会議でSAARC憲章が採択されたのである。

　SAARC憲章は計10条から成る。第１条には①南アジア諸国の国民の福祉と生活の質を向上させる②南アジア諸国の集団的自立を促進、強化する③諸問題に対し相互に信頼、理解し、認識を深めることに貢献する－などと記されている。地域統合を目指すとは明記されていない。

　第10条はSAARCの性格を象徴的に示し、①あらゆるレベルの決定は全会一致でなされる②２国間で争いの問題は討議しない－と規定している。人口、面積、経済力など、どれをとっても加盟国の中でインドが群を抜く。憲章はSAARCが地域の超大国であるインドとの対立の場にならず、カシミール地方の帰属問題など政治的な機微に触れないように、慎重な書きぶりに徹している。

（３）遠心力

　憲章のたまものかどうかは別として、SAARC発足後、第４次印パ戦争は起きていない。2004年１月にイスラマバードで開かれた首脳会議では、インドのアタル・ビハリ・バジパイ首相とパキスタンのペルベズ・ムシャラフ大統領による直接会談が実現し、緊張緩和に一役買った。米国や中国、イランもオブザーバー参加している上、外相会合や外務次官級会合を年に１度は開くことになっており、安全保障システムとして骨組みはできている。ただSAARCはイ

ンド、パキスタンの和解を積極的に促す舞台装置とはなりえていない。隔年開催が原則の首脳会議ですら実施が困難な状況だ。

　16年11月には、パキスタンで首脳会議が予定されていた。しかし９月にインド北部ジャム・カシミール州ウリの軍基地がイスラム武装勢力とみられるグループに襲撃され、インド兵18人が死亡する事件が起きると、インドはパキスタンの関与を主張し、首脳会議の出席を拒否した。バングラデシュやブータンもインドに同調し、首脳会議は結局延期となった（共同通信配信　2016年９月29日）。

　インド、パキスタンは地域の大国であるものの、EUにおけるドイツとフランスのような地域統合を推し進めるエンジン役は果たしていない。人口でみればインドが約13億４千万、パキスタンが約１億９千万、バングラデシュ約１億６千万で、南アジアのマーケットとしての潜在的価値は極めて高い。しかし14年のSAARC首脳会議では、インドが提案した域内の人の往来自由化をパキスタンが反対。インドとパキスタンはむしろ地域統合の障害となっている。

4　国連アフガニスタン支援団（UNAMA）

　国連によると2017年１月末現在、平和構築を担うミッションは中東やアフリカ、南米などに11ある。ユーラシアに限定すれば、トルクメニスタンの首都アシガバードに本部を置く国連中央アジア予防外交センター（UNRCCA）と国連アフガニスタン支援団（UNAMA）の二つだ。長年戦乱で荒廃し「破綻国家」とさえ呼ばれたアフガンの復興に携わり、最も注目度の高いミッションの一つであるUNAMAを取り上げる。

　UNAMAは02年３月28日の安保理決議1401に基づき設立された。01年９月11日の米中枢同時多発テロに伴う米英軍の攻撃を受け、その後の平和と和解のプロセスを促進するために政治的助言をし、これまで個別の国連機関ごとに実施されてきた支援事業を統合する特別政治ミッションを担うことになった。UNAMAに「統合」の名は付与されていないが、政治プロセスと安全保障、復興支援を一本化する事実上、国連で初めての「統合ミッション」だ。一方で軍事部門は国際治安支援部隊（ISAF）が担い、緊密な協力が求められたもの

の、UNAMAとは切り離された。アフガン人約1150人を含む1500人以上のスタッフを擁し、16年3月から日本の外交官出身の山本忠通がUNAMA代表と国連事務総長特別代表を兼務する。

（1）大国に翻弄された歴史

　アフガンは古くはシルクロードの要衝として栄えた。現在はパキスタン、イラン、中国などと国境を接している。特にインドと敵対するパキスタンにとり、アフガンは自らの後背地であり、対インドの戦略上、死活的な重要性を帯びている。1979年にはソ連軍に侵攻され、2001年の米中枢同時テロに伴い、首謀者のウサマ・ビンラディンが潜伏しているとして米英軍の報復攻撃を受けた。19世紀から20世紀にかけては英国とロシアが「グレート・ゲーム」と呼ばれる争奪戦を繰り広げた。大国に翻弄され続けた歴史を抱える。

　米中枢同時テロから1カ月弱の01年10月7日、米英軍はアフガンへの攻撃を始め、11月12日に首都カブールが陥落した。政権の座にあったイスラム原理主義組織のタリバンは敗走、タリバンによる支配体制は事実上崩壊した。翌13日には、国連は再建に向け動きだし、アフガン担当国連事務総長特別代表に任命されたラクダール・ブラヒミが安全保障理事会で、全民族・地域の代表からつくる暫定評議会の設立などの構想を提案。さらに12月5日、ドイツ・ボン郊外で開かれたアフガン各派協議で、国連と参加4派は各民族が参加してタリバン後の国造りに取り組む暫定行政機構（内閣）の構成で最終合意、協定書に調印した。協定書は他にロヤ・ジルガ（国民大会議）の招集を定め、付属文書において、のちのISAFと、UNAMAの設立を求めた。そしてテロから6カ月強で、安保理決議によりUNAMAは設立が正式に承認された。ブラヒミはUNAMAの発足と同時に、UNAMA代表も兼任することになった。

（2）ブラヒミ報告を反映

　ブラヒミはボン会議で、多様な民族を抱え、利害が錯綜(さくそう)するアフガン各派での合意をまとめ上げようと奔走した。元アルジェリア外相で、国連平和維持活動（PKO）の在り方を提言した「ブラヒミ報告」で知られる。国連のコフィ・

アナン事務総長の要請を受け、ブラヒミが2000年8月にまとめたものであり、紛争の原因の根源に迫り、対処するため、政治と開発を一体化させた活動の必要性に言及した。UNAMAの活動も、この報告の趣旨が反映されている。

報告は冒頭で次のような危機感をあらわにしている。「加盟国が決意を新たにし、機構を大々的に変革し、財政支援を強化しない限り、国連は、加盟国が今後数カ月、さらには数年間にわたって求める重要な平和維持や平和構築の任務を遂行できないだろう」。冷戦終結後、旧ユーゴスラビアやルワンダでの大虐殺を防げなかったことを念頭に「1990年代に国連平和維持の地位と信頼が失墜した」と厳しい表現で総括した。報告はそうした失敗例を踏まえ「平和維持」と「平和構築」が密接な関係にあり、強力な統合が不可欠だと強調した。平和活動において、活動分野としての安全保障と開発の区別をなくすことを主眼に置いたと言える。

ブラヒミ報告は「平和構築」を「平和の基盤を寄せ集め、この基盤を土台として、単に戦争がない状態を超える実質的平和を作り上げるための活動」と定義した。具体的には①武装解除、動員解除および社会復帰（DDR）②法の支配の強化③紛争終結後のコミュニティーにおける国民和解の支援に際してチーム・アプローチを重視する―などを掲げた。いずれもアフガンでの国家再建で極めて重要な分野だった。

（3）軍事には関与せず

UNAMAの大きな特徴として、前述のように軍事部門がないことが挙げられる。代わりに担ったのは北大西洋条約機構（NATO）主体の多国籍軍ISAFである。国連の支援活動を巡っては、軍事力を含むPKOと平和構築を統合したものが主流だった。だがUNAMAはアフガンの復興・再建に当たって従来の国連PKOと異なり、直接的な軍事関与を避け、政治的な任務に注力した。

アフガンでは各地域を支配する軍閥が影響力を持っていた。パシュトゥン、タジク、ハザラ、ウズベクなどで構成される多民族国家であり、さらに政権の座を追われたタリバンは壊滅したわけでなく、残存勢力の掃討を続けなければならない状態であった。治安は極度に悪化しており、復興が難航するのは容易

に想像でき、強力な軍事力による後ろ盾は不可欠だった。つまり、これまでのようなPKOでは対処できないとの判断があった。

他に特徴的なのは、復興に当たりアフガン人の関与をできるだけ強めようとしたことだ。コソボや東ティモールの復興を巡り、国連は外部の専門家を重用しすぎたとの批判を受けていた。そこでアナンは「可能な限り多くのアフガン人スタッフに任せるよう」に公の場でUNAMAに指示した。意を受けたブラヒミは外国人が中心となる国連は最小限の役割にとどめる「ライト・フットプリント（軽い足跡）」と呼ばれる方針を採用（稲田 2010：22）、紛争の根源に対処するには政治と開発を一体化させた活動が必要だと主張した。

（4）OCHA 設立せず批判

UNAMAについて論究する上で、もう一つ忘れてならないことがある。軍事面を除き、その他の分野を統括する組織として誕生したUNAMAは、国連人道問題調整室（OCHA）が従来行ってきた人道支援に関する調整機能を付与されていた。そのため当初OCHAの現地事務所を設立しなかった。2003年に発足した国連リベリア支援団（UNMIL）も同様である。だが、こうしたUNAMAのような国連ミッションが人道支援調整機能を担うことに対し、実際に人道支援を行う非政府組織（NGO）は批判的だった。

平和や人道分野での国際貢献に積極的なことで知られるノルウェーの独立組織、ノルウェー難民会議（Norwegian Refugee Council）はPKOの統合化により「国連とNGOとの仕事上の関係、効果的な協調が脅かされている」と指摘した。国連ミッションが人道面より政治的色彩が濃くなれば、それを快く思わない勢力から敵視されかねない。NGOは国連と関連付けられると襲撃対象となり、仕事がしにくい状況が生まれると懸念する。実際、08年には、長年アフガンで医療支援やかんがい事業の指導に当たってきたNGO、ペシャワール会の日本人スタッフが拉致、殺害される事件も起きた。結局、アフガンでは09年にOCHAが復活した。

(5) 続く混迷

　UNAMAは政治プロセスのコーディネーター的役割に自ら足かせをはめる形で誕生した。9・11後、ハミド・カルザイが大統領となり、不正のうわさは少なくなかったものの、選挙という民主的手続きを経て14年にはアシュラフ・ガニがその座を継いだ。政治的プロセスの円滑化という意味では一定の成功を収めたと言える。ただテロは依然として活発で、米政府のアフガン再建特別査察官（SIGAR）によると、アフガン政府は16年1月には国土の71％を統治下に置いていたが、18年1月には56％まで低下した。UNAMAによれば、17年の自爆テロや即席爆破装置による民間人の死者は3438人、負傷者は7015人に上った。UNAMA代表の山本は同年の年次報告で「この数字だけでは市井の人々、とりわけ女性と子供を巡るおぞましいほどの人道被害の実態を反映していない」と指摘している。

　UNAMAは1年ごとに任期延長を繰り返す。18年3月8日に期限切れを迎えたが、安保理は同日、全会一致で延長を決議した。UNAMAが存在し続けていることは、アフガンの国家再建が順調には進んでいないことの裏返しとも言え、混迷に終わりは見えない。

5　おわりに

　ユーラシアには民主主義国から社会主義国、ロシアや中央アジア、トルコなど事実上の独裁、強権制の国が存在し、宗教も異なる。そこで手本になるといわれるのが欧州安全保障協力機構（OSCE）だ。欧州、中央アジア、北米の57カ国でつくる世界最大の地域安全保障機構は民主国家の共同体建設に励み、各国での選挙支援や選挙監視任務を担う。

　本稿で取り上げたアジア相互協力信頼醸成会議（CICA）は西欧を除くユーラシア全体を網羅しており、OSCEと同様の役割を期待する声もある。だが地域の安定装置として機能しているとは言い難い。CICAと同じくユーラシアをベースとする上海協力機構（SCO）も中国が主導する。これにクリミア併合により欧米との軋轢が高まったロシアも加わる。中国の習近平国家主席、ロシア

のプーチン大統領ともに国内統治の地歩を固めた。ユーラシアにおいて横断的かつ機能的な国際機構の誕生は見通せず、両国が日本を含めた「民主主義陣営」への対立軸として CICA や SCO を利用する状況が続くだろう。

【参考文献】
1. 伊勢崎賢治（2004）『武装解除——紛争屋が見た世界』講談社
2. 稲田十一（2010）「国連アフガニスタン支援ミッション（UNAMA）の活動・役割・課題」日本国際問題研究所平成21年度外務省委嘱研究「PKO 以外の国連現地ミッションの調査」報告書（2010年3月31日報告）
3. 一般社団法人共同通信社（2018）『世界年鑑2018』株式会社共同通信社
4. 駒野欽一（2005）『私のアフガニスタン——駐アフガン日本大使の復興支援奮闘記』明石書店
5. 新藤雄介（2008）『タリバンの復活——火薬庫化するアフガニスタン』花伝社
6. クローヴァー, チャールズ（越智道雄訳）（2016）『ユーラシアニズム ロシア新ナショナリズムの台頭』NHK 出版
7. 湯浅剛（2014）「上海協力機構（SCO）——欧米との相克と協調」吉川元・六鹿茂夫・望月康恵・首藤もと子編『グローバル・ガヴァナンス論』法律文化社, 106-117頁
8. Dash, Kishore C. (1996) "The Political Economy of Regional Cooperation in South Asia," *Pacific Affairs*, Vol. 69, No. 2, pp. 185-209.
9. The Norwegian Refugee Council (2012) *A Partnership At Risk? The UN-NGO Relationship in Light of UN Integration*, An NRC discussion paper.
10. Miller, Paul D. (2011) "Finish the Job: How the War in Afghanistan Can Be Won", *Foreign Affairs*, Vol. 90, No. 1, pp. 51-65.
11. UN Document (2000), A/55/305-S/2000/809, 21 August 2000.
12. United Nations Department of Public Information (2017) *Basic Facts about the United Nations*, 42nd Edition, United Nations.
13. http://j.people.com.cn/94474/209782/index.html, last visited, 5 May 2018.
14. http://www.saarc-sec.org/SAARC-Charter/5/, last visited, 30 April 2018.
15. http://www.s-cica.org/page.php?page_id=7&lang=1 last visited 12 May 2018, https://unama.unmissions.org/mandate, last visited, 22 April 2018.
16. https://www.sigar.mil/pdf/quarterlyreports/2018-04-30qr-section3-security.pdf, last visited, 23 June 2018.
17. http://www.pko.go.jp/pko_j/organization/researcher/atpkonow/article083.html last visited, 13 May 2018.
18. https://www.osce.org/whatistheosce last visited, 1 May 2018.
19. http://www.un.org/en/ga/search/view_doc.asp?symbol=A/55/305, last visited, 6 March 2018.
20. https://unama.unmissions.org/protection-of-civilians-reports, last visited, 12 May 2018.

第4部　アジアの平和と国際機構

第19章

ASEANの変容

共同通信社論説委員
上村　淳

1　はじめに

　東南アジア諸国連合（ASEAN）は1967年8月8日、タイ、インドネシア、シンガポール、フィリピン、マレーシアによって創設された。地域の平和と安定、経済成長のため協力する目的で、外相会議を毎年開催することを決めた（その後84年にブルネイが加盟して先行加盟6カ国の体制となった）。

　76年の初の首脳会議で「ASEAN協和宣言」を採択し、ASEANの基本条約である東南アジア友好協力条約（TAC、バリ条約）に調印した。TACは「外部の干渉を受けず、政治、経済、社会文化、安全保障の分野で各加盟国の強靭性を強める」（第11条）「地域の強靭性を促進するためあらゆる分野で協力に努める」（第12条）という目的を掲げた。経済相会議を設け、ジャカルタに事務局を設置することも決めた。日本の外相を78年のASEAN外相会議に招待したのを皮切りに、域外の対話国も参加する拡大外相会議を開くようになった。ASEANは域外の国への働き掛けを拡大し、加盟国の目覚ましい経済成長と相まって存在感を高めていく。

　ベトナム戦争終結後も、ベトナムのカンボジア侵攻などインドシナの混乱の波及が脅威だったが、東西冷戦が終結して91年10月のパリ協定でカンボジア和平プロセスが開始されると、国際環境は大きく変わった。

92年の首脳会議でASEAN自由貿易地域（AFTA）創設に合意し、93年から15年間で域内貿易の関税を5％以下にする目標を掲げた。AFTAは97年のアジア通貨危機など試練に見舞われたが、当初目標を5年間前倒しして2003年に発足する。冷戦終結で、ASEANと対立してきた体制が異なる国が新たに加わった。1995年にベトナム、97年にラオスとミャンマー、99年にカンボジアがASEAN加盟を果たした。先発加盟国は、冷戦時代は夢にすぎなかった東南アジア全10カ国体制（ASEAN-10）が実現したという高揚感を味わったが、後発加盟国（国の頭文字を取ってCLMVと呼ばれる）と先行加盟国の経済格差や国情の違いがその後のASEANの重荷となり、その克服が課題となる。

各国の多様な事情を考慮して、全加盟国が同じ歩調で進むことを重視せず、できる国から実施するといった柔軟性がASEANの持ち味だったが、その傾向がいっそう強まった。

第4部第17章で見たように、ASEANは域外の大国と対話する広域枠組みを次々につくった。AFTAを前倒しで実現した2003年には第2協和宣言を採択し、新たな目標として「ASEAN共同体」を掲げた。08年には民主主義や人権といった普遍的な価値を目標に掲げるASEANの根拠条約であるASEAN憲章を発効させた。「政治・安全保障」「経済」「社会・文化」の3本柱で構成するASEAN共同体は15年12月に発足した。15年11月の首脳会議では次の目標として「ASEAN共同体ビジョン2025」に合意した。

ASEAN共同体の3本柱のうち「経済」が突出して前進しているのに対し、「政治・安全保障」「社会・文化」の協力は遅れている。緩やかな地域協力を進めてきたASEANは、欧州連合（EU）のように主権の一部を地域機構に委ねる政治統合への志向は本来なかった。だが、ASEAN憲章やASEAN共同体を巡る議論で、民主化が進んだ一部の先発加盟国から、堅く守ってきた内政不干渉の原則を緩めるべきだとする意見が強まった。後発加盟国は内政干渉に断固反対の立場を崩さなかった。こうした対立の結果、高らかに掲げる目標と、現実の隔たりが年ごとに拡大している。

2　重層化する広域枠組み

　ASEAN は国際安全保障環境の変化に応じ、新たな構想や制度的対応を打ち出してきた。

　1971年7月に米国のリチャード・ニクソン大統領が中国による訪問の要請を了承したと電撃的に発表し、日本も中国との関係正常化へ向けて動きだすと、ASEAN は同年11月にシンガポールで特別外相会議を開き「平和・自由・中立地帯構想（ZOPFAN）」を打ち出した。目標は大国のバランスを取って「域外の大国からいかなる干渉」もされない地帯をつくることだった。

　前述の TAC は、統一ベトナムが成立し、冷戦に加えて中ソ対立が東南アジアに影響を与える状況下で調印された。その基本原則は①独立、主権、平等、領土の保全の尊重②国内紛争への不介入③紛争の平和的解決④武力の不行使―であり、後に ASEAN に加盟する国は、まず TAC の締約国となることが前提となった。

　冷戦終結を受け、91年にカンボジア和平のパリ協定が成立した。中国は92年2月に公布した領海法で、南沙諸島（英語名スプラトリー）など領有権が争われている島々を自国の領土と明文化した。この頃から南シナ海が ASEAN の安全保障問題の焦点となる。

　冷戦終結後の流動的な国際環境の中、93年の外相会議では米国、中国、ロシアを含む18カ国・地域が安全保障問題で対話する ASEAN 地域フォーラム（ARF）を設置して、①信頼醸成②予防外交③紛争解決―を段階的に進める方針を決めた。94年から ARF は毎年、閣僚会議を開催し、後に北朝鮮、モンゴル、インド、パキスタンなども加わって27カ国・地域に参加が拡大した。

　ASEAN は、南シナ海問題などを念頭に、域外国にも平和の誓いとして TAC 調印を求めるようになった。90年代に域外国は抵抗していたが、2000年代に入ると中国、インド、日本、米国など対話国のほとんどが TAC を締結した。

　冷戦終結で、ZOPFAN の重要要素として検討してきた東南アジア非核兵器地帯条約（バンコク条約）も実現した。1995年に調印し、97年に発効した。

96年にASEANと日中韓、EU加盟国によるアジア欧州会議（ASEM）が発足し、第1回のASEM首脳会議をバンコクで開いた。

97年のアジア通貨危機に際し、クアラルンプールで開かれたASEAN30周年記念の首脳会議に、ASEANが日中韓の首脳を招く形でASEANプラス3（日中韓）が始まった。2005年からは東アジアサミット（EAS）が開かれている。日中韓、インドの首脳が当初から参加し、11年から米国、ロシアも加わった。

06年にASEANの政治・安全保障共同体の基幹を成すASEAN国防相会議（ADMM）が設置された。10年に日米韓、中ロ、インドなどが加わるASEAN拡大国防相会議（ADMMプラス）も始まった。

こうしてASEANが築いてきた安全保障対話の枠組みが、地域の平和と安定に貢献したことは広く認められている。ただ、個々の紛争について解決プロセスを具体的に見ると、ASEANが中心的役割を果たしたとは必ずしも言えない。

例えば、初めてASEAN加盟国同士が深刻な武力衝突を起こしたカンボジアとタイの国境紛争がそうである。ヒンズー教寺院遺跡「プレアビヒア」周辺の帰属を巡る係争で、08年に遺跡の世界遺産への登録がカンボジアの単独申請で認められたことを契機に09年4月に両国軍が衝突し、11年2月以降も交戦が相次いだ。ASEANは議長国インドネシアが調停に乗り出し、初の停戦監視団の派遣を決めたがタイが受け入れず、事態の沈静化はオランダ・ハーグの国際司法裁判所（ICJ）に委ねられた。1962年の判決でICJは遺跡自体をカンボジア領と認定したが、周辺の国境が未画定となっていた。カンボジアが改めて2011年4月に提訴し、ICJは同年7月、遺跡周辺に暫定的な非武装地帯を設定し、軍部隊を撤退させるよう両国に命じた。13年11月のICJ判決では4.6平方キロの係争地について明確な判断が示されず、国境画定はなお懸案である。

約30年に及んだインドネシア政府とアチェ州の独立派武装組織「自由アチェ運動」（GAM）の紛争も、タイやフィリピンが停戦監視に協力した02年和平協定は失敗に終わった。和平を仲介して実らせたのはフィンランドのアハティサーリ前大統領（08年ノーベル平和賞を受賞）だった。

政府とGAMは02年12月に和平協定を結び、タイ軍とフィリピン軍が停戦監

視要員を派遣して和平プロセスが始まったが、戦闘が再開して03年3月にタイ、フィリピンの要員は引き上げ、その後アチェ州に戒厳令が布告されて紛争解決のめどが立たなくなった。その後05年1月からヘルシンキでアハティサーリ仲介の交渉が行われ、同年8月、和平合意文書が調印された。

　域外大国を含む対話枠組みも、信頼醸成につながっていることは間違いないが、会議自体の成果よりも、本会議場外のいわゆるサイドラインで行われる2国間の公式・非公式会談や接触（立ち話）の方が国際的な注目を集め、実質的な意味があることが多い。

　例えば2000年から北朝鮮外相が出席しているARF閣僚会議は、北朝鮮と国交がない米国や日本が非公式の接触をしたり、個別会談を開いたりする貴重な機会となってきた。北朝鮮の白南淳外相が00年に初めて参加し、この際に、米国のオルブライト国務長官との史上初の米朝外相会談が実現した。日本の場合、04年に川口順子外相と白南淳外相が出席した際の日朝外相会談で、拉致被害者と北朝鮮に残る家族をインドネシアで再会させることで合意した。

　北朝鮮と日米韓、中ロの6者協議が進展した03年から08年には、将来的に6カ国による北東アジア安保協議体が確立すればARFの役割は色あせる、という見方が生まれた時期もあった。

3　ASEAN方式の束縛

　東南アジアは1980年代から90年代にかけて、経済成長に加え、民主化運動が相次いで成功したことが国際的な注目を集めた。フィリピンでは86年2月のピープルパワー革命でマルコス政権を倒し、民主化の先陣を切った。タイでは92年5月に学生デモを軍が弾圧した流血事件を経て民主化が進んだ。インドネシアでは98年5月にスハルト体制が崩壊し、暴動や民族抗争など混乱がしばらく続いたが、安定と民主化を達成した。

　90年代までASEANは、民主主義や人権尊重を求める欧米諸国に対し、その圧力を緩和する防波堤の役割を担っていた。基本条約TACなど基本文書の全てにうたっている「内政不干渉」に加え、「コンセンサスによる意思決定」

が不文律として（後に明文で）基本原則とされた。民族、言語、宗教、旧宗主国や歴史が異なる多様性を抱え、結束を維持するため、この2大原則を基軸にして、全員に居心地がよい運営を心掛けるスタイルはASEAN方式（ASEAN Way）と呼ばれ、それこそがASEANの成功の秘訣だと考えられた。とりわけ後発加盟国にとってASEAN方式は居心地が良かった。

冷戦終結後、人権問題への新たな取り組みを模索するため開かれた93年6月の国連世界人権会議（ウィーン会議）は、欧米とASEANの対立の象徴的な場となり、人権の普遍性を掲げて発展途上国への働き掛けを強めようとする欧米にASEANなど途上国側が抵抗した。直後のASEAN外相会議の共同声明（93年7月）は「人権の促進、擁護は政治化すべきではない」「国家主権、領土の保全（一体性）、内政不干渉の尊重を認識すべきである」と強調している。

しかし、ASEANの総人口の4割近くが住む地域大国インドネシアで民主化が進むと振り子が大きく振れた。ASEAN内でも先発加盟国では民主主義や人権という普遍的規範を掲げ、ASEANの国際的地位を一層向上させるべきだとする考えが強まった。

2003年の外相会議で、インドネシアが主導した「ASEAN安全保障共同体」（ASC）構想が合意され（後に「政治安全保障共同体（APSC）」となる）、前述のADMM設置につながっていく。

04年外相会議では、ASEANの最高規範であるとともに、ASEANがEUのような国際法上の法人格を得て国際的地位を向上させる根拠条約として、「ASEAN憲章」を策定することが決まった。憲章の骨格について05年12月からフィリピンのフィデル・ラモス元大統領らの有識者会議が検討を進め、06年12月提言を発表した。しかし07年1月の首脳会議では有識者提言の中核部分が消えた骨抜きの指針が採択された。

ラモスらの提言は「内政不干渉」「全会一致による意思決定」という原則から踏み出し、多数決による意思決定を一部導入することを求めていた。問題によって内政不干渉の原則を緩和することや、ASEAN憲章に対する重大な違反については制裁制度の導入も盛り込んでいた。制裁としては、違反した国の権利の一時停止、最悪の場合には「除名」だった。

しかし、こうした原則の変更は後発加盟国ミャンマー、ラオス、ベトナムの強い反対によって実現しなかった。結局、憲章は「コンセンサスによる意思決定」を基本原則とし、コンセンサスが得られない場合は「首脳会議で対処方法を決める」とされ、違反への対応も「首脳会議で決定する」という極めて曖昧な表現になった。

地域大国インドネシアの民主化で、ASEANが新しい時代を迎えるかと一時は思われたのだが、そうはならなかった。近年、加盟国ではむしろ民主化の足踏み、あるいは後退の動きが続いている。

タイでは06年と14年の2度のクーデターがあり、タクシン元首相派と既得権を持つ階層の対立が決定的となった。軍事政権は政治的自由を厳しく制約し、民政復帰のための総選挙の時期を繰り返し先延ばししている。フィリピンではドゥテルテ政権による麻薬取り締まりで超法規的殺人が行われ、国際的に強い批判を浴びている。ベトナム、ラオスの社会主義体制は変革の動きが乏しく、近い将来に大きな変化は想定しにくい。

カンボジアでは、与党カンボジア人民党への支持が低下し、最大野党カンボジア救国党が13年下院選や17年6月の地方選で躍進したが、同11月、救国党は政府転覆計画に関わったという理由で解散に追い込まれた。有力野党不在のまま18年7月に下院選が実施され、人民党が全議席を独占してフン・セン政権の権威主義体制が強固になった。

ミャンマーでは15年の総選挙で野党の国民民主連盟（NLD）が勝利し、16年4月にアウン・サン・スー・チーNLD書記長をトップとする政権が誕生したが、軍の実質的な支配が続き、民主化と国民和解は停滞している。少数民族ロヒンギャ難民問題の深刻化で、国際社会の批判と失望が集中し、マレーシアやインドネシアのイスラム教徒の怒りも買っている。

18年5月のマレーシア総選挙ではマハティール元首相が率いる野党連合が勝利し、独立以来初の政権交代が実現した。2度にわたって投獄され、抑圧の象徴となっていたアンワル・イブラヒム元副首相に恩赦が与えられて復権が決まったことは、東南アジアで久々に民主主義の成果を見せた動きと言える。

4 中国台頭で深まる亀裂

　中国の台頭でASEANを巡る大国のバランスが変化したことが、ASEANに亀裂をもらしている。とりわけ南シナ海の領有権問題では、中国との対立が先鋭化したフィリピン、ベトナムと、中国寄りの立場を取ってASEAN側から中国批判を弱めようと動くカンボジア、ラオスなどの綱引きが続いてきた。

　中国とASEANは2002年に南シナ海の紛争回避のため「行動宣言」を採択した。行動宣言は「南シナ海の航行、上空の飛行の自由を尊重する」「領有権紛争は武力行使に訴えることなく、平和的手段で解決する」「占有されていない島や岩礁上への居住などの行為を控え、領有権争いを紛糾、拡大させる行動を自制する」「国防、軍当局者間の対話の場を設け、いかなる軍事演習も自発的に通告するよう努力する」など紛争回避の基本精神をうたった。「行動規範の採択が、地域の平和と安定を促進させることを再確認し、この目標の最終的な達成に向け、コンセンサスに基づいて、努力することに同意する」との項目が盛り込まれ、ASEAN側は政治的宣言である行動宣言を、法的拘束力のある行動規範に引き上げようとしたが、交渉は停滞した。

　13年にフィリピンが、国連海洋法条約に基づく仲裁をオランダ・ハーグの常設仲裁裁判所に求めた。14年に南シナ海で中国とベトナムの船の衝突が多発し、5月のASEAN外相会議は通常の声明と別に「南シナ海の現況に関する外相声明」を採択し「南シナ海で現在進行中の展開は地域の緊張を高めており、深刻な懸念」を表明した。

　ベトナムでは反中デモが頻発し、中越関係は1991年の国交正常化以降で最悪の状況となった。だが、ベトナムと中国の関係は2015年に首脳相互訪問によって大幅に改善した。

　フィリピンと中国の関係も16年に大きく変わった。5月の大統領選を受け、ドゥテルテ大統領が6月30日に新大統領に就任すると、アキノ前政権の外交政策を大きく転換し、中国に接近する姿勢を鮮明にした。

　フィリピンの政権交代直後の7月12日に常設仲裁裁判所の判断が示され「中国が歴史的に、この海域や資源を排他的に支配していたとの証拠はない」とし

てほぼフィリピン全面勝利となった。だが、ドゥテルテ大統領は10月に習近平国家主席と北京で行った初の首脳会談で、南シナ海問題を事実上棚上げして関係を改善し、多額の政府援助を受けることで合意した。

　停滞していた行動規範の作成作業も動きだした。16年7月に中国の王毅外相が行動規範の枠組み協議を17年前半までに終えたいと表明した。ASEANと中国の協議は17年2月にインドネシア・バリ島、3月にカンボジア・シエムレアプ、5月に中国貴州省貴陽で開かれ、枠組み案がまとまった。この間、フィリピンが議長国である4月のASEAN首脳会議の議長声明は、南シナ海問題で中国の名指しを避け「地域での最近の開発に対して複数の首脳が示した懸念に留意」と以前よりも表現を抑制、仲裁裁判所の判断にも触れなかった。習主席は5月にドゥテルテ大統領との電話会談で「ASEAN議長国として、東アジアの協力を正しい方向に推進するため重要な役割を果たしていることを称賛する」と伝えた。行動規範の枠組み案は、8月に開かれたASEAN外相会議で了承され、中国ASEAN外相会議で承認された。「南シナ海における関係国の行動を導き、協力を促進するため、ルールに基づく枠組みを設定する」としているが、法的拘束力を持たせるかどうかは曖昧にされた。

　11月に李克強首相が出席してマニラで行われた中国ASEAN首脳会議は、行動規範の条文作成の協議開始を宣言した。この際のASEAN首脳会議の議長声明では、南シナ海問題を巡って14年以降の議長声明で毎回使われてきた「懸念」の文言が消え、「ASEANと中国の関係改善に留意」と中国に配慮する表現が入った。この議長声明を、中国外務省の耿爽副報道局長は記者会見で「南シナ海情勢は落ち着いており、事実と一致する」と評価した。

　米国でアジア重視戦略を掲げてきたオバマ政権からトランプ政権に代わり、中国や南シナ海問題への米国の対応が不透明になったことも、ASEANが中国に歩み寄った背景にあった。

　もっとも、18年に入って議長国がシンガポールに代わると声明に「懸念」が復活する。4月28日にシンガポールで開かれた首脳会議の議長声明は「埋め立てその他の活動について複数の首脳が表明した懸念に留意する。そうした活動は、信頼を損ね、緊張を高めており、地域の平和と安全、安定を台無しにしか

ねない」と書き込んだ。また「ASEANの戦略的立場と変化する地政学的、経済的状況に鑑みて採択した」として、別の文書「強靱で革新的なASEANへ向けた首脳ビジョン」も発表した（ASEANのウェブサイト参照 http://asean.org/storage/2018/04/ASEAN-Leaders-Vision-for-a-Resilient-and-Innovative-ASEAN.pdf）。「首脳ビジョン」では「国際法や規範の尊重を根底に、法の支配を促進し、法に基づく地域秩序を支持する」としており、あまりに中国寄りになったASEANの振り子を戻す姿勢が垣間見える。

　このように中国の主張とASEAN各国の立場をどう擦り合わせるかを巡り、議長国が交代するたびに揺れている状況が続けば、ASEANの一貫性への疑念が強まることは避けられない。

5　見えない統合深化の道

　2017年8月8日、ASEANは創設から半世紀を迎えた。50周年を記念する式典がマニラで開かれ「一つのビジョン、一つのアイデンティティー、一つのコミュニティー」の下で「ASEAN共同体ビジョン2025」の達成に向けて努力するとする首脳宣言を発表した。

　「一つのコミュニティー」といった言葉と現実の隔たりは、既に見てきたASEAN憲章や南シナ海問題を巡る対立で際立っている。実効性のある「共同体」が本当に実現すると考えている人がどれだけいるだろうか。近年のASEANには「浮世離れ」「言葉の空疎さ」「会議外交」「美辞麗句」といった批判的な言葉がしばしば投げかけられる（柴田 2018、吉野 2018）。いくらレトリックを弄しても、EUに主権の一部を移譲して統合を進めている欧州のような実質を伴わなければ「共同体」「結束」「強靱」といった言葉は空洞化するだけだという意見である。

　一方、ASEANを評価する代表的な主張は次のようなものである。

　「（前略）ASEANは域内の2国間の戦争を防ぐとともに、周辺地域の地政学的環境をも大いに改善してきた。現在、中国やインドをはじめとする有力な新興国の多くがアジアにあるが、そうした国々が、いや、そればかりかアジア以

外の国（米国やロシア）までもが共に集い、くつろいで話し合うことができる唯一の場を提供しているのは、ほかならぬ ASEAN である。

ASEAN の強さは、実はその弱さにある。「（中略）ASEAN を脅威と感じる国はどこにもない。だからこそ、ASEAN は誰からも疑いの目で見られることなく、思うように議題を持ち出すことができる。それこそが、ASEAN 地域フォーラムから東アジア首脳会議に至るまで、多くの場で ASEAN が外交主導権を発揮できている理由の一つである」（マブバニ 2011）。

ASEAN が本当に思うように議題を持ち出すことが常にできるかどうかはともかく、アジア太平洋地域で ARF や EAS のような場を用意できるのは現状では ASEAN しかないではないか、ASEAN がなければ地域の対話は今日のように進んでいなかったはずだという主張である。

ASEAN は、日本や米国が北朝鮮と接触する貴重な機会も提供してきた。17年2月にマレーシアの国際空港で金正男氏殺害事件が起きたことは ASEAN 各国に衝撃を与えたが、北朝鮮との友好関係は続いている。北朝鮮の金正恩朝鮮労働党委員長が提案し、米国のトランプ大統領が受け入れて18年6月に行われた史上初の米朝首脳会談では、開催地としてシンガポールが選ばれた。これも、ASEAN のこれまでの積み重ねが背景にあると言えるだろう。

ただ今後、北東アジアで安全保障の枠組みが進展したり、日中韓が首脳会議を順調に定例化して関係改善を大きく進めたりすれば、ASEAN がことあるごとに自負するアジア太平洋地域での ASEAN の中心性（centrality）は揺らぐ可能性もあるだろう。例えば、政治・安全保障共同体を推進したが抵抗に遭ったインドネシアには、ASEAN への不満が残っており、一方で08年から始まったG20首脳会議には大統領が出るようになり、新興国と肩を並べた大国意識が強まっている。順調に進んできたように見える経済協力についても、2国間の自由貿易協定（FTA）の網が多く張り巡らされ、米国が離脱したとはいえ環太平洋連携協定（TPP）も進展する中、ASEAN が中核にある東アジア地域包括的経済連携（RCEP）の交渉は足踏みしている。今後の国際環境の変化次第で ASEAN が求心力を持ち続けることができるかどうかは予断を許さない。

【参考文献】

1. アジア経済研究所（2009）「特集　地域制度としてのASEAN」『アジ研　ワールド・トレンド』170号
2. アジア経済研究所（2015）「特集　ASEAN経済共同体（AEC）創設とその実態」『アジ研　ワールド・トレンド』242号
3. 石川幸一・清水一史・助川成也編著（2013）『ASEAN経済共同体と日本——巨大統合市場の誕生』文眞堂
4. 石川幸一・清水一史・助川成也編著（2016）『ASEAN経済共同体の創設と日本』文眞堂
5. 市川顕（2017）『ASEAN経済共同体の成立——比較地域統合の可能性』中央経済社
6. 黒柳米司（2014）『「米中対峙」時代のASEAN——共同体への深化と対外関与の拡大』明石書店
7. 柴田直治（2017）「創設半世紀を迎えたASEAN」『世界』岩波書店、900号、30-34頁
8. 鈴木早苗（2016）『ASEAN共同体——政治安全保障・経済・社会文化』アジア経済研究所
9. 拓殖大学海外事情研究所（2017）「特集　中国に呑み込まれる東南アジア」『海外事情』65巻10号
10. 唱新（2016）『AIIBの発足とASEAN経済共同体』晃洋書房
11. 西口清勝・西澤信善編著（2014）『メコン地域開発とASEAN共同体——域内格差の是正を目指して』晃洋書房
12. マブバニ，キショール（2011）「地政学から見た日本の前途」『外交』6号、16-28頁
13. 山影進編（2011）『新しいASEAN——地域共同体とアジアの中心性を目指して』アジア経済研究所
14. 山地秀樹（2001）「東南アジア非核兵器地帯条約の背景と意義——ASEANによる広域安全保障の追求」『外務省調査月報』3号
15. 吉野文雄（2017）「統合目指すASEANへの期待と懸念——これまでの五十年とこれからの五十年」『改革者』政策研究フォーラム、58巻11号、10-13頁

第20章

上海協力機構（SCO）の発展

広島市立大学 広島平和研究所教授
湯浅　剛

1　はじめに

　上海協力機構（SCO）は、冷戦末期、中国と旧ソ連との間で始まった国境地帯の安全保障に関する交渉を起源とする。2001年の発足から17年、その前身のプロセスを含めると、SCOは20年を超える歴史を重ねてきた。見方によっては、この間、国際社会における機構の位置づけは少しずつ変化しているといえる。

　この機構の変化を考えるにあたり、次のような二つの軸を置いてみたい。一つは、SCOの加盟国が政治・安全保障分野での加盟国の結束・協力を推進することを重視する機構なのか、それともエネルギー開発・供給を含めた加盟国間の経済分野の協力や統合をめざす機構なのか、というものである。この点については、伝統的に、ロシアが加盟国間の政治・安全保障分野の協力を志向してきたのに対し、中国は経済分野の協力を推進しようとしてきた、と整理されてきた（湯浅 2015：221-248）。加盟国の方向性の違いは、結果として、SCOが「決められない」「行動できない」機構になっていく要因の一つとなった。

　もう一つの、そして報道でより注目される軸として、機構やその加盟国は、西側（米欧諸国）と対抗する立場をとるのか、また、協調的であるのかというものがある。2018年、カナダのシャルルボワで開かれたG7首脳会議（6月8

〜9日）で貿易ルールをめぐる米国と他の参加国との亀裂が目立つという「敵失」があった一方、同時期（6月9〜10日）に中国の青島で行われたSCO首脳会議では「あらゆる保護主義に反対」するとの文言が盛り込まれた宣言文が採択され、機構加盟国の結束が印象付けられたことは記憶に新しい。このような最近の事象は、実際のところどう捉えるべきなのだろうか。

SCOの特徴や傾向を捉えるうえで、機構の表明する政策・路線、加盟国間関係の推移、といった機構内部の問題について分析をする必要がある。加えて、「パワーシフト」と表現される、機構をとりまく国際秩序の変化についても考慮しなければならないだろう（湯浅 2018）。トランプ政権のもとで米国の対外・安全保障政策自体が変容しており、国際社会のなかで米国が単独で覇権国としての行動をとりうる余地は減ってきている。また、南沙諸島や東シナ海から太平洋に向けた中国の海洋進出や、ロシアのウクライナ危機への対応など、現実の国際政治では、中ロと米欧と対立・衝突する場面は増えてきているように見える。他方で、シリア情勢への対処では、単なる「中ロ vs 米欧」という2陣営間の対立の図式ではなく、欧州諸国がロシアの政策に同調する余地も現れている。国際政治はますます多極化し、主要国間の均衡のなかで事態が推移しているように窺える。

このような国際社会の動向のなかで、近年のSCOはいかなる展開を見せてきたのか。創設期からの推移を簡単に確認するとともに、2010年代、とりわけ15年以降の機構の変貌を整理してみたい。

2　設立と展開

SCOの前身のプロセスは、ソ連共産党書記長であったミハイル・ゴルバチョフの訪中（1989年5月）によって中ソ関係の正常化が果たされて以降継続していた、両国間の国境協議に端を発する。この協議は、ソ連解体によって中ソ（ロ）の二国間から、新たに誕生したカザフスタン、キルギス共和国、タジキスタンを加えた5カ国による国境地域の兵力引き離しなど多国間の安全保障協議へと移行した。この多国間協議は、次のような四つの時期に分けて整理する

ことができるだろう。

　第1期は、上海での5カ国会議からの「上海ファイブ」のプロセスである（1996～2000年）。続く第2期では、2000年にウズベキスタンがオブザーバー参加し、翌2001年には同国が正加盟国となって6カ国で機構が発足した。また、憲章が制定され、北京の事務局やタシュケントの地域反テロ機構（RATS）など常設機関が整備されていった（2000～05年）。前述の「反米」的姿勢は、その後の第3期で著しく高まった（2005～15年）。すなわち、05年7月のアスタナ首脳会議において、9.11事件以降中央アジアに展開・駐留している米軍の撤退期限を明確にすべきと明言する宣言を採択したことが、その象徴的事件であった。また、中ロが中核となってSCO加盟国による軍事演習（その最大規模のものは「平和のミッション」と銘打たれた）が定例化されていった。

3　地域国際安全保障環境の変化

（1）関心領域の拡大

　機構憲章に示されているように、SCOの課題は、政治・安全保障分野（加盟国の相互信頼・友好・善隣強化、地域の平和と安全、テロや麻薬・武器取引）、経済分野（国民の生活水準の向上、経済成長、世界経済への統合）ばかりでなく、社会・文化の発展や人権・基本的自由の促進と広範にわたる。総花的に列挙された諸課題は、創設以来の機構の主要文書において概ね確認されているところではある。しかし、実態としては、政治・安全保障と経済の2分野がこの機構の柱である。

　近年（2015年以降）、政治・安全保障分野では、従来からの重要課題である加盟国域内のテロ対処だけでなく、機構加盟国の地理的範囲を超えた関心の拡大が著しい（湯浅 2015）。アフガニスタン、中東・北アフリカ（特にシリア）、ウクライナの三つが、SCOにとっての機構域外に拡がる主な関心領域であり、機構はこれらの域外諸国の紛争にも折に触れて声明を発出している。さらに、2018年の青島首脳会議（6月9～10日）では、その直前にシンガポールで開催された米朝首脳会談に触れ北朝鮮情勢についても関心を示した[1]。

このうち、アフガニスタンはSCOのオブザーバーであり、SCO首脳会議にあたり大統領が参加を続けている。同国での「テロとの闘い」が継続している傍ら、ウズベキスタンやカザフスタンなど近隣の機構加盟国に米軍が駐留していたことが、SCOの「反米」的姿勢の原因となっていた。2010年代、米国オバマ政権がイラク、次いでアフガニスタンから米軍を撤退させると公約し、実際に14年までに部隊規模の軍要員をアフガニスタンから引き上げさせたこともあり、SCOやその加盟国からの「反米」的言説は低調となっていった。その一方で、SCO－アフガニスタン・コンタクトグループなど、安定化に向けた機構独自の制度について言及するなどして、関心を示している。

シリア情勢については、ロシアが事実上支援しているアサド政権が主体となった和平・安定化を支持している。ウクライナ危機についても実質的な当事者であるロシアの立場を表向きは支持する声明がSCOから発出されている。しかし、この問題をめぐる機構内の利害関係は複雑である。この点について、以下でもう少し詳しく見てみたい。

(2) ロシア要因——ウクライナ危機発生後のSCO

2013年11月、ウクライナのヤヌコヴィチ政権が欧州連合（EU）との連合協定締結交渉を中断したことにより、同国の首都キエフを中心に民衆の抗議運動が激化し、14年2月にはヴィクトル・ヤヌコヴィッチ大統領がロシアに逃亡し、政権は瓦解した。この機に、ロシアのプーチン政権はウクライナ領のクリミア半島に事実上の軍事介入を行い、ロシア領に編入した。米欧諸国はこれを「力による現状変更」と反発し、ロシアに対して経済制裁を科すなど、ロシアとの関係は冷え込んだままにある。

ウクライナ危機を契機として、国際秩序は「新冷戦」とも表現される米欧諸国とロシアの対立軸が先鋭化した。そして、時としてロシア側の陣営に中国が加えられる場合もある。以上のような見立てが妥当かどうかは、ひとまず保留しておこう。ここでまず確認したいのは、このウクライナ危機以降のSCOならびにその加盟国の当該危機への対応、そして彼らにとってより本質的な課題である領土保全・内政不干渉原則にかかわるSCOと加盟国の動向である。

多くのSCO加盟国にとって、ロシアによる周辺域への介入主義は必ずしも歓迎されるものではなかった。2008年のグルジア（ジョージア）紛争にあたり、ロシア軍がアブハジアや南オセチアに侵攻したことも、諸手を挙げて賛成したわけではなかった。紛争終結後、中国はグルジアとの自由貿易協定（FTA）を締結する（17年5月）など、独自の動きを見せている。14年、ウクライナ危機発生直後のドゥシャンベ首脳会議でも、プーチン政権は自国の介入主義について加盟国からの賛同を得ることはなく、当該会議で採択された宣言文でも「交渉による平和の回復」が求められる旨指摘されたに過ぎなかった。中央アジアの加盟国とりわけカザフスタンにとっては、ロシアの介入主義はより直接的な脅威である。

　国境を越えて侵入する過激主義勢力や分離主義は、特に南部コーカサス地域においてロシアにとっての深刻な脅威といえる。近年のシリアへの介入も、中東での自国の存在感と確保と併せて、このような国家安全保障上の課題と絡んだ政策であるといえる。また、独自の失地回復志向や自国周辺域を自分たちの特別な圏域としてみなしていることが、ロシアの介入主義を生み出しているといえる。

　中国は、公式には軍事的な域外への介入に反対している。その一方で、2014年5月、クリミアにおけるロシアへの併合の是非を問う住民投票を容認しない国連安保理決議には拒否権を行使している。このように、ロシアの介入主義に対する中国の行動にはブレがある（Lanteigne 2018）。

（3）中国の台頭と国際秩序構築に向けた作用、多チャンネル化

　中国はSCO加盟国を含めた周辺域での対外・安全保障上の優先課題として、軍事などハードセキュリティよりも、経済協力や資源獲得といった経済分野に重点を置いている。政治・安全保障分野では、国内のウイグル系過激主義勢力の越境的な活動が長らく取りざたされてきたが、当該勢力は弱体化しつつある。今日の習近平政権にとって潜在的脅威ではあれ、実質的な脅威とはいえない。

　SCOにおける中国の姿勢について、一例を挙げてみる。2016年11月3日、ビシュケクでのSCO首相級会議にて、李克強が行った機構の今後の協力・発

展のための提案にその傾向が見てとれる。李首相は6項目に分けて提案を整理したが、その大半は、「一帯一路」構想とロシアが主導する経済統合プロセスであるユーラシア経済同盟（EAEU）との連携強化、SCO銀行共同体、アジアインフラ投資銀行（AIIB）などを通じた地域諸国への融資など、経済・貿易にかかわる地域協力や統合に向けられたものであった[2]。これに対し、同席したロシアのドミートリー・メドヴェージェフ首相は「SCOの枠内での特恵的貿易制度への移行は、このような特恵的制度が往々にして何かしらの枠内の判断を見送らねばならないように、複雑な問題である」と、SCO域内の経済・貿易分野での協調の深化に慎重な姿勢を見せた[3]。

　また、中国は、中央アジアに対して広義の安全保障上の利益を見出していると考えられる。冷戦後に「新安全保障観」を提示し、ASEAN地域フォーラム（ARF）やSCOの前身であった上海ファイブといった多国間協調の枠組みを活用する対外・安全保障政策を追求していた頃から、中国は中央アジア諸国に対して独自の立場や政策を続けてきたといえるだろう。潜在的に、中国とロシアとは、中央アジアをめぐり安全保障上の利害対立する関係にある。ロシアが主導し、多くの中央アジア諸国を巻き込む軍事同盟である集団安全保障条約機構（CSTO）について、中国はSCOと連携・協働させることに否定的である。

　さらに、中国は、SCOの大原則である領土保全や内政不干渉を堅持する一方で、中央アジアのSCO加盟国を含め、原則の維持と対外的な影響力の拡大を進めている。中央アジア諸国などへの経済支援について、中国からの過剰な貸し付けにより当該諸国の債務リスクを引き上げる可能性も指摘されている（Hurley et al. 2018）。

　中国は、中央アジアを含むユーラシアに向け、次第にロシアからの影響力を排除して、独自のつながりを構築しつつある。その代表例は「一帯一路」構想である。これは、理念先行の構想であり、実態は政府間合意から企業どうしの契約にいたるまで、さまざまな取り決めの集合体である。しかし、習近平政権の長期化により、継続的な中国主導の地域構想として成熟していく可能性は否定できない。この構想は、AIIBやSCO、そして現時点で中国が議長国として主導できるアジア信頼醸成措置会議（CICA）といった多国間の制度を内包し

ながら成長しつつある。

　総じて、SCOの枠組みに限らず、中国とロシアは地域構想で同床異夢の関係にあるといえるだろう。また、中国にとってユーラシアに対する影響力拡大のツールが増えていく中で、SCOの有用性は低下している。

4　近年の機構化と制度化の展開動向

（1）インド、パキスタンの加盟

　近年の機構の展開の中で、最も重要な事象は、2017年にインドとパキスタンが議決権を持つ正加盟国となったことである。両国はすでに10年以上にわたりオブザーバーとして機構に加わり、また、長年にわたり正加盟国となることを希望していたところであったが、2015年のウファ首脳会議で手続きが開始され、2年後のアスタナ首脳会議で正式に認められた。

　この加盟国拡大は、いくつかの変貌・変質を機構にもたらすかもしれない。まず、旧ソ連諸国と中国との国境地域の安全・安定を論議する場からはじまったSCOは、本格的により広域のユーラシア安全保障フォーラムとして機能していくかもしれない。あるいは、機構が機能しなくなる可能性も否定できない。核拡散防止条約（NPT）未批准の核保有国であり、また互いが国境問題や紛争を当事者であるインドとパキスタンが加わることで、機構の加盟国域内での安全保障の課題は、より幅広いものとなっていく。それらの課題にどう対処していくかで今後の展望も変わっていくだろう。

　一つの具体的な変化を挙げると、当然のことながら、インドやパキスタンが正加盟国となり、機構内のさまざまなレベルの会議にこれら2国の代表者が派遣され、議論に加わるようになっている。例えば、SCO加盟国による多国間軍事演習「平和のミッション」[4]の準備会議が2018年3月に開かれたのだか、その場にも両国は軍人を派遣した[5]。インドとパキスタンとの関係はもとより、冷戦期を含めたロシアとパキスタンの関係を振り返れば、これらの国々の軍人が一堂に会し軍事演習の会議について協議するというのは隔世の感がある（近年、パキスタンは軍・安全保障分野でのロシアとの協力を積極的に追求）。軍を含め

歴代SCO事務総長

	任期	氏名	生年	出身国	着任までの略歴	離任後の職など備考
1	2004～06年	張徳広 (Chzhan, Deguan)	1941年	中国	外交部次官(1995～2001年)、駐ロシア大使(2001～03年)	中国国際問題研究基金会理事長、名誉理事長を歴任
2	07～09	ヌルガリエフ,B.K. (Nurgaliyev, Bolat Kabdylkhamovich)	1951	カザフスタン	駐米大使(1996～2000年、駐カナダ・メキシコ大使兼任)、駐韓大使(2001～03年)、駐日大使(2003～06年)	駐オーストリア大使(OSCE常駐代表)、駐イスラエル大使、駐キプロス大使などを歴任
3	10～12	イマナリエフ,M.S. (Imanaliyev, Muratbek Sansyzbaevich)	1956	キルギス共和国	外相(1991～92年、97～2002年)、政党党首(2004年～)	
4	13～15	メゼンツェフ,D.F. (Mezentsev, Dmitrii Fedorovich)	1959	ロシア	議会上院議員(2002～09年、イルクーツク州選出)、上院副議長(2004～09年)、イルクーツク州知事(2009～12年)	上院議員(2016年～、サハリン州選出)
5	16～18	アリモフ,R.K. (Alimov, Rashid Kutbiddinovich)	1953	タジキスタン	外相(1992～94年)、国連常駐代表(94～2005年)、駐中国大使(05～15年)	

(注)初代張徳広の役職名は正式には「執行書記」、第2代以降「事務総長」に変更された。表中の年号はいずれも西暦。
氏名の英文表記はロシア語を翻字したもの
(出典)Алимов(2017)掲載情報から筆者作成

る政府の各部局のさまざまなレベルで、このような定期的な対話が加盟国間の関係に何かしらの作用をもたらすかもしれない。

(2) 常設機関の動向

　北京に駐在する事務局の代表者である事務総長は、3年任期で順次交代している。2016年1月からは、ロシアの政治家ドミトリー・メゼンツェフに代わり、タジキスタン出身の外交官ラシド・アリモフが第5代事務総長に就任している。アリモフは、自国の内戦初期に外相を務めた経験があり（1992～94年）、以後は国連代表を経て約10年間北京駐在大使を務めた。SCO加盟国の当該大使は、職務上各国のSCO代表となっている。アリモフの起用は、この前職での経験を踏まえた人事であると推測される。

　なお、憲章に従えば、次の事務総長はウズベキスタン国籍者であり、2018年の中国・青島首脳会議で選出され、19年1月に就任する予定となる。

　タシュケントに常設されているRATSは、軍事分野での加盟国間協力の調

歴代RATS執行委員会議長

	任期	氏名	生年	出身国	前職・離任後の経緯など
1	2004～06年	カスィモフ,V.T. (Kasymov, Viacheslav Temirovich)	1947年	ウズベキスタン	国家保安庁次官などを歴任。少将。2016年5月、死去報道
2	07～09	スバノフ,M.U. (Subanov, Myrzakan Usurkanovich)	1944	キルギス共和国	初代国防相、議会法政院防衛委員会議長、国境警備庁長官などを歴任。大将
3	10～12	ジュマンベコフ,D.M. (Dzhumanbekov, Dzhenisbek Mukhamedkarimovich)	1945	カザフスタン	ソ連国家保安委員会(KGB)時代より治安部門業務に従事。カザフスタン国家保安委員会(KNB)長官、KNBウズベキスタン駐在顧問、在ロシア・カザフスタン大使館顧問、RATS執行委員会副議長などを歴任。中将
4	13～15	張新楓 (Zhan, Sin'fen)	1952	中国	中国公安部長顧問(2003年～)、同部次長(2005年～)などを歴任
5	16～18	スィソエフ,Ye.S. (Sysoev, Yevgenii Sergeevich)	1959	ロシア	大将。ロシア連邦保安庁(FSB)局次長(国家反テロ委員会部長を兼務)などを歴任

(注)表中の年号はいずれも西暦。氏名の英文表記はロシア語を翻字したもの
(出典)RATSウェブサイト(http://ecrats.org/ru/about/management/, last visited,19 May 2018)
　　　掲載情報などから筆者作成

整、テロリスト・テロ組織などに関する情報分析、データベース作成などを担当するSCOの常設機関である。そこでは独自の部局として、加盟国から派遣される代表によって構成される常設協議機関「RATS理事会」と、その理事会の諸決定遂行のための「執行委員会」が設置されている。執行委員会議長がRATSの最高行政担当者と位置付けられている。同議長も、北京の事務総長と同じく、3年任期で交代しており、ロシア連邦保安庁（FSB）出身のエヴゲニー・スィソエフが務めている。

（3）選挙監視活動

　SCOによる加盟国の国政選挙に対する監視活動は、2004年9月のカザフスタン議会選挙が最初の事例である。初期（05年まで）の活動は、2～6名と極めて小規模であり、欧州安全保障協力機構（OSCE）が実施する選挙監視活動と比べて体系化されておらず、儀式的なものに過ぎなかった。
　2006年5月15日、「SCOからの大統領・議会選挙、レファレンダムへの監視団に関する方針書」（SCO外相理事会決定第8号）により、さらに組織的・体系

的な監視活動が志向されるようになり、以後、規模も徐々に大きくなっている。ただし、中国には派遣実績はない。また、正加盟国だけではなく、オブザーバー国であるモンゴルや対話パートナー国であるベラルーシの選挙に対しても監視活動を実施したことがある。とはいえ、16年に実施された計6回の活動に派遣された人員は各回7〜18名という規模であり、加盟国の合意のもと可能な限り網羅的な選挙監視結果を示そうとするOSCEの姿勢とは大きく異なっている。

OSCEなど米欧主体によるポスト共産主義諸国での選挙監視活動が、民主主義・公正性の点で相対的に厳しい評価を下すのに対し、SCOによるこの活動は加盟国の国政選挙が適切に行われたことをアピールする機会となっている（Алимов 2017：110-122）。

5　今後の課題

SCOの「反米」の姿勢は、時系列的には2005年ごろを頂点とし、次第に米欧諸国との協調を視野に入れトーンダウンしている（湯浅 2015）。また、従来の米欧が主導してきた国際秩序のあり方に異議を表し、中ロが主導する秩序構築の理念を示す舞台としても、SCOの役割は低下している。中ロにとっては、あえてSCOで米欧への対立姿勢を鮮明にせずとも、他に自身の主張を訴えるツールや舞台の選択肢が増えたことがその背景にある。また、機構内部の事情について指摘すれば、加盟国の増加にともない、加盟国間の利害関係は複雑化しており、中国やロシアにとって、SCOは単独で自国の利益中心で機能するツールとして扱いづらくなっている。

冒頭で触れた分析のための二つの軸——政治・安全保障重視か経済重視か、米欧との対立か協調か——に立ち返ると、SCOはどちらの軸にとっても中庸を志向しつつあると整理することができる。また、加盟国の拡大や経年的制度化により、SCOは多国間安全保障フォーラムとしての役割は向上する可能性はあるとしても、同時に、利害対立の複雑化によって機構内のコンセンサスとりつけが困難となっていくものとみられる。

2015年以降の多国間軍事演習「平和のためのミッション」概要

	日程	参加国	実働演習会場	参加状況など
1	2016年9月15〜21日	中国、ロシア、カザフスタン、キルギス共和国、タジキスタン	イスィク・クリ州「エーデルワイス」演習場（キルギス共和国）	ロシアからは500超の要員参加
2	2018年8月22〜29日	中国、ロシア、カザフスタン、キルギス共和国、タジキスタン、インド、パキスタン	チェリャビンスク州チェバルクリ（ロシア）	計約3,000の要員参加（内訳はロシア：1,300超）。ウズベキスタンはオブザーバー参加

(注) 第7回以前の演習の概要については（湯浅 2015: 235）を参照のこと
(出典) 各種報道より筆者作成

　中国とロシアという、機構を主導する二つの大国の志向が異なっており、機構が発出する宣言や長期戦略も玉虫色的なものとなっている（例えば、2015年ウファ首脳会議で採択された「2025年までのSCO発展戦略」）。また、2010年代初頭まで加盟国内で相次いだテロや現行政府の打倒を目指した騒擾にも、機構は実行力を伴う措置をとることができなかった。

　機構の地理的拡大は、今後も検討課題となっていく。さしあたっては第2次拡大で取り残されたイランの加盟である。2011年のアスタナ首脳会議で、正加盟国昇格を希望する国は、国連安保理の制裁を受けていないことを要件として求められるとされ、これがイラン加盟のハードルとなっている。

　機構の制度改革は、公式には議論の俎上に上っていないが、専門家レベルでは軍事同盟としての機能向上など、さまざまな議論が飛び交っているとみられる（Blank 2015）。ただし、上述のような加盟国間の「同床異夢」の状態が続く限り、その具体化は難しいものとみられる。

　SCOは小規模ながらも国際機構としての要員や常設機関を備えている具体的な組織であり、これはこの機構にとって有利な点である。「協力できる加盟国が、協力できる分野から、協力を進めていく」ということであれば、各国の利害が対立する経済・貿易分野よりも、具体的・実利的課題である軍・安全保障分野のほうが、拡大したSCOで進んでいくかもしれない。例えば、軍事演習「平和のミッション」は、規模の変遷はあるものの、2015年から1〜2年おきに定例的に実施されている。18年8月には、ロシアのチェリャビンスク州で

新規加盟のインドとパキスタンの軍要員を含め、約3千名の規模で実施された。この演習にあたり、中国・人民解放軍が大量の演習要員や装備を陸路でカザフスタン領内を経て派遣・輸送したことが目を引いた。この演習は、その後中ロ間でロシアのザバイカル地方ツゴル演習場を中心に約2万5千名の規模で実施された軍事演習「ヴォストーク2018」(2018年9月11～18日)とともに、中ロの軍事的展開力を誇示する場となった。

【参考文献】

1. 湯浅剛（2015）『現代中央アジアの国際政治──ロシア・米欧・中国の介入と新独立国の自立』明石書店
2. 湯浅剛（2018）「国際政治と安全保障──国際社会の変容との連動」宇山智彦・樋渡雅人編『現代中央アジア──政治・経済・社会』日本評論社、57-76頁
3. *Алимов, Рашид* (2017) Шанхайская организация сотрудничества: Становление развиние перспективы. Москва: Издательство «ВесьМир».
4. *Сысоев, Е. С.* (2017) Региональная антитеррористическая структура Шанхайской организации сотрудничества: Опыт строительства региональной международной организации//*Российск аяакадемия наук, Институт Дальнего Востока РАН*. Проблемы обеспечения безопасности на пространстве ШОС. Москва: Издательство «Весь Мир», С. 8-18.
5. Blank, Stephen (2015) "Was the SCO Summit in Ufa a breakthrough?" *CACI Analyst*, July 19.
6. Hurley, John, Scott Morris, and Gailyn Portelance (2018) *Examining the Debt Implications of the Belt and Road Initiative from a Policy Perspective* (CGD Policy Paper 121), Center for Global Development, March 2018.
(https://www.cgdev.org/sites/default/files/examining-debt-implications-belt-and-road-initiative-policy-perspective.pdf)
7. Lanteigne, Marc (2018) "Russia, China and the Shanghai Cooperation Organization: Diverging Security Interest and the 'Crimea Effect'," in Helge Blakkisrud and Elana Wilsom Rowe (eds.), *Russia's Turn to the East: Domestic Policymaking and Regional Cooperation*, London: Palgrave Macmillan, pp. 139-158.

1) 当然のことながら、これらの関心領域の優先順位は時間の経過とともに変わる。首脳会議の「宣言」での書きぶりや列挙順から、その優先度を窺うとすれば、2018年の首脳会議宣言文では、ウクライナ情勢よりも北朝鮮核開発問題が先に挙げられ、また分量的にも多くの紙幅が割かれた。
2) 人民網日本語版記事による（http://j.people.com.cn/n3/2016/1104/c94474-9137302.html）。当該記事の翻訳を適宜整理して概要をまとめると、提案要旨は次の通り。①安全で安定した環境の構築（安全保障分野の調整と協力の一層強化、地域のテロ対策機構・制度整備の推進、情報交流と法執行協力の深化、各国民および国内の他の加盟国の機関・企業・人員の安全確保）。②融合的発展の構造的構築（各国の経済発展戦略の調整と連結の強化、「一帯一路」構想とユーラシア経済同盟との連結・協力、地域貿易・投資の自由化・円滑化推進、税関、検査・検疫分野の協力強化)。③生産能力協力の水準の向上（地域経済・貿易協力の重要な柱として、地域経済発展の成長軸を形成）。④新たな協力機会の発掘（イノベーション政策を各国と連携、

経験交流を強化、国際電子商取引の円滑化推進、物流保障能力向上、環境保護技術の革新、グリーン経済分野の協力促進）。⑤地域融資制度の整備（SCO銀行共同体、アジアインフラ投資銀行（AIIB）、シルクロード基金、中国・ユーラシア経済協力基金、BRICS新開発銀行などの融資プラットフォームを活用）。⑥人的・文化的交流の基礎固め（SCO大学の設立と運営に関する協定を締結、各国の人材育成を支援）。

3） http://government.ru/en/news/25170/（本文前述のLanteigne論文での引用による）
4） 通算第8回目の「平和のミッション」は2016年9月15〜21日、キルギス共和国にて実施された。2018年8月実施予定の演習は第9回目となる。
5） 筆者はロシアのメディアでの映像（https://tvzvezda.ru/news/forces/content/201803132138-pr7h.htm）を確認したのみであるが、パキスタンからは制服組が会議のラウンドテーブル最前列の席に3名並び、そのバックシートにも軍人がひしめいているのに対し、インドはその少し離れた場所に制服組2名と通訳と思しき女性がすわっているだけと貧弱なデレゲーションという印象であった。

第21章

東アジア共同体形成の現状と課題

早稲田大学 国際学術院教授
李　鍾元

1　はじめに

　本章は「東アジア共同体」という概念を手掛かりに、東アジア地域協力の枠組みづくりに向けた様々な動きを分析し、その展望と課題を示すことを目的とする。東アジア共同体には広義と狭義の二つの用語法がある。狭義では、ASEANプラス3（APT）や鳩山由紀夫・元総理が提唱した構想など、その言葉で表明された具体的な政策や提言を指す。広義では、東アジア地域協力の制度化をめざす取り組みを総称する用語として使われる場合がある。ここでは、広義の用語法を採用しつつ、公式性の高い構想や取り組みを主な対象として取り上げることにしたい。

　共同体（community）は地域統合の一段階として位置づけられる。国々の集まりとしての地域（region）が形成されるプロセスは、一般的に①地域化（regionalization）、②地域主義（regionalism）、③地域統合（regional integration）の三つの段階に分けられる。地域化とは、近隣の国々の相互依存が進み、一つの地域としてのつながりが深まる現象を指す。地域主義とは、明確な政策的な意志をもって、様々な地域枠組みを構築する動きを意味する。さらに制度化が進むと、超国家的な機構が設立され、個別国家の主権が制限される地域統合の段階に入る。地域統合は制度化のレベルによって、共同体と連合（union）に分

けられる。共同体が様々な超国家的な協力メカニズムの集合体であるのに対して、連合はある種の連邦制の段階に達した状態を指す。

共同体の明確な定義はないが、一定の超国家的な機構の存在如何が一つの基準となる。こうした用語法は基本的に戦後ヨーロッパにおける地域統合の経験に由来する。ヨーロッパでは、1951年の欧州石炭鉄鋼共同体（ECSC）を皮切りに、57年に欧州経済共同体（EEC）と欧州原子力共同体（EURATOM）などの協力機構を築き上げ、これらを包括する枠組みとして、67年に欧州諸共同体（EC）を設立した。その後、さらに統合が進み、93年に欧州連合（EU）が誕生した。本章では、東アジア地域において、主として政治・安全保障協力の制度化の試みに焦点を合わせることにしたい。

2　なぜ地域・共同体をめざすのか

米ソ冷戦の終結後、地域が国際政治の一つの「単位」として浮上している。グローバル化の進展で、国境を越える様々な課題が噴出し、その対応の枠組みとして、近隣の国々の集まりである地域が新たに注目されるようになったのである。2010年末の時点で、様々なレベルの地域機構の数は173に上る（Patrick 2013：36）。18年現在の国連加盟国193に匹敵する数である。

その趨勢を先導してきたヨーロッパでは、EUが拡大を急ぎすぎた結果、ギリシャなどで財政危機を引き起こし、移民の増加への反発で、イギリスがEU離脱を決定する（ブレグジット）事態となった。各国に反EUのポピュリズムが広がっている。しかし、その半面、ドイツやフランスなどでは、統合支持の世論が高まっており、ヨーロッパ統合の潮流は維持しつつも、調整局面を迎えているといえよう。

そもそも、なぜ地域・共同体の形成をめざすのか。ヨーロッパの経験を踏まえて考えると、その意義は三つに要約できる。第一に、政治・安全保障の面では、「不戦共同体」への志向である。戦後ヨーロッパの地域統合は何より両次の世界大戦への反省の産物であった。第二に、市場統合による経済的利益への期待である。戦後復興のためには、国境によって寸断された狭隘な市場の統合

が不可欠という認識がヨーロッパ統合の大きな推進力となった。第三に、こうした経済統合と表裏関係にあるが、社会的価値を守るという側面がある。市場統合による経済的利益を享受しつつも、それぞれの社会が守るべき価値を隣国同士が共同で確保する仕組みとしての意義である。戦後ヨーロッパでは、経済統合の進展と並行して、労働や雇用、福祉、環境など基本的権利や価値を保障する社会的規制を通じて、「社会的ヨーロッパ」を築き上げた。1957年に欧州経済共同体が創設されると、早速61年には社会権の保障を規定した欧州社会憲章を制定した。その後、単一欧州議定書（1986年）により域内の単一市場化が進むと、89年に労働者の社会的基本権に関する共同体憲章が制定され、現在の欧州連合基本権憲章の土台となった。

　1990年代以後、グローバル化の潮流と並行して進展した地域主義の動きには、こうした経済的利益と社会的価値とのバランスが一層重視されるようになった。ビョルン・ヘトネら北欧の地域統合研究者たちが「新しい地域主義」として強調するように、地域統合には「グローバル化へのオルタナティブ」という意味がある（Hettne 1999：1-24）。巨視的には、「ナショナリズム」と「グローバリズム」の中間項としての「リージョナリズム」という位置づけである。主権国家体系の歴史的限界を乗り越えつつも、一足飛びにグローバル化の「（均質で）フラットな世界」（トーマス・フリードマン）に移行するのではなく、類似した価値や文化を共有する近隣諸国のコミュニティーとしての「地域」が注目される所以である。イギリスの政治学者ヘレン・ウォーレスが指摘するように、「ヨーロッパ化」には「グローバル化のフィルター」としての機能がある（Wallace 2002：149）。グローバル化には、経済活動の促進などの便益がある半面、格差や不安の増大など、多くの負の側面がある。しかし、だからといって、すでに限界が明らかになっている主権国家体系に逆戻りすることはできない。グローバル化の副作用に対処し、新しい秩序を築くグローバル・ガバナンスが求められるのである。地域という枠組みは、その一つの柱として位置づけることができよう。

3　東アジア共同体への道程

(1)「東アジア」の台頭

「東アジア」を独自の地域として初めて国際政治の舞台に登場させたのは、1990年、マレーシアのマハティール首相による東アジア経済グループ（EAEG）の提案であった。ヨーロッパ統合や北米自由貿易協定（NAFTA）の進展に対抗して、成長著しい東アジア諸国の地域協力を促進しようとする構想であった。対象としては、当時のASEAN6カ国にインドシナ諸国と日中韓を想定し、東アジアの地理的範囲としてASEANプラス3（日中韓）の原型を示した。

1991年に名称を東アジア経済協議会（EAEC）に変更し、より緩やかな形が示されたが、排他的な経済ブロック化を警戒した米国は敏感に反応した。米国のジョージ・H・W・ブッシュ政権はとりわけ日本と韓国の参加を阻止すべく、露骨な外交的圧力を辞さなかった。日本や韓国の政府内にはマハティール構想に支持論もあったが、ジェームズ・ベーカー米国務長官自らが乗り出した圧力で、不参加を決定せざるを得なかった（李 2015：200-201）。こうして東アジアの地域枠組みをめざした初の試みは挫折した。

(2) 米国主導の「アジア太平洋」への巻き返し

アジア太平洋経済協力会議（APEC）は、1989年、オーストラリアのボブ・ホーク首相の提唱で、閣僚級会合として創設された。93年に米国クリントン政権はAPECを首脳会議に格上げし、シアトルで初の会合を開いた。それに伴って、議題も経済だけでなく政治・安全保障に拡大された。マハティール提案など、高まる東アジア地域主義の動きに対抗し、経済成長の活力に溢れる東アジアを米国主導の経済圏に組み込むためであった。「東アジア」の台頭を牽制するため、「アジア太平洋」の枠組みの強化を図ったのである。米国の参加如何をめぐって、「東アジア」と「アジア太平洋」が競合する構図は姿を変えながら現在にも基本的に続いている。

APECでは「開かれた地域主義」が掲げられた。米国のアジア太平洋政策

は地域主義、すなわち地域の枠組みづくりというより、市場開放に重点を置くものであった。94年の「ボゴール宣言」では、「貿易・投資の自由化の推進」が唱えられた。もう一つの柱である途上国への開発協力は徐々に後退した。97年のアジア通貨危機の際にも、米国やAPECは何ら有効な対応を取ることができず、東アジア諸国の間で独自の地域協力の必要性が改めて認識されることになった。

（3）「東アジア共同体」構想の浮上

　東アジアの地域形成には、いわば中小国の集まりであるASEANの外交が中心的な役割を果たした。ASEANは自らの会合に合わせて、多様な招請外交を展開した。1978年から日本など域外国を招いてASEAN拡大外相会議を開いていたが、こうした試みが地域機構の土台を築いた。94年にはASEAN主導で、アジア初の地域安全保障対話メカニズムとなるASEAN地域フォーラム（ARF）が創設された。冷戦終結後にカナダやオーストラリアなどから出された「アジア版CSCE（欧州安全保障協力会議）」の提案に触発されたものであった。

　興味深いことに、EUも東アジアの地域枠組みづくりに貢献した。93年に発足したEUはアジア、アフリカ、ラテンアメリカなどとの地域間対話にも乗り出した。各地の地域化を促進することで、多元的な国際秩序を構築するとともに、ヨーロッパ自らの利益を確保しようとする戦略構想であった。とりわけ、経済成長の著しいアジアを重視し、94年の「新アジア戦略」の策定で関係強化を打ち出した。これを受けて、シンガポールが「アジア欧州サミット」を提案し、96年にアジア欧州会合（ASEM）の開催となった。EUのカウンターパートのアジア側として、当時のASEAN7カ国と日中韓が参加した。マハティール構想の東アジアとほぼ重なる構成であり、ASEANプラス3の枠組みの先駆けであった。ASEMの準備会合の過程で、事実上の東アジア枠組みが実現することになった。96年2月バンコクで、第1回ASEM会議を控え、ASEANと日中韓の外相と首脳会合が開かれた。対外的には「ASEMのアジア側の準備会合に過ぎない」と説明されたが、田中明彦がいみじくも表現したように、

「史上初の東アジア首脳会議がASEMの裏口で実現した」のである（田中 2003：282）。

翌97年からASEANプラス３首脳会議がスタートすることになった。その直接の契機もASEANの招請外交であった。97年12月、ASEANはクアラルンプールでの創設30周年記念会議に日中韓の首脳を招請し、ASEANプラス３首脳会議が開かれた。当初はシンボリックな行事として企画されたものだったが、その直前に発生したアジア通貨・金融危機と重なり、東アジア地域の危機対応を協議する場と化した。通貨危機が続くなか、翌98年にもASEANに日中韓を交えた首脳会議が開催され、以後、ASEANプラス３（APT）の会合が定例化した。首脳会議の他に、外相会議、財務相会議など閣僚レベルの会合も設けられた。

APTは当面の経済危機に対処しつつ、中長期的なビジョンを描き、東アジア地域協力の制度化を進めた。その目標として掲げられたのが「東アジア共同体」であった。98年のAPT首脳会議で、韓国の金大中大統領の提案で、域内協力の長期政策を協議する有識者会議として、東アジアビジョングループ（EAVG）が設置された。座長には韓国の韓昇洲元外相が選出された。２年間の議論を経て、EAVGは2001年のAPT首脳会議に報告書を提出したが、そのタイトルが「東アジア共同体に向けて」（Towards an East Asian Community）であった（資料１）。「東アジア共同体」という用語が明記された初の公式文書である。

EAVG報告書は、東アジア共同体の創設を長期目標として掲げ、その実現に向けて、経済、金融、政治・安全保障など六つの分野にわたって、東アジア自由貿易地帯、東アジア通貨基金などの具体的な協力事業を提言した。民間の識者によるEAVGの提案はさらに各国の政府代表で構成する東アジアスタディグループ（EASG）によって検討され、02年の首脳会議に最終報告書が提出された（資料２）。そこでは、東アジア共同体を実現するための具体的な行動計画として、17の短期的課題と９の中長期的課題が提案された。その長期課題の一つがAPT首脳会議を「東アジア首脳会議」（EAS）に改編することであった。

2000年代前半は東アジア共同体に向けた動きがもっとも活発な時期であった。アジア金融危機を背景に、域内諸国で協力の機運が高まり、EAVGとEASGの提言が次々と実行に移された。東アジア地域統合を理論や世論の面で支えるべく、認

開催された第1回東アジアサミット＝2005年12月14日、クアラルンプール（代表撮影・共同）

識共同体（epistemic community）の試みとして、ASEANと日中韓のシンクタンクを結ぶ東アジア研究所連合（NEAT）が北京で発足し、ソウルには産官学共同の東アジアフォーラム（EAF）が創設された。日本でもこれに呼応する組織として、04年に産官学の関係者からなる東アジア共同体評議会（CEAC）が設立された。「東アジア共同体」という言葉が日本のメディアに頻出し、同様のタイトルの文献が多く刊行されたのもこの時期である。小泉純一郎首相は、02年1月、シンガポールで「東アジア拡大コミュニティー」構想を打ち出し、03年12月東京での日本・ASEAN特別首脳会議では、「東アジア共同体」を明示的に提唱するなど、日本政府も積極的な姿勢を示した。

（4）頂点から失速へ

東アジア共同体構想の動きが本格化し、その重要なステップとして、2005年に東アジア首脳会議が実現した。しかし、皮肉にも、その過程で共同体創設への機運が失速することになる。中国が予想以上の勢いで台頭し、その対応をめぐって、域内国の利害が交錯し、外交的な角逐が激化したためであった。

前述の通り、東アジア首脳会議はAPTの中長期目標の一つであった。しかし、2004年にASEAN次期議長国のマレーシアが中国と連携し、05年にクアラルンプールで第1回EASを開催することを提案したことで、動きがにわかに慌ただしくなった。マレーシアや中国には、ASEANプラス3の枠組みを早

期に確立し、主導権を確保したいという思惑があった。これに対し、日本やインドネシア、シンガポールなどはEASが中国主導になることを懸念し、枠組みの拡大を図った。「東アジア」の範囲をめぐって、ASEANプラス3の維持を主張する現状派と、オーストラリア、ニュージーランド、インドなどを加えようとする拡大派が対立したが、最終的には拡大路線が採択された。その結果、2005年、東アジア首脳会議はASEAN＋3＋3の16カ国体制でスタートすることになった。域内国の思惑が衝突した結果、東アジアが地理的な範囲を超えて、大洋州や南アジアにまで拡大したのである。公式の英文名称は地域共通性をやや緩める含意もあって、「East Asia Summit」とされた。

EASはその後も拡大を続け、2011年には米国とロシアが正式加盟した。2005年のEASの発足後にも中国の台頭は止まらず、さらなるバランスを求めたインドネシアなどの働きかけと、「アジア重視」を掲げた米国オバマ政権の戦略が共鳴した結果であった。オバマ政権は、ブッシュ政権期に米国が中東での対テロ戦争に忙殺される間、東アジアで中国の影響力が急伸したという反省から、アジアへの回帰を模索した。また、リーマン・ショック後の米国経済の再生のためにも東アジア地域との関係強化は急務とされた。オバマ政権は、経済的には環太平洋パートナーシップ協定（TPP）、政治・安全保障ではEASをアジア重視戦略の両輪として位置づけ、中国を牽制する地域枠組みの構築をめざした。

事実、毎年開かれるEASでは「東アジア共同体」の推進より、南シナ海問題など、地域的課題の議論に重点が置かれている。日米を中心に、海洋秩序の確立などの問題が提起され、中国を牽制する場と化した。中国は次第にEASへの関心を失い、ASEAN諸国も儀礼的な対応が際立つようになった。東アジアの首脳が一堂に会する唯一の外交行事であるにもかかわらず、メディアの報道は少なく、一般的にほとんど知られていないのが現状である。

日本では、2009年9月、政権交代を果たした民主党の鳩山由紀夫首相が就任早々から、多様な政治体制の共存を説く「友愛外交」の一環として、「東アジア共同体」の創設を掲げ、アジア共通通貨の実現などを提唱した。しかし、民主党政権が短期に終わったため、政策の具体化には至らなかった。

当初の東アジア共同体構想に再び活力を入れようとする努力もなされた。10年、韓国の李明博大統領の提唱で、第2期 EAVG（EAVGⅡ）が設置された。座長には韓国の尹永寛元外相が任命され、13カ国から代表1名ずつで構成された。EAVGⅠから10年が経過した節目を捉え、APT協力の方向性や将来像を提示することが任務とされた。構成や運営の面で、ASEANと日中韓側で共同議長方式を取り、ASEAN側は統一見解を示すことなどが特徴であった。ASEANの主導性を土台に、ASEANプラス3の枠組みを中心に東アジア地域協力を再構築しようとする試みであった。

12年に提出されたEAVGⅡの最終報告書は「2020年まで東アジア経済共同体を実現」という副題が示すように、経済統合を土台にした機能的アプローチを強調するものであった（資料3）。同報告書は、域内通貨融通のためのチェンマイ・イニシアチブのマルチ化（CMIM）、域内経済監視システムであるAPTマクロ経済調査局（AMRO）、域内資金調達のためのアジア債権市場育成イニシアチブ（ABMI）など、経済・金融分野におけるAPTの取り組みの成果を評価し、それを踏まえ、東アジアの経済共同体を推進していくことを提言した。そのために、①単一の市場と生産基盤、②金融の安定、食糧・エネルギー安全保障、③公平で持続可能な発展、④グローバル経済への建設的貢献など四つの柱を提示した。具体的な方策としては、東アジア地域包括的経済連携（RCEP）締結への支援、東アジア通貨基金の設立研究、政治・安全保障では、法の支配や人権などのグッド・ガバナンス、非伝統的安全保障への取り組みなどを提言した。

ASEANはASEANプラス3の枠組みの維持を重視しており、2013年、日本がNEATの参加範囲拡大を提案した際にも反対した（Kim and Lee 2017：590）。

一方で、ASEANは自らの一体性を高めるべく、ASEAN共同体の推進に拍車をかけ、当初の20年の予定を前倒しして、15年12月に、安全保障共同体、経済共同体、社会文化共同体の三つからなる共同体の創設を宣言した。

(5) 岐路に立つ東アジア——「ユーラシア」と「インド太平洋」の狭間

　東アジア地域形成の初期には、「東アジア」と「アジア太平洋」という二つの地域概念が競合する構図があった。その核心は米国の参加如何であった。しかし、2011年に米国が EAS に加盟し、いわば米国が東アジアの一員になったことで、地域の構図にも変化が生じた。

　中国は EAS など東アジアに限定された地域枠組みに関心を失い、巨大な経済力を手段として、ASEAN など域内諸国の分断と懐柔を図りつつ、独自の地域秩序をめざす動きを加速させた。08年の米国のリーマン・ショックや EU の財政危機で、欧米主導の国際秩序が変容期に差しかかったという認識の下、国際的には BRICS の強化など「新秩序」の模索に乗り出した。ブラジル、ロシア、インド、中国、南アフリカなど新興諸国の集まりである BRICS は09年から首脳会議を開き、15年には BRICS 開発銀行を設立し、国際通貨基金（IMF）や世界銀行に対抗する姿勢を示した。しかし、その後、ブラジルやロシアの経済低迷で、勢いは鈍化している。

　ASEAN に対して、中国は2000年代初めから自由貿易協定（FTA）締結や経済支援の強化で影響力の拡大を図った。14～15年に相次いで設立されたアジアインフラ投資銀行（AIIB）と「一帯一路」の「シルクロード基金」はその延長線上にあり、中国の経済力を土台に、東アジアだけでなく、ユーラシア大陸を一つの経済圏として統合しつつ、さらにアジアとヨーロッパ、アフリカとを結び付けるという野心的な広域構想である。ただ、その実態には問題が多く、参加国の間に地域としての一体感は乏しい。しかし、中国を中心に、様々な地域構想が打ち出されている動向は注目に値する。

　こうした経済的な枠組みづくりと並行して、中国は政治・安全保障面では、14年からアジア相互協力信頼醸成措置会議（CICA）を地域包括的な機構として強化する方向性を示している。CICA は1992年にカザフスタンの提案で主として中央アジアや南アジア諸国による地域協力機構として設立され、2010年まではカザフスタン、14年からはトルコが議長国を務め、事務局もアルマトイに設けられた。14年から中国が議長国になり、習近平主席はこれをアジア全域の地域安全保障協力機構として重視する方針を打ち出した。ヘルシンキ・プロセ

スのアジア版をうたい、信頼醸成措置など共通の安全保障、協調的安全保障をめざす点では注目すべきところがある。14年5月、上海で開かれた第4回首脳会議で、中国の習近平主席とカザフスタンのヌルスルタン・ナザルバエフ大統領は、CICA を母体に「アジア安全保障開発機構」（OSDA）の設立を提唱した（*Business Standard*, May 21, 2014）。理念や組織の面では、1970年代のヘルシンキ・プロセスの産物である欧州安全保障協力会議（CSCE）や欧州安全保障協力機構（OSCE）をモデルとしている。共通の安全保障、包括的安全保障、協調的安全保障、持続可能な安全保障など、これまでの安全保障論を総合し、アジアの現実に適した「アジアの安全保障概念」を構築することが目標として提示された。ヘルシンキ・プロセスの柱であった主権尊重や内政不干渉の原則に加え、持続可能な安全保障として開発を強調することで、途上国の利害を代弁し、欧米の価値に対抗する秩序づくりの理論的模索といえる。組織の面ではOSCE を参考に、アジア安全保障緊急対応センターの設立など具体的な提案も出されている。

　2014年5月、上海での首脳会議で、習近平主席は「アジアの問題はアジア人が処理し、アジアの安全はアジア人が守る」ことを宣言し、米国に対抗する姿勢を明らかにした。超大国の米中が東アジア地域秩序をめぐって競い合う構図の出現といえよう。

　一方で、米国と日本を中心に、「自由で開かれたインド太平洋」構想が浮上している。インド洋と太平洋を結ぶ地域構想は、インドやオーストラリアの研究者らによって提唱されたものであるが、日本の安倍晋三首相が自らの地域戦略の柱として打ち出したことで注目されるようになった。安倍首相は、12年に外国のメディアに発表した論文で、日米豪印の4カ国は西太平洋からインド洋にいたる地域の秩序づくりを主導する責務があると主張し、その協力体制を「セキュリティー・ダイヤモンド」構想と名づけた（Abe 2012）。中国の影響力の拡大に対抗する体制づくりの提唱と受け止められた。

　さらに安倍首相はこの構想を日本政府の公式政策として具体化していった。16年8月、ケニアのナイロビで開かれた第6回アフリカ開発会議（TICAD Ⅵ）や17年7月の日印首脳会談で、「インド太平洋戦略」を提示したのに続き、17

年11月、ドナルド・トランプ米大統領の訪日に際して、インド太平洋戦略を「日米の共通戦略」とするよう提案し、合意を得た。しかし、その直後、ベトナムで開かれたAPEC首脳会議で、トランプ大統領は「インド太平洋」に言及しつつも、「地域」よりは「バイ」（二国間）の関係を強調し、日本の構想とは若干異なる方向性を示した。米国の国益重視を掲げるトランプ大統領は、「インド太平洋地域のすべての国との友好と通商の絆を強める」と宣言し、経済においても、多国間の取り極めより、二国間の貿易協定を重視する立場を明らかにした。

米国のトランプ政権はTTPからの離脱など、アジアにおける地域秩序づくりには消極姿勢に転じつつある。トランプ大統領は、17年11月、オバマ政権がアジア重視戦略の柱としていた東アジア首脳会議（マニラ）を欠席した。その半面、米国政府は、安全保障戦略の面では、「インド太平洋」の枠組みづくりを進めており、いくつかの具体的な動きが出ている。18年5月30日、米国のジェームズ・マティス国防長官は、米太平洋軍を「インド太平洋軍」に改称すると発表した（朝日新聞2018年6月1日）。

「インド太平洋」という地域概念は、現在のところ、拡大する中国の影響力をけん制する意味合いが強く、大国主導の安全保障協力という側面が先行している。地域を包括する枠組みにするためには、範囲や内容において、より開かれた構想に具体化できるかが課題になろう。

4　東アジア地域機構の現状

以下では、東アジアの地域枠組みの現状について、政治・安全保障分野のものを中心に、その構造や機能などを簡単に整理しておきたい。

（1）ASEANプラス3（APT）（1997年創設）

1997年に首脳会議からスタートし、その後、外務、財務、経済、農業、労働の閣僚会合が設けられている。毎年、ASEAN首脳会議に合わせて開催される首脳会議の他に、約20分野で60余りの政府間会合が開かれている。主として経

済・金融や社会分野の協力が中心であり、外交・安全保障の地域協力は遅れている。2003年に独自の事務局が設置された。NEATは毎年開催されているが、シンクタンク間の組織的な連携は深まらず、形式的な内容にとどまっている。10年に東アジア共同体構想の再活性化をめざして、EAVGⅡを設置し、報告書を作成したが、その実行が課題となっている。

（2） ASEAN地域フォーラム（ARF）（1994年創設）

1994年にASEAN招請外交の成果として、拡大ASEAN外相会議（PMC）を母体に創設され、アジア地域を包括する唯一の地域安全保障対話の場となっている。ASEAN10カ国の他に、域外16カ国とEUがメンバー。北朝鮮が参加する唯一の地域会合でもある。「信頼醸成、予防外交、紛争解決」のプロセスの制度化をめざし、域内の安全保障に関わる諸問題が議論されるが、拘束力はなく、「トークショップ」にとどまっているという批判もある。

（3） 拡大ASEAN国防相会議（ADMMプラス）（2010年創設）

ASEANの招請外交による地域安全保障協議メカニズムのもう一つの事例。ASEANは2006年からASEAN国防相会議（ADMM）を開催しているが、10年に域外8カ国（日本、中国、韓国、オーストラリア、ニュージーランド、インド、米国、ロシア）を加えた拡大ASEAN国防相会議を創設した。東アジアにおける唯一の公式な国防相の会合であり、2年ごとに開催。その下に次官級および課長級の会合が設けられ、①平和維持、②人道支援・災害救援、③テロ対策、④海洋安保、⑤軍事医学など五つのワーキンググループがある。参加国ではEASと一致しており、機能面では、ARFと重複するところがある。

（4） 東アジア首脳会議（EAS）（2005年創設）

2005年にASEANプラス3（日中韓）にオーストラリア、ニュージーランド、インドを加えた16カ国で創設され、11年に米国とロシアが加わり、18カ国体制に拡大した。ASEAN加盟国が交代で議長国を務め、ASEANの一連の首脳会議の延長として開かれるため、時間的に短く、議題設定などで制約もある。制

度的に緩やかな枠組みにとどまっており、参加国の関心が全体的に低いという問題がある。近年は、南シナ海など、中国の海洋進出をめぐる議論が中心的なテーマになることが多い。

5　課題と展望

　以上で概観したように、東アジアの地域形成過程には大きく二つの障害があり、その克服が今後の課題となっている。

　第一に、いかに水平的な地域秩序を構築できるかという問題である。東アジア地域は、国のサイズや国力などの面で、域内に著しい不均衡があるという構造的な問題を抱えている。そのため、東アジアの地域秩序は、大国による垂直的な支配の形態として機能した歴史を持つ。そのため、地域枠組みをめぐっても、大国による影響力競争への警戒感が域内諸国には根強い。大国ではなく、ミドルパワーであるASEANが主導し、日本や韓国がそれを支持したときに、東アジア共同体への動きがもっとも活発化したという経緯は、その点を物語っている。

　近年、ASEAN諸国の外交が内政の不安定などで低迷し、日本が中国の台頭への危惧から、地域主義外交からやや後退し、伝統的な同盟や勢力均衡的な発想に回帰する傾向を示していることで、東アジア共同体構築へのモメンタムも低下している。米中をはじめ、地域への影響力をめぐる競争が高まる中で、ASEANを中心に日本や韓国など域内国がいかに連携を深めるかが問われている。

　第二に、「東アジア共同体」の理念と「開かれた地域主義」の現実とのギャップをいかに埋めるかという点である。東アジアは、それぞれ置かれた状況によって、域内諸国の安全保障や経済上の利害が大きく異なることが特徴となっている。東アジアという地理的・歴史的な共通性を有しつつも、安全保障や経済の面で、米国や欧米市場への依存の度合いにはかなりの落差がある。そのため、ASEANや日本、韓国などは「東アジア」という理念を追求しながらも、「開かれた地域主義」を標榜してきた。

米中の対立を背景に、「ユーラシア」と「インド太平洋」がせめぎ合うなかで、「東アジア」の地域性を維持し、強化するためには、米中を含む重層的な地域枠組みを並行して進めるしかないであろう。つまり、様々な枠組みを重ね合わせて、全体的にバランスを取る、という発想である。戦後ヨーロッパも地域統合を進める中で、同じような経路をたどったといえる。ソ連の軍事的脅威に対処するため、西欧諸国は米国を組み入れたNATOを創設して自らの安全保障を確保するとともに、米国を含まない欧州共同体づくりを段階的に進め、その二つの枠組みを重ね合わせ、場合によっては使い分けることで、自らの政治、安全保障、経済の利益を総合的に確保してきた。東アジアにおいても、ASEANプラス3を中心に据えつつ、地域の諸問題に対処する多様なガバナンスのメカニズムを模索する動きが続くであろう。

【参考文献】
1. 進藤栄一（2013）『アジア力の世紀――どう生き抜くのか』岩波書店
2. 田中明彦（2007）『アジアのなかの日本』NTT出版
3. フリードマン，トーマス（2008）『フラット化する世界』上・下（増補改訂版）日本経済新聞出版社
4. 李鍾元（2012）「東アジア共同体と朝鮮半島」山本吉宣・羽場久美子・押村高編『国際政治から考える東アジア共同体』ミネルヴァ書房
5. 李鍾元（2015）「冷戦後の国際秩序と日本――東アジアの地域形成と日本外交を中心に」『岩波講座・日本歴史』第19巻（近現代5）岩波書店
6. Abe, Shinzo (2012) "Asia's Democratic Security Diamond," *Project Syndicate*, Dec 27, 2012.
7. Hettne, Börn *et al.* eds. (1999) *Globalism and the New Regionalism*, London: Macmillan.
8. Kim, Hyung Jong, and Lee, Ponh Ping (2017) "China and the Network of East Asian Think Tanks: Socializing China into an East Asian Community?" *Asian Survey*, Vol. 57, No. 3.
9. Patrick, Stewart (2013) "The Evolving Structure of World Politics, 1991-2011," in Geir Lundestad ed. *International Relations Since the End of the Cold War: New and Old Dimensions*, Oxford: Oxford University Press.
10. Wallace, Helen (2002) "Europeanization and Globalization: Complementary or Contradictory Trends?" in Shaun Breslin et al. eds. *New Regionalisms in the Global Political Economy: Theories and Cases*, Abingdon: Routledge.

【関係重要資料】
1. 東アジアビジョングループ（EAVG）報告書（2001年11月）
   http://www.asean.org/storage/images/archive/pdf/east_asia_vision.pdf
2. 東アジアスタディグループ（EASG）最終報告書（2002年11月）
   https://www.mofa.go.jp/region/asia-paci/asean/pmv0211/report.pdf
3. 第2期東アジアビジョングループ（EAVGⅡ）報告書（2012年11月）
   http://www.mfa.go.th/asean/contents/files/asean-media-center-20130312-112418-758604.pdf

資料編

米朝首脳会談で共同声明に署名する北朝鮮の金正恩朝鮮労働党委員長(左)とトランプ米大統領=2018年6月12日、シンガポール(ロイター=共同)

【資料1】　　核兵器禁止条約　（2017年7月7日採択）
【資料2】　　シンガポール米朝共同声明　（2018年6月12日）
【資料3】　　9月平壌共同宣言　（ハングル、2018年9月19日）
【資料3-1】　9月平壌共同宣言　（日本語訳、2018年9月19日）
【資料4】　　ガリ国連事務総長「平和への課題」
【資料5】　　CSCEパリ首脳会議宣言　（パリ憲章）

【資料１】核兵器禁止条約（2017年7月7日採択）

核兵器禁止条約

【前文】

　本条約の締約国は、国連憲章の目的と原則の実現に貢献することを決意。

　核兵器の使用によって引き起こされる破局的な人道上の結末を深く懸念し、そのような兵器全廃の重大な必要性を認識、全廃こそがいかなる状況においても核兵器が二度と使われないことを保証する唯一の方法である。

　偶発や誤算あるいは意図に基づく核兵器の爆発を含め、核兵器が存在し続けることで生じる危険性に留意。これらの危険性は全人類の安全保障に関わり、全ての国が核兵器の使用防止に向けた責任を共有していることを強調。

　核兵器の破局的な結果には十分に対処できない上、国境を越え、人類の生存や環境、社会経済の開発、地球規模の経済、食料安全保障および現在と将来世代の健康に対する深刻な関連性を示し、ならびに電離放射線の結果を含めた母体や少女に対する不釣り合いな影響を認識。

　核軍縮ならびに核兵器なき世界の実現および維持の緊急性に対する倫理的責務を認識し、これは国家および集団的な安全保障の利益にかなう最高次元での地球規模の公共の利益である。

　核兵器の使用による被害者（ヒバクシャ）ならびに核兵器の実験によって影響を受けた人々に引き起こされる受け入れ難い苦痛と危害に留意。

　核兵器に関わる活動で先住民に対する不釣り合いに大きな影響を認識。

　全ての国は国際人道法や国際人権法を含め、適用される国際法を常に順守する必要性があることを再確認。

　国際人道法の原則や規則を基礎とし、とりわけ武装紛争の当事者が戦時において取り得る方法や手段の権利は無制限ではないという原則、区別の規則、無差別攻撃の禁止、均衡の規則、攻撃の予防措置、過度な負傷や不要な苦痛を引

き起こす兵器使用の禁止、自然保護の規則。

　いかなる核兵器の使用も武力紛争に適用される国際法の規則、とりわけ人道法の原則と規則に反していることを考慮。

　いかなる核兵器の使用も人間性の原則や公共の良心の指図に反することを考慮。

　各国は国連憲章に基づき、国際関係においていかなる国の領土の一体性や政治的独立、あるいはその他の国連の目的にそぐわない形での武力による威嚇や使用を抑制すべき点を想起し、さらに国際平和と安全の確立と維持は世界の人的、経済的資源を極力軍備に回さないことで促進される点を想起。

　1946年1月24日に採択された国連総会の最初の決議ならびに核兵器の廃棄を求めるその後の決議を想起。

　核軍縮の遅い歩みに加え、軍事や安全保障上の概念や教義、政策における核兵器への継続的依存、ならびに核兵器の生産や維持、現代化の計画に対する経済的、人的資源の浪費を懸念。

　核兵器について後戻りせず、検証可能で透明性のある廃棄を含め、核兵器の法的拘束力を持った禁止は核兵器なき世界の実現と維持に向けて重要な貢献となる点を認識し、その実現に向けて行動することを決意。

　厳密かつ効果的な国際管理の下、総合的かつ完全な軍縮に向けた効果的な進展の実現を視野に行動することを決意。

　厳密かつ効果的な国際管理の下での核軍縮のための交渉を誠実に追求し、結論を出す義務があることを再確認。

　核軍縮と不拡散体制の礎石である核拡散防止条約の完全かつ効果的な履行は国際平和と安全を促進する上で極めて重要な役割を有する点を再確認。

　核軍縮と不拡散体制の核心的要素として、包括的核実験禁止条約とその検証体制の不可欠な重要性を再確認。

　国際的に認知されている非核地帯は関係する国々の間における自由な取り決めを基に創設され、地球規模および地域の平和と安全を強化している点、ならびに核不拡散体制を強化し、さらに核軍縮の目標実現に向け貢献している点を再確認。

本条約は、締約諸国が一切の差別なく平和目的での核エネルギーの研究と生産、使用を進めるという譲れない権利に悪影響を及ぼすとは解釈されないことを強調。

　平等かつ完全で効果的な女性と男性双方の参加は持続性ある平和と安全の促進・達成の重要な要素であり、核軍縮における女性の効果的な参加の支持と強化に取り組むことを再確認。

　あらゆる側面における平和と軍縮教育、ならびに現代および将来世代における核兵器の危険性と結果を認知する重要性を認識し、さらに本条約の原則と規範の普及に向けて取り組む。

　核兵器廃絶への呼び掛けでも明らかなように人間性の原則の推進における公共の良心の役割を強調し、国連や赤十字国際委員会、その他の国際・地域の機構、非政府組織、宗教指導者、国会議員、学界ならびにヒバクシャによる目標達成への努力を認識。

　以下のように合意。

【本文】
第1条（禁止）
　一、締約国はいかなる状況においても以下を実施しない。
　（a）核兵器あるいはその他の核爆発装置の開発、実験、製造、生産、あるいは獲得、保有、貯蔵。
　（b）直接、間接を問わず核兵器およびその他の核爆発装置の移譲、あるいはそうした兵器の管理の移譲。
　（c）直接、間接を問わず、核兵器あるいはその他の核爆発装置、もしくはそれらの管理の移譲受け入れ。
　（d）核兵器もしくはその他の核爆発装置の使用、あるいは使用するとの威嚇。
　（e）本条約で締約国に禁じている活動に関与するため、誰かを支援、奨励、勧誘すること。
　（f）本条約で締約国に禁じている活動に関与するため、誰かに支援を要請し、受け入れること。

（g）領内あるいは管轄・支配が及ぶ場所において、核兵器やその他の核爆発装置の配備、導入、展開の容認。

▽第2条（申告）
一、締約各国は本条約が発効してから30日以内に国連事務総長に対し以下の申告を提出。
（a）本条約の発効前に核兵器あるいは核爆発装置を所有、保有、管理していたかどうかや、核兵器計画については核兵器関連の全ての施設を廃棄もしくは後戻りしない形で転換したかどうかを含めた廃棄の申告。
（b）第1条（a）にもかかわらず、核兵器もしくは核爆発装置を所有、保有、管理していたかどうかの申告。
（c）第1条（g）にもかかわらず、領内やその他の管轄・支配している場所において、他国が所有、保有、管理する核兵器やその他の核爆発装置があるかどうかの申告。
二、国連事務総長は受領した全ての申告を締約諸国に送付。

▽第3条（保障措置）
一、第4条の一項、二項に当てはまらない各締約国は最低限でも、将来採択される可能性がある追加の関連文書にかかわらず、本条約が発効した段階で国際原子力機関の保障措置上の義務を守る。
二、第4条の一項、二項に当てはまらず、国際原子力機関と包括的保障措置協定を締結していない締約国は、包括的保障措置協定について合意し、発効させる。協定の交渉はその締約国について本条約が発効してから180日以内に開始。協定はその締約国の本条約発効から18カ月以内に発効。それゆえ各締約国は将来において採択される可能性がある追加の関連文書にかかわらず、義務を守る。

▽第4条（核兵器の全廃に向けて）
一、2017年7月7日以降に核兵器もしくは核爆発装置を所有、保有、管理し、

また本条約の発効前に全ての核兵器関連施設の廃棄もしくは後戻りしない形での転換を含め核兵器計画を廃棄した締約国は、核兵器計画が後戻りしない形で廃棄されたことを検証する目的のため、第4条の六項で指定する法的権限のある国際機関と協力。その機関は締約諸国に報告。そうした締約国は申告済みの核物質が平和的な核活動から転用されていないことやその国全体で未申告の核物質・核活動がないことについて信頼に足る確証を与えるため、国際原子力機関と保障措置協定を締結。協定の交渉はその締約国について本条約が発効してから180日以内に開始。協定はその締約国の本条約発効から18カ月以内に発効。それゆえ各締約国は将来において採択される可能性がある追加の関連文書にかかわらず、これら保障措置の義務を守る。

　二、第1条（a）にもかかわらず、核兵器やその他の核爆発装置を所有、保有、管理する締約国は、それらを直ちに核兵器システムの稼働状態から取り外し、破壊する。これは、全ての核兵器関連施設の廃棄もしくは後戻りしない形での転換を含め、検証可能かつ後戻りしない形での核兵器計画廃棄のため、法的拘束力があり時間を区切った計画に沿ってできるだけ速やかに、ただ締約諸国の最初の会議で決めた締め切りより遅れてはいけない。その締約国は本条約がその国で発効してから60日以内に、本計画を締約諸国や締約諸国が指定した法的権限のある国際機関に提出。本計画は法的権限のある国際機関と協議される。国際機関は手続き規則に従って承認を得るため、その後の締約国会議か再検討会議かいずれか早い方に本計画を提出。

　三、上記二項に当てはまる締約国は、申告済みの核物質が平和的な核活動から転用されていないことやその国全体で未申告の核物質・核活動がないことについて信頼に足る確証を与えるため、国際原子力機関と保障措置協定を締結。協定の交渉は二項で言及した本計画の履行が完了する日までに開始。協定は交渉開始から18カ月以内に発効。それゆえ締約国は最低限、将来において採択される可能性がある追加の関連文書にかかわらず、これら保障措置の義務を守る。三項で言及された協定の発効後、その締約国は国連事務総長に第4条での義務を遂行したとの申告を提出。

　四、第1条（b）（g）にもかかわらず、領内やその他の管轄・支配してい

る場所において、他国が所有、保有、管理する核兵器やその他の核爆発装置がある締約国は、それら兵器についてできるだけ速やかに、ただ締約国の最初の会議で決めた締め切りより遅れることなく、迅速な撤去を確実にする。そうした兵器と爆発装置の撤去に関し、締約国は国連事務総長に第4条の義務を遂行したとの申告を提出。

　五、第4条が当てはまる締約国は、第4条での義務履行を遂行するまで、締約国会議と再検討会議に進展状況の報告書を提出。

　六、締約諸国は核兵器計画の後戻りしない形での廃棄のための交渉と検証のため、法的権限のある国際機関を指定。検証には第4条の一項、二項、三項に従って、全ての核兵器関連施設の廃棄や後戻りしない形での転換を含む。第4条の一項、二項が当てはまる締約国に対する本条約の発効前に上記の指定が済んでいない場合、国連事務総長は必要な決定のため締約国の特別な会議を開催。

▽**第5条（国家の履行）**

　一、締約国は本条約の義務履行のために必要な措置を導入する。

　二、締約各国は、個人またはその管轄・支配にある区域で行われる本条約の禁止行為を防止し抑制するため、刑事罰の強制を含め、全ての適切な法律上、行政上あるいはそれ以外の措置を導入。

▽**第6条（被害者支援と環境改善）**

　一、締約各国は、核兵器の使用や実験に伴って悪影響を受けた管轄下の個人に関し、国際人道・人権法に従って、医療ケアやリハビリ、心理的な支援を含め、年齢や性別に適した支援を十分に提供。社会的、経済的な面についても同様。

　二、締約国は管轄・支配下の地域が核兵器の実験や使用に関連する活動の結果、汚染された場合、汚染地域の環境改善に向け必要かつ適当な措置を受け取る。

　三、上記一項、二項の義務は国際法や2国間の取り決めの下で負う他の国の責務や義務には関係しない。

▽**第7条（国際協力と支援）**

一、締約各国は本条約の履行を促進するため、他の締約国と協力。

二、本条約の義務を履行するに当たり、締約各国は他の締約国から、それが実行可能なら支援を求め、受け取る権利がある。

三、それが可能な締約国は、本条約の履行促進のため、核兵器の使用や実験で悪影響を受けた締約国に技術的、物質的、財政的な支援を与える。

四、それが可能な締約国は核兵器その他の爆発装置の使用と実験に伴う被害者に対する支援を与える。

五、第7条の下での支援は、とりわけ国連機構、国際あるいは地域、各国の機構や機関、非政府の機構や機関、赤十字国際委員会、国際赤十字・赤新月社連盟、各国の赤十字・赤新月社、または2国間の枠組みで提供される。

六、国際法でのその他の責務や義務にかかわりなく、核兵器やその他の核爆発装置を使用、実験した締約国は、被害者の支援と環境改善の目的のため、被害に遭った締約国に十分な支援を提供する責任を有する。

▽第8条（締約国会議）

一、締約国は、関連の規定に従い本条約の適用や履行、核軍縮のさらなる措置において、検討や必要であれば決定のため、定期的に会合する。これには以下を含む。

（a）本条約の履行と締約の状況。

（b）本条約の追加議定書を含め、核兵器計画の検証可能で時間を区切った後戻りしない廃棄のための措置。

（c）本条約に準拠し、一致したその他の事項。

二、最初の締約国会議は本条約が発効してから1年以内に国連事務総長によって開かれる。その後の締約国会議は、締約諸国による別の合意がない限り、国連事務総長によって2年ごとに開かれる。締約国会議は最初の会議で手続き規則を採択。採択までの間は、核兵器を禁止するため法的拘束力のある文書を交渉する国連会議における手続き規則を適用。

三、特別な締約国会議は必要と見なされる場合、締約国全体の少なくとも3分の1の支持がある締約国の書面要請に基づき、国連事務総長が開催する。

四、本条約が発効して5年の時点で、締約国会議は本条約の運用および本条約の目的達成の進展状況を再検討するため会議を開く。国連事務総長は、締約諸国による別の同意がない限り、その後の同じ目的のための再検討会議を6年ごと開催。

　五、本条約の非締約国ならびに国連システムの関連機関、その他の関連国際機構と機関、地域機構、赤十字国際委員会、国際赤十字・赤新月社連盟、関連の非政府組織は締約国会議や再検討会議にオブザーバーとして招待される。

▽第9条（費用）
　一、締約国会議と再検討会議、特別会議の費用は、適宜調整した国連の分担率に従い、締約国および会議にオブザーバーとして参加する非締約国によって負担する。

　二、本条約の第2条の下での申告、第4条の下での報告、第10条の下での改正の通知のために国連事務総長が負う費用は適宜調整した国連分担率に応じて締約国が負う。

　三、第4条の下で求められる検証措置の履行や、核兵器その他の核爆発装置の廃棄、さらに全ての核兵器関連施設の廃棄と転換を含めた核兵器計画の廃棄にかかる費用は、当該の締約国が負う。

▽第10条（改正）
　一、締約国は本条約の発効後いつでも改正を提案できる。国連事務総長は提案文書の通知を受け、全締約国に配布し、提案を検討するかどうかの見解を求める。仮に締約国の多数が、提案の配布から90日以内に国連事務総長に対し、提案のさらなる検討を支持する旨を示せば、提案は次に開かれる締約国会議か再検討会議のいずれか早い方で検討される。

　二、締約国会議と再検討会議は締約国の3分の2の多数が賛成票を投じることで採択される改正に合意する。寄託者は採択された改正を全ての締約国に通知する。

　三、改正は、改正事項の批准文書を寄託したそれぞれの締約国に対し、採択

時点での締約国の過半数が批准文書を寄託してから90日後に発効する。その他の締約国は改正の批准文書の寄託から90日後の段階で発効する。

▽第11条（紛争解決）
一、本条約の解釈や適用に関し締約国の2カ国間以上で紛争が生じた場合、関係国は交渉や、国連憲章33条に従って締約国の選択によるその他の平和的な手段を通じ、紛争を解決するために協議。

二、締約国会議は紛争の解決に向け貢献できる。本条約や国連憲章の関連規定に従い、あっせんの提示、関係国が選択する解決に向けた手続きの開始要請や、合意手続きの期限設定の勧告を含む。

▽第12条（普遍性）
締約国は本条約の非締約国に対し、全ての国の普遍的な支持という目標に向け条約の批准、受諾、承認、加盟を促す。

▽第13条（署名）
本条約はニューヨークの国連本部で2017年9月20日、全ての国の署名を受け付ける。

▽第14条（批准、受諾、承認、加盟）
本条約は署名国による批准、受諾、承認を必要とする。本条約は加盟を受け付ける。

▽第15条（発効）
一、本条約は50カ国が批准、受諾、承認、加盟の文書を寄託してから90日後に発効する。

二、50カ国の寄託が終わった後に批准、受諾、承認、加盟の文書を寄託した国については、その国の寄託から90日後に本条約が発効する。

▽第 16 条（留保）
本条約の条文は留保を受け付けない。

▽第 17 条（期間と脱退）
一、本条約は無期限。
二、締約各国は本条約に関連した事項が最高度の国益を損なうような特別の事態が発生したと判断した場合、国家主権を行使しながら、本条約脱退の権利を有する。寄託者に対し脱退を通告する。上記の通告には最高度の国益が脅かされると見なす特別な事態に関する声明を含める。
三、上記の脱退は寄託者が通告を受け取ってから 12 カ月後にのみ効力を発する。しかしながら仮に 12 カ月の満了時点で、脱退しようとしている国が武力紛争に関わっている場合、その締約国は武力紛争が終結するまで、本条約および付属議定書の義務を負う。

▽第 18 条（別の合意との関係）
本条約の履行は本条約と一致した義務であれば、締約国が加わる既存の国際合意に関して取る義務に影響を与えない。

▽第 19 条（寄託者）
国連事務総長は本条約の寄託者である。

▽第 20 条（真正の文面）
本条約はアラビア語、中国語、英語、フランス語、ロシア語、スペイン語の文面が等しく真正である。

（共同通信）

【資料２】シンガポール米朝共同声明（2018 年 6 月 12 日）

Joint Statement of President Donald J. Trump of the United States of America and Chairman Kim Jong Un of the Democratic People's Republic of Korea at the Singapore Summit

Issued on: June 12, 2018

President Donald J. Trump of the United States of America and Chairman Kim Jong Un of the State Affairs Commission of the Democratic People's Republic of Korea (DPRK) held a first, historic summit in Singapore on June 12, 2018.

President Trump and Chairman Kim Jong Un conducted a comprehensive, in-depth, and sincere exchange of opinions on the issues related to the establishment of new U.S.–DPRK relations and the building of a lasting and robust peace regime on the Korean Peninsula. President Trump committed to provide security guarantees to the DPRK, and Chairman Kim Jong Un reaffirmed his firm and unwavering commitment to complete denuclearization of the Korean Peninsula.

Convinced that the establishment of new U.S.–DPRK relations will contribute to the peace and prosperity of the Korean Peninsula and of the world, and recognizing that mutual confidence building can promote the denuclearization of the Korean Peninsula, President Trump and Chairman Kim Jong Un state the following:

1. The United States and the DPRK commit to establish new U.S.–DPRK relations in accordance with the desire of the peoples of the two countries for peace and prosperity.
2. The United States and the DPRK will join their efforts to build a lasting and stable peace regime on the Korean Peninsula.
3. Reaffirming the April 27, 2018 Panmunjom Declaration, the DPRK commits to work toward complete denuclearization of the Korean Peninsula.
4. The United States and the DPRK commit to recovering POW/MIA remains, including the immediate repatriation of those already identified.

Having acknowledged that the U.S.–DPRK summit—the first in history—was an epochal event of great significance in overcoming decades of tensions and hostilities between the two countries and for the opening up of a new future, President Trump and Chairman Kim Jong Un commit to implement the stipulations in this joint statement fully and expeditiously. The United States and the DPRK commit to hold follow-on negotiations, led by the U.S. Secretary of State, Mike Pompeo, and a relevant high-level DPRK official, at the earliest possible date, to implement the outcomes of the U.S.–DPRK summit.

President Donald J. Trump of the United States of America and Chairman Kim Jong Un of the State Affairs Commission of the Democratic People's Republic of Korea have committed to cooperate for the development of new U.S.–DPRK relations and for the promotion of peace, prosperity, and security of the Korean Peninsula and of the world.

DONALD J. TRUMP
President of the United States of America

KIM JONG UN
Chairman of the State Affairs Commission of the Democratic People's Republic of Korea

June 12, 2018
Sentosa Island
Singapore

出典：
https://www.whitehouse.gov/briefings-statements/joint-statement-president-donald-j-trump-united-states-america-chairman-kim-jong-un-democratic-peoples-republic-korea-singapore-summit/（last visited, 3 October 2018）.

【資料3】9月平壤共同宣言（ハングル、2018年9月19日）

9월 평양공동선언

대한민국 문재인 대통령과 조선민주주의인민공화국 김정은 국무위원장은 2018년 9월 18일부터 20일까지 평양에서 남북정상회담을 진행하였다.

양 정상은 역사적인 판문점선언 이후 남북 당국간 긴밀한 대화와 소통, 다방면적 민간교류와 협력이 진행되고, 군사적 긴장완화를 위한 획기적인 조치들이 취해지는 등 훌륭한 성과들이 있었다고 평가하였다.

양 정상은 민족자주와 민족자결의 원칙을 재확인하고, 남북관계를 민족적 화해와 협력, 확고한 평화와 공동번영을 위해 일관되고 지속적으로 발전시켜 나가기로 하였으며, 현재의 남북관계 발전을 통일로 이어갈 것을 바라는 온 겨레의 지향과 여망을 정책적으로 실현하기 위하여 노력해 나가기로 하였다.

양 정상은 판문점선언을 철저히 이행하여 남북관계를 새로운 높은 단계로 진전시켜 나가기 위한 제반 문제들과 실천적 대책들을 허심탄회 하고 심도있게 논의하였으며, 이번 평양정상회담이 중요한 역사적 전기가 될 것이라는 데 인식을 같이 하고 다음과 같이 선언하였다.

1. 남과 북은 비무장지대를 비롯한 대치지역에서의 군사적 적대관계 종식을 한반도 전 지역에서의 실질적인 전쟁위험 제거와 근본적인 적대관계 해소로 이어나가기로 하였다.

① 남과 북은 이번 평양정상회담을 계기로 체결한 「판문점선언 군사분야 이행합의서를」 평양공동선언의 부속합의서로 채택하고 이를 철저히 준수하고 성실히 이

행하며, 한반도를 항구적인 평화지대로 만들기 위한 실천적 조치들을 적극 취해나가기로 하였다.

② 남과 북은 남북군사공동위원회를 조속히 가동하여 군사분야 합의서의 이행실태를 점검하고 우발적 무력충돌 방지를 위한 상시적 소통과 긴밀한 협의를 진행하기로 하였다.

2. 남과 북은 상호호혜와 공리공영의 바탕위에서 교류와 협력을 더욱 증대시키고, 민족경제를 균형적으로 발전시키기 위한 실질적인 대책들을 강구해나가기로 하였다.

① 남과 북은 금년내 동, 서해선 철도 및 도로 연결을 위한 착공식을 갖기로 하였다.

② 남과 북은 조건이 마련되는 데 따라 개성공단과 금강산관광 사업을 우선 정상화하고, 서해경제공동특구 및 동해관광공동특구를 조성하는 문제를 협의해나가기로 하였다.

③ 남과 북은 자연생태계의 보호 및 복원을 위한 남북 환경협력을 적극 추진하기로 하였으며, 우선적으로 현재 진행 중인 산림분야 협력의 실천적 성과를 위해 노력하기로 하였다.

④ 남과 북은 전염성 질병의 유입 및 확산 방지를 위한 긴급조치를 비롯한 방역 및 보건·의료 분야의 협력을 강화하기로 하였다.

3. 남과 북은 이산가족 문제를 근본적으로 해결하기 위한 인도적 협력을 더욱 강화해나가기로 하였다.

① 남과 북은 금강산 지역의 이산가족 상설면회소를 빠른 시일내 개소하기로 하

였으며, 이를 위해 면회소 시설을 조속히 복구하기로 하였다.

② 남과 북은 적십자 회담을 통해 이산가족의 화상상봉과 영상편지 교환 문제를 우선적으로 해결해나가기로 하였다.

4. 남과 북은 화해와 단합의 분위기를 고조시키고 우리 민족의 기개를 내외에 과시하기 위해 다양한 분야의 협력과 교류를 적극 추진하기로 하였다.

① 남과 북은 문화 및 예술분야의 교류를 더욱 증진시켜 나가기로 하였으며, 우선적으로 10월 중에 평양예술단의 서울공연을 진행하기로 하였다.

② 남과 북은 2020년 하계올림픽경기대회를 비롯한 국제경기들에 공동으로 적극 진출하며, 2032년 하계올림픽의 남북공동개최를 유치하는 데 협력하기로 하였다.

③ 남과 북은 10.4 선언 11주년을 뜻깊게 기념하기 위한 행사들을 의의있게 개최하며, 3.1 운동 100주년을 남북이 공동으로 기념하기로 하고, 그를 위한 실무적인 방안을 협의해나가기로 하였다.

5. 남과 북은 한반도를 핵무기와 핵위협이 없는 평화의 터전으로 만들어 나가야 하며 이를 위해 필요한 실질적인 진전을 조속히 이루어나가야 한다는 데 인식을 같이 하였다.

① 북측은 동창리 엔진시험장과 미사일 발사대를 유관국 전문가들의 참관 하에 우선 영구적으로 폐기하기로 하였다.

② 북측은 미국이 6.12 북미공동성명의 정신에 따라 상응조치를 취하면 영변 핵시설의 영구적 폐기와 같은 추가적인 조치를 계속 취해나갈 용의가 있음을 표명하였다.

③ 남과 북은 한반도의 완전한 비핵화를 추진해나가는 과정에서 함께 긴밀히 협력해나가기로 하였다.

6. 김정은 국무위원장은 문재인 대통령의 초청에 따라 가까운 시일 내로 서울을 방문하기로 하였다.

2018년 9월 19일

대한민국	조선민주주의인민공화국
대통령	국무위원장
문재인	김정은

【資料 3-1】9 月平壌共同宣言（2018 年 9 月 19 日）

9 月平壌共同宣言

　朝鮮民主主義人民共和国の金正恩国務委員長と大韓民国の文在寅大統領は、2018 年 9 月 18 日から 20 日まで平壌で北南首脳会談を行った。

　両首脳は、歴史的な板門店宣言後、北南当局間の緊密な対話と協議、多方面な民間交流と協力が行われ、軍事的緊張緩和のための画期的な措置が取られるなど、立派な成果が収められたと評価した。

　両首脳は、民族自主と民族自決の原則を再確認し、北南関係を民族の和解と協力、確固たる平和と共同繁栄のために一貫して持続的に発展させていくことにし、現在の北南関係の発展を統一につなげていくことを願う全ての同胞の志向と念願を政策的に実現するために努力していくことにした。

　両首脳は、板門店宣言を徹底的に履行し、北南関係を新たな高い段階に前進させていくための諸般の問題と実践的な対策を虚心坦懐に深く議論し、今回の平壌首脳会談が重要な歴史的な転機になるものとの認識を同じくし、次のように宣言した。

1. 北と南は、非武装地帯をはじめ対峙地域での軍事的な敵対関係の終息を朝鮮半島の全地域での実質的な戦争の危険除去と根本的な敵対関係の解消につなげていくことにした。

　①北と南は今回の平壌首脳会談を契機に締結した「板門店宣言軍事分野履行合意書」を平壌共同宣言の付属合意書として採択し、これを徹底的に遵守して

誠実に履行するとともに、朝鮮半島を恒久的な平和地帯にするための実践的な措置を積極的に講じていくことにした。

　②北と南は北南軍事共同委員会を速やかに稼動させて軍事分野合意書の履行の実態を点検し、偶発的な武力衝突防止のための恒常的な連携と協議を行うことにした。

　2．北と南は、互恵と共利・共栄の原則に基づいて交流と協力をさらに増大させ、民族経済を均衡的に発展させるための実質的な対策を講じていくことにした。

　①北と南は、今年中に東・西海線鉄道および道路連結と現代化のための着工式を行うことにした。

　②北と南は、条件が整い次第、開城工業地区と金剛山観光事業をまず正常化し、西海経済共同特区および東海観光共同特区を造成する問題を協議していくことにした。

　③北と南は、自然生態系の保護および復元のための北南環境協力を積極的に推し進めることにし、優先的に現在進行中の山林分野協力の実践的成果のために努力することにした。

　④北と南は、伝染性疾病の流入および流行防止のための緊急措置をはじめ、防疫および保健医療分野の協力を強化することにした。

　3．北と南は離散家族・親せき問題を根本的に解決するための人道的な協力をいっそう強化していくことにした。

　①北と南は、金剛山地域の離散家族・親せき常設面会所を早期に開所するこ

とにし、このために面会所の施設を速やかに復旧することにした。

　②北と南は、赤十字会談を通じて離散家族・親せきのテレビ面会とビデオレターを交換する問題を優先的に協議、解決していくことにした。

　4．北と南は和解と団結の雰囲気を盛り上げ、わが民族の気概を内外に誇示するために多様な分野の協力と交流を積極的に推進していくことにした。

　①北と南は、文化および芸術分野の交流をさらに増進させていくことにし、まず初めに10月中に平壌芸術団のソウル公演を行うことにした。

　②北と南は、2020年夏季オリンピックをはじめとする国際大会に共同で積極的に進出し、32年夏季オリンピックの北南共同開催の誘致に協力することにした。

　③北と南は、10.4宣言発表11周年を意義深く記念する行事を有意義に開催し、3.1人民蜂起100周年を北南が共同で記念することにし、そのための実務的な方案を協議していくことにした。

　5．北と南は朝鮮半島を核兵器と核の脅威のない平和の地にしていくべきであり、このために必要な実質的な進展を速やかに遂げなければならないという認識を共にした。

　①北側は、東倉里エンジン試験場とロケット発射台を関係国専門家たちの立ち会いの下に、永久的に廃棄することにした。

　②北側は、米国が6.12朝米共同声明の精神に従って相応の措置を取れば、寧辺核施設の永久的な廃棄のような追加措置を引き続き講じていく用意があることを表明した。

③北と南は、朝鮮半島の完全な非核化を推進していく過程で共に緊密に協力していくことにした。

6．金正恩国務委員長は文在寅大統領の招請により、近い時期にソウルを訪問することにした。

2018年9月19日

大韓民国	朝鮮民主主義人民共和国
大統領	国務委員会　委員長
文在寅	金正恩

（出典：朝鮮新報）

【資料4】 ガリ国連事務総長「平和への課題」

Boutros Boutros-Ghali (1992) *An Agenda for Peace: Preventive Diplomacy, Peacemaking and Peace-Keeping,* United Nations, 抜粋（特に、14節、15節、16節、17節）。

・・・・・

14. Since the creation of the United Nations in 1945, over 100 major conflicts around the world have left some 20 million dead. The United Nations was rendered powerless to deal with many of these crises because of the vetoes - 279 of them - cast in the Security Council, which were a vivid expression of the divisions of that period.

15. With the end of the cold war there have been no such vetoes since 31 May 1990, and demands on the United Nations have surged. Its security arm, once disabled by circumstances it was not created or equipped to control, has emerged as a central instrument for the prevention and resolution of conflicts and for the preservation of peace. Our aims must be:

- To seek to identify at the earliest possible stage situations that could produce conflict, and to try through diplomacy to remove the sources of danger before violence results;
- Where conflict erupts, to engage in peacemaking aimed at resolving the issues that have led to conflict;
- Through peace-keeping, to work to preserve peace, however fragile, where fighting has been halted and to assist in implementing agreements achieved by the peacemakers;
- To stand ready to assist in peace-building in its differing contexts: rebuilding the institutions and infrastructures of nations torn by civil war and strife; and building bonds of peaceful mutual benefit among nations formerly at war;
- And in the largest sense, to address the deepest causes of conflict: economic despair, social injustice and political oppression.

It is possible to discern an increasingly common moral perception that spans the world's nations and peoples, and which is finding expression in international laws, many owing their genesis to the work of this Organization.

16. This wider mission for the world Organization will demand the concerted attention and effort of individual States, of regional and non-governmental organizations and of all of the United Nations system, with each of the principal organs functioning in the balance and harmony that the Charter requires. The Security Council has been assigned by all Member States the primary responsibility for the maintenance of international peace and security under the Charter. In its broadest sense this responsibility must be shared by the General Assembly and by all the functional elements of the world Organization. Each has a special and indispensable role to play in an integrated approach to human security. The Secretary-General's contribution rests on the pattern of trust and cooperation established between him and the deliberative organs of the United Nations.

17. The foundation-stone of this work is and must remain the State. Respect for its fundamental sovereignty and integrity are crucial to any common international progress. The time of absolute and exclusive sovereignty, however, has passed; its theory was never matched by reality. It is the task of leaders of States today to understand this and to find a balance between the needs of good internal governance and the requirements of an ever more interdependent world. Commerce, communications and environmental matters transcend administrative borders; but inside those borders is where individuals carry out the first order of their economic, political and social lives. The United Nations has not closed its door. Yet if every ethnic, religious or linguistic group claimed statehood, there would be no limit to fragmentation, and peace, security and economic well-being for all would become ever more difficult to achieve.

18. One requirement for solutions to these problems lies in commitment to human rights with a special sensitivity to those of minorities, whether ethnic, religious, social or linguistic. The League of Nations provided a machinery for the international protection of minorities. The General Assembly soon will have before it a declaration on the rights of minorities. That instrument, together with the increasingly effective machinery of the United Nations dealing with human

rights, should enhance the situation of minorities as well as the stability of States.

19. Globalism and nationalism need not be viewed as opposing trends, doomed to spur each other on to extremes of reaction. The healthy globalization of contemporary life requires in the first instance solid identities and fundamental freedoms. The sovereignty, territorial integrity and independence of States within the established international system, and the principle of self-determination for peoples, both of great value and importance, must not be permitted to work against each other in the period ahead. Respect for democratic principles at all levels of social existence is crucial: in communities, within States and within the community of States. Our constant duty should be to maintain the integrity of each while finding a balanced design for all.

出典：
http://www.un-documents.net/a47-277.htm, last visited, August 6, 2018.

【資料5】 CSCE パリ首脳会議宣言（パリ憲章）

Charter of Paris for a New Europe 抜粋（https://www.osce.org/mc/39516, last visited, last visited, 10 July 2018）。

A New Era of Democracy, Peace and Unity

We, the Heads of State or Government of the States participating in the Conference on Security and Cooperation in Europe, have assembled in Paris at a time of profound change and historic expectations. The era of confrontation and division of Europe has ended. We declare that henceforth our relations will be founded on respect and co-operation.

Europe is liberating itself from the legacy of the past. The courage of men and women, the strength of the will of the peoples and the power of the ideas of the Helsinki Final Act have opened a new era of democracy, peace and unity in Europe.

Ours is a time for fulfilling the hopes and expectations our peoples have cherished for decades: steadfast commitment to democracy based on human rights and fundamental freedoms; prosperity through economic liberty and social justice; and equal security for all our countries.

The Ten Principles of the Final Act will guide us towards this ambitious future, just as they have lighted our way towards better relations for the past fifteen years. Full implementation of all CSCE commitments must form the basis for the initiatives we are now taking to enable our nations to live in accordance with their aspirations.

Human Rights, Democracy and Rule of Law

We undertake to build, consolidate and strengthen democracy as the only system of government of our nations. In this endeavor, we will abide by the following:

Human rights and fundamental freedoms are the birthright of all human beings, are inalienable and are guaranteed by law. Their protection and promotion is the first responsibility of government. Respect for them is an essential safeguard against an over-mighty State. Their observance and full exercise are the foundation of freedom, justice and peace.

Democratic government is based on the will of the people, expressed regularly through free and fair elections. Democracy has as its foundation respect for the human person and the rule of law. Democracy is the best safeguard of freedom of expression, tolerance of all groups of society, and equality of opportunity for each person.

Democracy, with its representative and pluralist character, entails accountability to the electorate, the obligation of public authorities to comply with the law and justice administered impartially. No one will be above the law.

執筆者紹介（執筆順）

吉川　元（きっかわ げん）	広島市立大学　広島平和研究所所長	序論、第10章
水本和実（みずもとかずみ）	広島市立大学　広島平和研究所副所長	第1章
直野章子（なおのあきこ）	広島市立大学　広島平和研究所教授	第2章
永井　均（ながい ひとし）	広島市立大学　広島平和研究所教授	第3章
太田昌克（おおたまさかつ）	共同通信社編集委員	第4章、第5章
土屋豪志（つちやたけし）	共同通信社ウィーン支局長	第5章、第16章
孫　賢鎮（そん ひょんじん）	広島市立大学　広島平和研究所准教授	第6章、第11章
李　成賢（い すんひょん）	韓国世宗研究所研究員	第7章
福井康人（ふくいやすひと）	広島市立大学　広島平和研究所准教授	第8章
小玉原一郎（こだまげんいちろう）	共同通信社テヘラン支局長	第9章
岡田隆司（おかだたかし）	共同通信社原子力報道室次長	第9章
徐　顕芬（じょ けんふん）	広島市立大学　広島平和研究所准教授	第12章
和田真人（わだまさと）	共同通信社ニューデリー支局長	第13章
ナラヤナン・ガネサン	広島市立大学　広島平和研究所教授	第14章
上村　淳（かみむら じゅん）	共同通信社論説委員	第15章、第19章
西田竜也（にしだたつや）	広島市立大学　国際学部准教授	第17章
大西利尚（おおにしとしひさ）	共同通信社外信部次長	第18章
湯浅　剛（ゆあさ たけし）	広島市立大学　広島平和研究所教授	第20章
李　鍾元（り じょんうぉん）	早稲田大学　国際学術院教授	第21章
竹本真希子（たけもとまきこ）	広島市立大学　広島平和研究所准教授	索引、英文略語表

あとがき

　今、こうして「あとがき」を書きながらも希望と不安が交錯する。イギリスのEU離脱、米トランプ政権のパリ協定からの離脱とINF全廃条約の破棄声明、中国の軍事大国化と現状変革の動きなど、世界は再び一国主義と分断の時代へ後戻りしているかのようだ。それでなくとも平和の制度化が進まないアジアに、果たして平和と人間の安全を保障するような共同体構築の展望は開けるのだろうか。

　本書の企画は、2016年秋に遡る。東アジアの将来的な平和の制度化と非核化の実現に役立つ基盤研究書の上梓が喫緊の課題と感じ、広島平和研究所がアジア報道や核報道に実績のある共同通信社に共同事業を呼びかけたことに始まる。東アジアの国際政治に精通している韓国・世宗研究所の李成賢研究員、および早稲田大学の李鐘元教授にもご協力をお願いした。関係者が一丸となって研究を進める間、合同で研究発表会や編集会議を重ね、ついに刊行にこぎつけることができた。本書が、アジアの平和と核開発の背景を探求するものの見方を提供し、アジアの軍拡と危機の構造分析の一助となることを切に願う。

　本書の編集作業は、広島平和研究所の所員・職員の一致協力の下に進めてきた。特に竹本真希子准教授の並々ならぬ献身なくして本書が日の目を見ることはなかったであろう。ここに記して感謝の意を表したい。なお、本書は広島市立大学特定研究費（平成28年度、29年度）および2016年度サントリー文化財団の研究助成を受けた研究成果の一部である。

2018年11月11日

編集を代表して
広島平和研究所所長　吉川　元

事項索引

あ行

アグニV型ミサイル　110
アジア欧州会議（ASEM）　243, 259, 285, 286
アジア相互協力信頼醸成会議　8, 243, 244, 254
新しい地域主義　283
アラカン・ロヒンギャ救世軍（ARSA）　192
支付宝（アリペイ、Alipay）　169
アルカイダ　183, 185, 221
安全保障共同体　8, 134, 259, 261, 266, 289
安全保障の不可分性　138
イージス・アショア　58
イスラム防衛戦線（FPI）　194
一国家二体制　166
「一帯一路」　184, 197, 207, 244, 247, 273, 279, 290
移動型ミサイル発射台　87
イラク・シリア・イスラム国（ISIS）　197
インド・国際原子力機関（IAEA）原子力協力協定　109
インド人民党（BJP）　112, 176, 177, 180, 182, 185, 186
インド太平洋軍　292
「微信」（WeChat）　169
微信支付（WeChat Payment）　169
「ヴォストーク2018」（中ロ軍事演習）　279
ウクライナ危機　143, 269, 271, 272
ウラン235　23
ウラン238　23
ウラン濃縮　59, 66, 77, 116, 124～128, 214, 222
『永遠平和のために』（カント）　135
衛星監視　108
SCO-アフガニスタン・コンタクトグループ　271
欧州安全保障協力会議（CSCE）　137, 138, 147, 246, 285, 291, 322
欧州安全保障協力機構（OSCE）　135, 137～140, 243, 246, 247, 254, 276, 277, 291
欧州共同体（EC）　138, 244, 282
欧州社会憲章　283
欧州的国際政治システム　4
欧州連合（EU）　66, 125, 127, 138～141, 229, 244, 248, 250, 257, 259, 261, 265, 271, 282, 283, 285, 290, 293, 325
欧州連合基本権憲章　283
OSCE議員会議　139
オーストラリア・グループ（AG）　113

オバマ米大統領のプラハ演説　67, 75

か行

ガイドライン（日米の）　235
カイロ宣言　36
科学国際安全保障研究所（ISIS）　86
科学者京都会議　23
核拡散　41, 59, 73, 75, 78, 120, 128, 214, 223
核拡散防止条約（NPT）　26, 59, 60, 62, 65～67, 73～78, 83, 107, 111, 113, 114, 121, 123, 127, 185, 186, 274
核共有　57
拡大抑止　47, 48, 51, 57, 59, 60, 67, 70, 230, 237, 241
核実験　58, 65, 66, 76, 81, 83, 85, 88, 96, 107～109, 112, 115, 120, 121, 185, 208, 211, 230, 233, 237, 241
核心階層（北朝鮮）　156
核先制不使用　93, 101, 102
核態勢の見直し（NPR）　58～61, 69, 70, 72, 75, 79, 80, 101, 227
核能力の高度化　85
核の傘　8, 25, 47～60, 74, 118, 230, 234, 237
「核の闇市場」　108, 124, 186
核廃絶　7, 73, 223
核分裂　22, 67, 105, 108, 109, 113
核兵器禁止条約　7, 26, 48, 59, 67, 70, 73, 74, 77, 78, 80, 111
核兵器の非人道性　24, 25, 67, 70
核兵器廃絶国際キャンペーン（ICAN）　67, 73
核兵器廃絶の明確な約束　75
革命防衛隊（イラン）　216～218
核抑止　25, 47, 49, 51, 53, 54, 56, 58, 97, 99, 124, 230
カシミール地方　105, 181, 248, 249
火星15号　81, 87
カリフ制　183, 194
カルギル紛争　184
議会制民主主義　189, 213
北大西洋条約機構（NATO）　48, 49, 57, 68, 70, 72, 74, 140, 141, 252, 295
北朝鮮の非核化　74, 82, 89, 91, 95
基本階層（北朝鮮）　156
金日成-金正日主義　149
キャニスタ型　110
「強軍の夢」　102
協調的安全保障　291

事項索引

共通の安全保障　138, 291
共通・包括的安全保障　138, 144
「恐怖の均衡」　4, 6
グッドガバナンス　135, 137, 138, 140, 141
クラーク米空軍基地　234
クラスター弾条約　111
軍拡競争　3, 22, 59, 112, 134, 142, 186, 228
軍産複合体　4, 143
軍事グローバル化　3, 4, 142, 143
君主制　189, 191, 213, 218, 222
経済管理改善措置　151
原子爆弾傷害調査委員会（ABCC）　29
原子力供給国グループ（NSG）　107, 113～115
原子力の平和利用　73, 83, 108, 114
原水爆禁止運動（原水禁運動）　30, 32
原爆投下正当論　24～26
原爆投下責任　21, 41
原爆被害者運動　8, 28, 30, 33
原爆被害者の会　30～32
航空運行情報　110
航行の自由　229, 236, 237
小型核　69, 70, 86
国際原子力機関（IAEA）　65, 73, 76, 77, 90, 109, 123～127, 212, 302, 303
（国際）公共財　236, 237, 238
国際治安支援部隊（ISAF）　250
国内避難民　6, 192, 193
国防委員長（北朝鮮）　148, 150
国民保護法制　47
国民民主連盟（NLD）　189, 262
国務委員会　148～150
国連アフガニスタン支援団（UNAMA）　8, 244, 250～254
国連安全保障理事会（国連安保理）　125, 136, 159, 214
国連難民高等弁務官事務所（UNHCR）　197, 209
国連平和維持活動（PKO）　251～253
国連リベリア支援団（UNMIL）　253
『国家安全保障戦略』（米国の）　101
国家強化のジレンマ　5
国家統合　165, 166, 182
コンピューター模擬実験　108

さ 行

最高人民会議　148～150, 153
最小限抑止戦略　96, 97
査察（IAEA の）　65, 73, 76, 77, 82, 89, 90, 97, 120, 121, 124, 126, 127
シーア派　66, 123, 213～215, 217, 221, 223

CTBT 機関・準備委員会　111
ジェノサイド　5, 145
持続可能な安全保障　291
社会権規約　172
社会主義的家族体制　150
社会主義的人権　172
社会主義的民主主義　167
社会的ヨーロッパ　283
上海協力機構（SCO）　8, 146, 184, 228, 235, 238, 243, 247, 254, 255, 268～278, 280
上海ファイブ　270, 273
自由権規約　172
自由主義（陣営）　190, 230, 231
集団主義原則　152
自由で開かれたインド太平洋　184, 291
ジュネーブ軍縮会議（CD）　67, 105
ジュネーブ条約（1929 年）　35, 38
首領独裁体制　150
シンガポール米朝共同声明　57, 80～82
人権白書　153, 160, 171, 172
人身取引報告書（TIP）　194
新戦略兵器削減条約（新 START）　68, 69, 71
人道に対する罪　35, 38, 39, 42, 158, 159
人民解放軍　99, 164, 229, 279
人民政治協商制度　163, 164
人民代表大会制度　163, 164, 174
「新冷戦」　271
スービック米海軍基地　234
スンニ派　66, 124, 213, 214, 217, 219, 221～223
生活総和（北朝鮮の）　152
政治犯収容所　156
脆弱国家　5, 6, 134, 141, 142, 146
勢力均衡システム　3, 7, 134, 142, 143, 146
世界貿易機関（WTO）　4
尖閣諸島問題　6, 144
選挙監視活動　276, 277
全国停戦協定（NCA）　192
戦術核　52, 56, 68, 71, 112
戦陣訓　27
潜水艦発射弾道ミサイル（SLBM）　49, 52, 58, 68, 69, 71, 86, 87, 100
戦争責任裁判法　38
戦争の機械化　3, 4
戦争犯罪（戦争犯罪人、戦犯）　34～39, 41～45
『戦争論』　3
戦略核　52, 56, 57, 68～71, 102, 103, 112
戦略的援助　5, 137

327

た行

タータ基礎研究所（TIFR）　107
第1次朝鮮半島核危機　65
「第五福竜丸事件」（「ビキニ事件」）　28, 29, 32
対人地雷禁止条約　111
第2砲兵部隊　94, 96, 98, 99, 102
多様性の統一　190
大陸間弾道ミサイル（ICBM）　49, 52, 68, 71, 81, 86～88, 90, 92, 100, 110, 210
竹島（独島）問題　144
多党協力　165, 167
弾道弾迎撃ミサイル（ABM）制限条約　70
地域化　281, 285
地域主義　8, 281, 283～285, 294
地域統合　248～250, 267, 281～283, 287, 295
地域反テロ機構（RATS）　270, 275, 276
中央集権的計画経済体制　150, 151
中距離核戦力（INF）全廃条約　67
中ソ紛争　96
中ソ友好同盟条約　230
中東決議　76
朝鮮少年団　154
朝鮮人民軍最高司令官　148
朝鮮戦争　29, 49～51, 83, 91, 96, 133, 230
朝鮮労働党　57, 78, 81, 88, 148～151, 160, 266
追加議定書（IAEAの）　77, 109, 212
通例の戦争犯罪　35, 38, 39, 42
低出力核　108, 227
「テロとの闘い」　271
統一戦線協議制度　165
東京裁判　8, 34, 35, 38～45
党・国家・軍の三位一体体制　163, 164
東南アジア諸国連合（ASEAN）　8, 146, 189, 196, 197, 200, 208, 226, 228, 235, 243, 244, 248, 249, 256～267, 273, 281, 284～290, 292～295
特定通常兵器使用禁止制限条約　111
トライアッド（TRIAD）　49, 52, 57, 68

な行

内政不干渉　5, 137, 142, 146, 245, 257, 260, 261, 271, 273, 291
内戦　4～6, 74, 133, 134, 200, 202, 208, 209, 213, 214, 220, 248, 275
難民　6, 197, 209, 227, 253, 262
日米安全保障条約（日米安保条約）　47, 51, 53, 54, 230
日米核密約　51

日本原水爆被害者団体協議会（日本被団協）　21, 28, 32
日本製鋼所　114
ニュルンベルク裁判（国際軍事裁判）　36, 38, 39, 43～45
寧辺　65, 90
寧辺原子炉　83
人間の安全保障　4, 5, 8, 133, 134, 146, 157, 160, 162, 170, 185, 186, 188, 190, 191, 193, 194, 199, 207, 209, 212

は行

ハーグ条約（1899年、1907年）　35, 38
パキスタン・イスラム教徒連盟シャリフ派（PML（N））　176, 177, 182, 183
パキスタン原子力委員会　108
パキスタン人民党（PPP）　176, 177, 179, 183
パキスタン正義運動（PTI）　176, 177, 183, 184
パキスタンのタリバン運動（TTP）　183
覇権的国際秩序　4, 5
ハブ・アンド・スポークス　142, 231, 234, 235, 240
バブール3型潜水艦発射型巡航ミサイル　111
パラミリタリー　110
パリ協定（気候変動に関する）　227, 237, 238
パリ首脳会議（CSCE）　138
反腐敗闘争　170
板門店宣言　81, 82
非核化プロセス　89～91
非核三原則　25, 58, 60
被爆者　21, 24, 28, 32, 33, 73
PILKADA（地方首長直接選挙）　195
武器貿易条約　110, 111
武器輸出　4, 143
複雑階層（北朝鮮）　156
福島第一原発事故　25
不戦共同体　282
ブラヒミ報告　251, 252
BRICS開発銀行　290
文化大革命　93, 97
米ソ相互防衛条約　230
米韓相互防衛条約　230
兵器用核分裂性物質生産禁止条約（カットオフ条約、FMCT）　67, 74, 105, 112, 113
閉鎖　88, 89, 151, 189, 208, 222
並進路線　84, 88
米中国交正常化　231, 234
米中枢同時テロ　47, 183, 221, 245, 251
米朝首脳会談（2018年6月）　57, 74, 78, 81, 88, 91, 92, 266, 270
米朝枠組み合意　89

米比相互防衛条約　230
平和協定締結　82, 91
平和構築　79, 92, 137, 139, 141, 244, 250, 252
平和・自由・中立地帯構想（ZOPFAN）　258
平和的核爆発　107, 108, 114
平和に対する罪　35, 38, 39, 41, 42
「平和のミッション」（SCOの軍事演習）　270, 274, 278, 280
「平和への課題」（ガリ）　136
ベルサイユ条約　35
防衛計画の大綱　47, 60, 61
防空識別圏　86
包括的安全保障　138, 291
包括的核実験禁止条約（CTBT）　58, 67, 74, 96, 111, 115
包括的共同作業計画（JICPOA、通称イラン核合意）　66, 74, 77, 116, 123, 126～128, 214, 216, 222, 223
放射化学研究所　83
『暴力の人類史』　133, 146
北部同盟　193, 197
ボゴール宣言　285
北極星1号　86
ポツダム宣言　25, 27, 36, 37
北方領土問題　144
「微笑む仏陀」（Smiling Buddha）　107

ま行

マンハッタン計画　65
ミサイル技術統制レジーム（MTCR）　113
ミサイル防衛（MD）　47, 58, 70～72, 79, 230, 235
南シナ海　6, 94, 101, 144, 228, 238, 244, 258, 263～265, 288, 294
未臨界実験　108
民衆殺戮　4～6, 133, 134
民主化支援　137, 139, 140
『民主化の第三の波』　135
民主国家共同体　135, 137～140
民主主義による平和　8, 133, 135～138, 142, 145, 146
民主集中制　163, 164, 167
民主制度・人権事務所（ODIHR）　139
民族自治区　165
メディア自由代表　139
モスクワ宣言（1943年）　35
モロ・イスラム解放戦線（MILF）　194
モロ民族解放戦線（MNLF）　194

や行

ヤルタ会談　25

輸出管理レジーム　112～115
予防外交　137, 139, 258, 293

ら行

ラッセル・アインシュタイン宣言　22
理化学研究所　23
立憲君主制　189
領域主権　238
領土保全　144, 146, 271, 273
6者協議　66, 88, 235, 236, 260

人名索引

あ行

アイゼンハワー、ドワイト　Eisenhower, Dwight D.　50, 96, 123
アインシュタイン、アルバート　Einstein, Albert　22
アウン・サン・スー・チー　Aung San Suu Kyi　189, 191, 262
アナン、コフィ　Annan, Kofi　251, 253
アブドラ国王（アブドラ・ビン・アブドルアジズ）　Abdullah bin Abdulaziz Al Saud　219
安倍晋三　47, 48, 291
天野之弥　77
荒勝文策　23
アリモフ、ラシド　Alimov, Rashid　275
池田勇人　53
李明博　289
岩田宙造　36
ウェッブ、ウィリアム　Webb, William　42
ウリヤノフ、ミハイル　Uliyanov, Mikhail　76
エモマリ、ルスタム　Emomali, Rustam　206
王晨　173
汪洋　173
大川周明　42
大平正芳　53
大村清一　39
尾崎久仁子　44, 45
長田新　29
オトゥンバエワ、ロザ　Otunbayeva, Roza　203
小野寺五典　58
オバマ、バラク　Obama, Barack　21, 48, 58, 67, 70, 75, 125, 246

か行

カーター、ジミー　Carter, Jimmy　66
カーン、アブドルカディル　Khan, Abdul Qadeer　108, 124
カーン、イムラン　Khan, Imran　176, 184
カダフィ、ムアマル　Gaddafi, Muammar　210
ガニ、アシュラフ　Ghani, Ashraf　254
カリモフ、イスラム　Karimov, Islam　202
カルザイ、ハミド　Karzai, Hamid　254
川口順子　260
川手健　30, 31
カント、イマヌエル　Kant, Immanuel　135, 136, 138, 142, 146
キアニ、アシュファク　Kayani, Ashfaq　181
キーナン、ジョゼフ　Keenan, Joseph　39
岸田文雄　45
吉川清　30
キッシンジャー、ヘンリー　Kissinger, Henry　122
金日成　83, 148～151, 153～155
金正日　148～151, 153, 154, 160
金正恩　57, 78, 79, 81, 83, 84, 92, 148, 149, 151, 153, 154, 156, 157, 160, 266
姜瑜　168
清瀬一郎　40
クラウゼヴィッツ、カール・フォン　Clausewitz, Carl von　3
クリステンセン、ハンス　Kristensen, Hans　69
ケネディ、ジョン・F　Kennedy, John F.　51, 53, 120
小泉純一郎　287
耿爽　101, 103, 104, 264
河野太郎　59, 70
コーエン、アブナー　Cohen, Avner　119
胡錦濤　93
ゴビンド、ラム・ナート　Kovind, Ram Nath　177, 182
ゴルバチョフ、ミハイル　Gorbachev, Mikhail　231, 269

さ行

サザランド、リチャード　Sutherland, Richard Kerens　37
佐藤栄作　53～56, 60
サリエフ、テミール　Sariev, Temir　205
サルマン国王（サルマン・ビン・アブドルアジズ）　Salman bin Abdulaziz Al Saud　214, 218～220
サレハ、アリ・アブドラ　Saleh, Ali Abdullah　213
ジェエンベコフ、ソオロンバイ　Zheenbekov, Sooronbai　205
シェリング、トマス　Schelling, Thomas　79
重光葵　36, 37, 45
幣原喜重郎　38
シャー、アミト　Shah, Amit　182, 187
シャリフ、ナワズ　Sharif, Nawaz　176
シャリフ、ラヒール　Sharif, Raheel　181

人名索引

ジャリリ、サイード　Jalili, Saeed　217
習近平　94, 96, 99, 102, 103, 169, 173, 174, 197, 227, 240, 244, 246, 247, 254, 264, 272, 273, 290, 291
昭和天皇　36, 37, 40, 44
ジョンソン、リンドン　Johnson, Lyndon B.　53〜56
シラード、レオ　Szilard, Leo　22
シン、ラジナート　Singh, Rajnath　185
スィソエフ、エヴゲニー　Sysoev, Yevgenii　276
鈴木貫太郎　25
鈴木辰三郎　23
スターリン、ヨシフ　Stalin, Joseph　201
スティムソン、ヘンリー　Stimson, Henry　24

た行

タクシン・チナワット　Thaksin Shinawatra　195, 262
田中明彦　285, 295
チャーチル、ウィンストン　Churchill, Winston　35
張成沢　150, 160
陳元副　247
峠三吉　30, 33
東條英機　36, 42
鄧小平　94, 99, 231
朝永振一郎　23
トランプ、ドナルド　Trump, Donald　48, 57, 58, 67, 71, 76, 78, 81, 82, 90, 127, 222, 266, 292

な行

永野修身　42
中本剛　30
ナザルバエフ、ヌルスルタン　Nazarbayev, Nursultan Abishevich　202, 204, 210, 244, 246, 291
ナザルバエワ、ダリガ　Nazarbayeva, Dariga　204
ナジブ・ラザク　Najib Razak　200
ナセル、ガマール・アブドゥル　Nasser, Gamal Abdel　118
ナビエフ、ラフマン　Nabiyev, Rakhmon　202
ニクソン、リチャード　Nixon, Richard Milhous　121, 258
仁科芳雄　23
ニヤゾフ、サパルムラト　Niyazov, Saparmurat　203, 206
ネ・ウィン　Ne Win　189

は行

ハーシュ、セイモア　Hersh, Seymour　121
パーレビ国王（ムハンマド・レザー・パフラヴィー）　Pahlavi, Mohammad Reza　123
ハーン、オットー　Hahn, Otto　22
バキエフ、クルマンベク　Bakiyev, Kurmanbek　203
朴映式　88
バジパイ、アタル・ビハリ　Vajpayee, Atal Bihari　249
鳩山由紀夫　281, 288
バヌヌ、モルデハイ　Vanunu, Mordechai　117
ババノフ、オムルベク　Babanov, Omurbek　206
ハメネイ師（ハメネイ、アリ）　Khamenei, Ali　124, 215〜217
ハラニーリャ、デルフィン　Jaranilla, Delfin　41
ハリリ、サード　Hariri, Saad　222
パル、ラダビノド　Pal, Radhabinod　41
韓昇洲　286
ハンチントン、サミュエル　Huntington, Samuel P.　135
東久邇宮稔彦　36, 37
広田弘毅　42
ピンカー、スティーブン　Pinker, Steven　133
ビンタラール、ワリド　Al-Walid bin Talal bin Abdul Aziz Al Saud　220
ビンラディン、ウサマ　bin Ladin, Usama　183, 221
プーチン、ウラジーミル　Putin, Vladimir　70〜72, 255
フォード、クリストファー　Ford, Christopher　75
フォード、ジェラルド　Ford, Gerald　56
フクヤマ、フランシス　Fukuyama, Francis　135
ブット、ズルフィカル・アリ　Bhutto, Zulfikar Ali　106, 177
ブット、ベナジル　Bhutto, Benazir　106
ブトロス・ブトロス＝ガリ　Boutros Boutros-Ghali　136, 319
ブラヒミ、ラクダール　Brahimi, Lakhdar　251
フリードマン、トーマス　Friedman, Thomas　283
ブル、ヘドリー　Bull, Hedley　228, 241
ブレマー、イアン　Bremmer, Ian　239, 241
フン・セン　Hun Sen　189, 191
白南淳　260
ヘトネ、ビョルン　Hettne, Bjorn　283
ベルドイムハメドフ、グルバングルイ　Berdimuhamedow, Gurbanguly　203, 206, 207
ペレス、シモン　Peres, Shimon　119
ベングリオン、ダビド　Ben-Gurion, David　118
ホーク、ボブ　Hawke, Bob　284
ホメイニ師（ルーホッラー・ホメイニー）　Khomeini, Ruhollah　123, 124, 215, 216
ホルスティ、カレヴィ　Holsti, Kalevi　134
ボルトン、ジョン　Bolton, John Robert　82
ポンペオ、マイク　Pompeo, Michael Richard Mike　128

ま行

マクナマラ、ロバート　McNamara, Robert S.　54

331

マクロン、エマニュエル　Macron, Emmanuel　106
松岡洋右　42
マッカーサー、ダグラス　MacArthur, Douglas　38〜40, 83
マティス、ジェームズ　Mattis, James　292
三木武夫　56
ムクリン副皇太子（ムクリン・ビン・アブドルアジズ）　Muqrin bin Abdulaziz Al Saud　219
ムシャラフ、ペルベズ　Musharraf, Pervez　106, 176, 179, 181, 249
ムハンマド・イブン・アブドルワッハーブ　Muhammad ibn Abd al-Wahhab　219
ムハンマド・イブン・サウド　Muhammad bin Saud　219
ムハンマド・ビン・サルマン皇太子　Muhammad bin Salman Al Saud　214, 219, 220
ムハンマド・ビン・ナエフ　Muhammed bin Nayef bin Abdulaziz Al-Saud　219, 220
文在寅　81, 82
メイア、ゴルダ　Meir, Golda　121, 122
メドヴェージェフ、ドミートリー　Medvedev, Dmitrii　273
毛沢東　95, 97, 98, 163

や行

ヤヌコヴィッチ、ヴィクトル　Yanukovych, Viktor　271
山代巴　30, 31, 33
山本忠通　251
山本吉宣　239, 241, 295
湯川秀樹　23
尹永寛　289
吉田茂　39, 43, 44

ら行

ラーマン、ジアウル　Rahman, Ziaur　249
ライシ（師）、イブラヒム　Raisi, Ebrahim　216, 217
ライシャワー、エドウィン　Reischauer, Edwin G.　51
ラシッド、アハメド　Rashid, Ahmed　201, 210
ラスク、ディーン　Rusk, Dean　51
ラセット、ブルース　Russet, Bruce　135
ラフモン（ラフモノフ）、エモマリ　Rahmon, Emomali　202, 206
ラフモン、オゾダ　Rahmon, Ozoda　206
ラモス、フィデル　Ramos, Fidel　261
李克強　264, 272
ルーズベルト、フランクリン　Roosevelt, Franklin D.　22
レーガン、ロナルド　Reagan, Ronald　231
ロウハニ、ハサン（ハッサン）　Rouhani, Hassan　125, 214〜218

英文略語表

1MDB	1Malaysia Development Berhad	1 マレーシア・デベロップメント・ブルハド
ABCC	Atomic Bomb Casualty Commission	原子爆弾障害調査委員会
ABM	Anti-Ballistic Missile	弾道弾迎撃ミサイル
ABMI	Asian Bond Markets Initiative	アジア債券市場育成イニシアチブ
ACSA	Acquisition and Cross-Servicing Agreement	物品役務相互提供協定
ADB	Asian Development Bank	アジア開発銀行
ADMM	ASEAN Defence Ministers' Meeting	ASEAN 国防相会合（会議）
AFTA	ASEAN Free Trade Area	ASEAN 自由貿易地域
AG	Australia Group	オーストラリア・グループ
AIIB	Asian Infrastructure Investment Bank	アジアインフラ投資銀行
ANZUS	Australia, New Zealand, United States Security Treaty	オーストラリア、ニュージーランド、米国の間の安全保障条約（太平洋安全保障条約）
APSC	ASEAN Political-Security Community	ASEAN 政治安全保障共同体
APT	ASEAN Plus Three	ASEAN プラススリー
ARF	ASEAN Regional Forum	ASEAN 地域フォーラム
ARSA	Arakan Rohingya Salvation Army	アラカン・ロヒンギャ救世軍
ASC	ASEAN. Security Community	ASEAN 安全保障共同体
ASEAN	Association of South-East Asian Nations	東南アジア諸国連合
ASEM	Asia-Europe Meeting	アジア欧州会議
AU	African Union	アフリカ連合
BC 兵器	Biological and Chemical Weapons	生物・化学兵器
BJP	Bharatiya Janata Party	インド人民党
BMD	Ballistic Missile Defence	弾道ミサイル防衛
BRI	Belt and Road Initiative	「一帯一路」構想
CD	Conference on Disarmament	ジュネーブ軍縮会議
CEAC	Council on East Asian Community	東アジア共同体評議会
CICA	Conference on Interaction and Confidence-Building Measures in Asia	アジア相互協力信頼醸成措置会議
CIRUS	Canada India Reactor Utility Services	サイラス
CIS	Commonwealth of Independent States	独立国家共同体
CLMV	Cambodia, Laos, Myanmar, Vietnam	カンボジア、ラオス、ミャンマー、ベトナム
CMIM	Chiang Mai Initiative Multilateralisation	チェンマイ・イニシアチブのマルチ化
CoE	Council of Europe	欧州審議会
COI	Commission of Inquiry	北朝鮮人権調査委員会
CSCE	Conference on Security and Cooperation in Europe	欧州安全保障協力会議
CSTO	Collective Security Treaty Organisation	集団安全保障条約機構
CTBT	Comprehensive Nuclear Test Ban Treaty	包括的核実験禁止条約
CVID	Complete, Verifiable, and Irreversible Denuclearization	完全かつ検証可能で不可逆的な非核化
DDR	Disarmament, Demobilization, Reintegration	武装解除、動員解除および社会復帰
DIA	Defense Intelligence Agency	国防情報局（米国）
EAEC	East Asia Economic Caucus	東アジア経済協議会
EAEG	East Asian Economic Group	東アジア経済グループ
EAEU	Eurasian Economic Union	ユーラシア経済同盟
EAF	East Asia Forum	東アジアフォーラム
EAS	East Asia Summit	東アジアサミット
EASG	East Asia Study Group	東アジアスタディグループ
EAVG	East Asia Vision Group	東アジアビジョングループ
EC	European Community, European Communities	欧州共同体（欧州諸共同体）

ECSC	European Coal and Steel Community	欧州石炭・鉄鋼共同体
EDD	Extended Deterrence Dialogue	拡大抑止協議
EEC	European Economic Community	欧州経済共同体
EEZ	Exclusive Economic Zone	排他的経済水域
EU	European Union	欧州連合
EURATOM	European Atomic Energy Community	欧州原子力共同体
FMCT	Fissile Material Cut-off Treaty	兵器用核分裂性物質生産禁止条約（カットオフ条約）
FPI	Front Pembela Islam	イスラム防衛戦線
FSB	Federal Security Service of the Russian Federation	ロシア連邦保安庁
FTA	Free Trade Agreement	自由貿易協定
G20	Group of Twenty	主要20カ国・地域
GAM	Gerakan Aceh Merdeka	自由アチェ運動
GATT	General Agreement on Tariffs and Trade	関税と貿易に関する一般協定
GCC	Gulf Cooperation Council	湾岸協力会議
GDP	Gross Domestic Product	国内総生産
GHQ	General Headquaters (of the Allied Forces)	連合国軍総司令部
GSOMIA	General Security of Military Information Agreement	軍事情報に関する包括的保全協定
HCNM	High Commissioner on National Minorities	少数民族高等弁務官
HEU	High Enriched Uranium	高濃縮ウラン
HIV	Human Immunodeficiency Virus	エイズウイルス
IAEA	International Atomic Energy Agency	国際原子力機関
ICAN	International Campaign to Abolish Nuclear Weapons	核兵器廃絶国際キャンペーン
ICBM	Intercontinental Ballistic Missile	大陸間弾道ミサイル
ICC	International Criminal Court	国際刑事裁判所
ICIJ	International Consortium of Investigative Journalists	国際調査報道ジャーナリスト連合
ICJ	International Court of Justice	国際司法裁判所
ICRC	International Committee of the Red Cross	赤十字国際委員会
IISS	International Institute for Strategic Studies	国際戦略研究所
ILO	International Labour Organization	国際労働機関
IMF	International Monetary Fund	国際通貨基金
INF	Intermediate-Range Nuclear Force	中距離核戦力
IPS	International Prosecution Section	国際検察局
IS	Islamic State	イスラム国
ISAF	International Security Assistance Force	国際治安支援部隊
ISI	Inter-Services Intelligence	3軍統合情報部
ISIS	Institute for Science and International Security	科学国際安全保障研究所
ISIS	Islamic State of Iraq and Syria	イラク・シリア・イスラム国
JCPOA	Joint Comprehensive Plan of Action	包括的共同作業計画
KPK	Komisi Pemberantasan Korupsi	汚職撲滅委員会
LNG	Liquefied Natural Gas	液化天然ガス
MD	Missile Defense	ミサイル防衛
MILF	Moro Islamic Liberation Front	モロ・イスラム解放戦線
MIRV	Multiple Independently-targetable Reentry Vehicle	複数目標弾頭
MNLF	Moro National Liberation Front	モロ民族解放戦線
MRBM	Medium-Range Ballistic Missile	準中距離弾道ミサイル
MTCR	Missile Technology Control Regime	ミサイル技術統制レジーム
NAFTA	North American Free Trade Agreement	北米自由貿易協定
NATO	North Atlantic Treaty Organization	北大西洋条約機構
NCA	National Command Authority	国家指令本部
NCA	Nationwide Ceasefire Agreement	全国停戦協定
NEAT	Network of East Asian Think-tanks	東アジア研究所連合

英文略語表

NGO	Non-Governmental Organization	非政府組織
NLD	National League for Democracy	国民民主連盟
NPR	Nuclear Posture Review	核態勢の見直し
NPT	Treaty on the Non-Proliferation of Nuclear Weapons	核拡散防止条約
NSG	Nuclear Suppliers Group	原子力供給国グループ
NSS	National Security Strategy	国家安全保障戦略
NWS	Nuclear Weapons State	核兵器国
OCHA	UN Office for the Coordination of Humanitarian Affairs	国連人道問題調整事務所
ODIHR	OSCE Office for Democratic Institutions and Human Rights	OSCE民主制度・人権事務所
OSCE	Organization for Security and Cooperation in Europe	欧州安全保障協力機構
OSDA	Organization for Security and Development in Asia	アジア安全保障開発機構
PILKADA	Pemilihan Kepala Daerah	地方首長直接選挙
PKO	Peace-Keeping Operations	国連平和維持活動
PMC	Post Ministerial Conference (ASEAN)	ASEAN外相会議
PML(N)	Pakistan Muslim League (Nawaz)	パキスタン・イスラム教徒連盟シャリフ派
PPP	Pakistan Peoples Party	パキスタン人民党
PTBT	Partial Test Ban Treaty	部分的核実験禁止条約
PTI	Pakistan Tehreek-e-Insaf	パキスタン正義運動
RATS	Regional Anti-Terrorist Structure	地域反テロ機構
RCEP	Regional Comprehensive Economic Partnership	東アジア地域包括的経済連携
RSS	Rashtriya Swayamsevak Sangh	民族義勇団
SAARC	South Asian Association for Regional Cooperation	南アジア地域協力連合
SCO	Shanghai Cooperation Organization	上海協力機構
SEATO	Southeast Asia Treaty Organization	東南アジア条約機構
SIPRI	Stockholm International Peace Research Institute	ストックホルム国際平和研究所
SLBM	Submarine-Launched Ballistic Missile	潜水艦発射弾道ミサイル
SLCM	Sea-Launched Cruise Missile	海洋発射巡航ミサイル
SSBN	Ballistic Missile Submarine Nuclear-Powered	弾道ミサイル搭載原子力潜水艦
START	Strategic Arms Reduction Treaty	戦略兵器削減条約
TAC	Treaty of Amity and Cooperation in Southeast Asia	東南アジア友好協力条約
TEL	Transporter Erector Launcher	移動型ミサイル発射台
THAAD	Terminal High Altitude Area Defense	高高度防衛ミサイル
TICAD	Tokyo International Conference on African Development	アフリカ開発における東京国際会議
TIFR	Tata Institute of Fundamental Research	タータ基礎研究所
TIP	Trafficking in Persons	人身取引（報告書）
TPP	Trans- Pacific Partnership Agreement	環太平洋パートナーシップ協定
TTP	Tehrik-e Taliban Pakistan	パキスタンのタリバン運動
UNAMA	United Nations Assistance Mission in Afghanistan	国連アフガニスタン支援団
UNDP	United Nations Development Programme	国連開発計画
UNFPA	United Nations Population Fund	国連人口基金
UNHCR	Office of the United Nations High Commissioner for Refugees	国連難民高等弁務官事務所
UNMIL	United Nations Mission in Liberia	国連リベリア支援団
UNRCCA	United Nations Regional Centre for Preventive Diplomacy for Central Asia	国連中央アジア予防外交センター
UNV	United Nations Volunteers	国連ボランティア計画
UWSA	United Wa State Army	ワ州連合軍
WHO	World Health Organization	世界保健期間
WMD	Weapons of Mass Destruction	大量破壊兵器
WTO	World Trade Organization	世界貿易機関
ZOPFAN	Zone of Peace, Freedom and Neutrality	平和・自由・中立地帯構想

アジアの平和と核
――国際関係の中の核開発とガバナンス

発行日　2019年2月9日　初版第1刷発行

編　者　広島市立大学 広島平和研究所
発行人　岩永陽一
発行所　株式会社共同通信社
　　　　〒105-7208　東京都港区東新橋1-7-1　汐留メディアタワー
　　　　電話　03(6252)6021／ファクス　03(5568)1109

装　丁　野津明子(böna)
写　真　共同通信社、ロイター、ACME、中国通信、コリアメディア、朝鮮通信
図　表　小野完次
印　刷　株式会社太平印刷社

©Kyodo News,2019,Printed in Japan
ISBN978-4-7641-0710-6 C3031
※定価はカバーに表示してあります
※乱丁、落丁本は送料弊社負担でお取り換えします

本書のコピー、スキャン、デジタル化などの無断複製は、著作権法上での例外を除き禁じられています。
本書を代行業者などの第三者に依頼してスキャンやデジタル化することは、個人や家庭内の利用であっても著作権法違反となり、一切認められていません。